清华中美关系评论

新型大国关系
中美协作新方略

New Major Power Relationships: A Strategic Guideline for U.S.-China Cooperations

主　编◎孙　哲

副主编◎刁大明　张旭东

时事出版社

主　编：孙哲

前　言：孙哲（清华大学中美关系研究中心主任、教授、博士生导师）

第一章：张旭东（清华大学国际问题研究所博士研究生）

第二章：刁大明（中国社会科学院美国研究所助理研究员）

第三章：孙哲、刁大明

第四章：刘建华（中南财经政法大学副教授）

第五章：李巍（中国人民大学国际关系学院副教授）

第六章：肖杰（中国藏学研究中心助理研究员，清华大学国际问题研究所博士研究生）

第七章：龚婷（中国国际问题研究所美国研究部研究实习员）

第八章：孙哲、徐洪峰（中国社会科学院俄罗斯中亚研究所副研究员）

第九章：李家成（辽宁大学国际关系学院讲师）

第十章：孙哲

结　语：孙哲

目　录

第四部分　中美关系中的台湾问题

前　言

全球领导力更新与中美关系未来

伟大的历史学家修昔底德曾这样解释造成人类空前悲剧的伯罗奔尼撒战争为何最终会爆发：雅典和斯巴达之间原本长期处于健康的竞争关系，但是雅典实力的增长与对外扩张引起了斯巴达的妒忌和一些城邦的不满，恐惧和误解的积累最终使得双方兵戎相见。

仔细研读《伯罗奔尼撒战争史》，我们发现除了陆海恢弘的战争图景，其实更令人掩卷长思的是斯巴达和雅典内部各自出现的严酷惨烈的党派斗争和这两个城邦之间复杂的权势竞争以及微妙的战略心理变化。斯巴达和雅典为了捍卫“安全、利益和荣誉”而做出了具有世界大战意义的战争决定，随后展开旷日持久的征服、抗衡以及明争暗斗，不仅让两个体制不同、战略有别的城邦国家在政治、军事、外交、心理上反复较量，而且战火波及到了当时的整个地中海文明，数百个城邦在两极格局的支配下被迫做出联盟与“被联盟”的痛苦选择。

战争是残酷的。为避免新兴大国和守成大国之间的“修昔底德陷阱”，人类必须努力寻求和建设持久和平、共同繁荣的共存之道。

在后金融危机时代，面对亚太战略格局的重大调整，中美两国似乎也悄然间走到了同样重要的历史节点的抉择面前。

回顾2012年的中美关系，我们不能不把视野首先拉到中美竞逐的历史大舞台之上，从“国内政治回归”角度来看全球体系及各国内部的政治走向，从而进一步考察中美两国竞争与合作的背景。

2012年可谓是全球范围内的超级选举换届年，大约有35个国家和地区的政府首脑进行换届，约51个国家和地区的议会立法机构完成更替。在密集的选举换届时间表中，既有美、俄、法这样的世界性政治经济大国，也有墨西哥、委内瑞拉、韩国等初具区域影响的新兴经济体；既涉及到债务危机四伏的西班牙、希腊、冰岛等欧元区国家，也涵盖了埃及、也门、利比亚等“阿拉伯之春”后的重建国家。如此大规模的全球政坛洗牌，无疑牵动着大国博弈的走向，为整个国际格局带来了不确定性的同时，也为中美关系未来十年的发展提供了新的机遇与挑战。

总体而言，选举政治加剧了国际舞台的戏剧性色彩，其效应从短期震荡发酵为长期波动。

其一，面临选举换届的压力，执政者往往将视角更多聚焦在国内议题领域，特别是在后危机时代的当下，各国经济议题成为当选与否的关键所在。这就意味着，不少国家领导者在大选年疏于保持更为紧密的沟通，这也就积累了各国协调的成本，放大了产生分歧与摩擦的可能。

其二，在过分关注经济等国内议题时，执政者极有可能无法短期内有效达成提振经济的现实绩效，于是转而跌入“民粹主义”的怪圈当中。尤其是在对决竞争激烈的政党政治的扭曲之下，参选者炒作某些外部议题，将国内矛盾转嫁为国际矛盾，不但推卸了自身责任，而且还起到了在危机中强化自身领导力的效果。美国大选中“驴象两党”对中国议题的“示强竞赛”、日本野田内阁以及石原之流关于钓鱼岛的“购岛闹剧”，皆出自这一逻辑。

其三，选举年之后的国际格局迎来了政策的调整。值得密切关注的是，即便是一些国家和地区的领导层实现了连任，但其所处政治环境仍旧处于变动之中；而对于那些领导者更新的国家而言，是否保持政策延续性，或将是牵动未来数年全球与区域事态发展的关键指标。

在众多国家的选举换届中，俄罗斯的总统选举具有一定的代表性，即延续性与挑战性并存。作为2012年最先上演选战的大国，这场“独角戏”其实最无悬念：普京以63.6%的高票击败其他4位参选者，时隔四年，重返克里姆林宫。在“梅—普组合”顺利翻转为“普—梅组合”之后，俄罗斯的内政外交将在同一轨道上继续高速运转。但如今的普京将面临更为严峻的挑战，俄罗斯长期以能源主导经济的单一结构以及日益加剧的贫富差距，使得公众开始逐渐厌倦持续了13年的“强人模式”。普京如果仍旧一味追求所谓“大国复兴”而不关照公众要求的话，俄罗斯的外交无论多么强势，其国家命运也不能不令人担忧。

相比而言，法国总统选举则折射出另一番情形，即“变革知易行难”。显然，社会党人奥朗德击败谋求连任的萨科齐是这个选举年中的最大惊奇。选战之前，面对毫无起色的经济与内政议题，萨科齐转而在利比亚问题上冲锋陷阵，但还是无法留住失望的选民，最终被“请”出了爱丽舍宫。然而，从新政府履新后的表现观察，此前毫无执政经验的奥朗德可谓回天乏术。在法国经济明显衰退、其支持率持续下滑之际，奥朗德只得走回了萨科齐的老路，在叙利亚问题上大做文章，博取民意眼球，凸显了被选举政治“绑架”下的无奈。

从中国所处的国际环境来看，美国、日本以及韩国的三场选战对中国外交和中美关系的发展至为重要。

2012年11月，奥巴马在高失业率阴霾的笼罩下实现连任，面对复苏迟缓的经济，撕裂极化的社会以及无法弥合的党争政治环境，外交俨然成为奥氏保全其政治遗产的护身符。自成功当选连任之后，美国“亚太战略再平衡”战略势必在奥巴马第二任期内持续推进，而这种推进有可能是全方位的、多层次的、多议题的。换言之，美国的“重返亚太”，不仅仅是以往的军事安全领域，也将广泛涉及到政治、外交、经贸、人文等多个领域。例如，具体到经贸领域而言，美国将“重塑”在亚太的经济主导地位，大力推动TPP，制定地区贸易规则，主导经济合作进程，提高亚太参与计划，增加小国经济援助，增加对该地区的经济控制，这其实在客观上为中国的发展与安全战略布局提出了更高的要求。

是年12月，日本和韩国的两场选举也在很大程度上重塑着中国的周边局势。自GDP被中国超越和“3·11大地震”之后，日本逐渐从一个东亚共同体的自信倡导者收缩为美日安保条约的偏执坚守者，其国内政治风向急向右转。在安倍上台之后，右翼保守思想出现巩固倾向，以钓鱼岛为借口不断强硬的安倍政府在对华外交上呈现出更多的对抗走向，为东北亚局势平添了纷扰。中韩建交以来，两国虽存在较多共识，但近年来特别是李明博上台后在朝韩统一问题上表现出焦躁不安的一面，甚至认为中国“阻碍”了半岛统一进程，因而韩国也在一定程度上积极迎合了美国的“重返”战略。这一态势在保守派候选人朴槿惠当选后虽然有所改观，但是朝韩关系如果不能真正改善，那么南北缓和的外交空间也会受到挤压，朝美关系更无从解开死结，半岛局势仍然可能重新陷入新一轮紧张的怪圈之中。

从某种意义上讲，中共十八大所开启的领导层更新可以被视为是世界2012年大选换届年极为重要的组成部分。这次会议为中国外交明确了三个重要的基本判断，即战略机遇期、和平发展道路以及社会主义初级阶段的国情。中国政府郑重宣示："人类只有一个地球，各国共处一个世界。历史昭示我们，弱肉强食不是人类共存之道，穷兵黩武无法带来美好世界。要和平不要战争，要发展不要贫穷，要合作不要对抗，推动建设持久和平、共同繁荣的和谐世界，是各国人民共同愿望。"

从这些基本宣示出发，中国应该对超级大选之后的国际新形势构建新的战略目标，针对中国内政外交面临的诸多挑战迎难而上，在有步骤、有策略地巩固周边、区别对待的同时，以内政修明、外交担当的姿态向世界证明中美新型大国关系的可行性。

当然，对于今天中美要构建新型大国关系的定位，我们再次感叹，世界上很少有哪一对双边关系如中美关系一般，对国际政治的影响力无出其右，而走过的历程却又充满了曲折与魅力；同样，当下也少有哪一对双边关系令各国政治家与学者如此着迷而屡次展开激烈争论，探求两国关系的未来走势；更少有哪一对双边关系日益清晰地印证国际政治中经典的权力转移理论，令国际社会焦灼地期待中美如何破解大国崛起的困境并化解对国际体系稳定的负面冲击。

我们同样相信，中美"新型大国关系"中的"新型"在于它可能是竞争性的，却不是对抗性的。因为中美两国都十分明白，国家的成长是不断超越对手的过程，更是不断超越自己的过程。这种超越在很大程度上是要积极地比较国家的创新、善治与民生，而非穷兵黩武或沙场纵横。至于"大国关系"，则在于中美两国都应遵守国际秩序，力争成为提供更多国际公共产品和服务的引领型国家。

"新型大国关系"的构建需要顶层设计。这方面，中美战略与经济对话作为两个国家认可的重要制度框架和沟通平台，已经开创了国际关系的新模式、新典范。自2009年启动以来，双方就事关两国关系发展的战略性、长期性、全局性问题进行了虚实结合的四轮对话，取得了积极而丰富的成果。例如，在战略对话轨道，双方达成约上百项具体成果，及时启动了中美亚太事务磋商、中美中东事务磋商、中美新一轮战略安全磋商、多边军控与防扩散磋商及两军务实交流合作等新型交流机制。在经济对话轨道，两国达成的成果初步统计高达218项，给两国人民带来实实在在的利益，为发展中美新型大国关系注入强劲动力。

两国之间的战略与经济对话已渐入佳境，双方已经形成了良好的工作习惯和务实的作风。在对话中，双方都基本上做到了针锋相对、坦诚相待。中美战略与经济对话的实效性正在被不断地开发与利用，为确保双边关系发展方向确定了重点。

不能否认，中美对于战略与经济对话的定位特别是有关“战略性”的高度理解还有所差异。双方对于对话的议题设置及战术性效能还存在分歧。例如，一些美国政要仍然期望能变对话平台为美国“预防危机”的对华谈判机制和“解决实际问题”的压力传输器，要求中国在诸多领域按照美国的意愿行事。对此，我们要坚持国内的综合协调，做到相关决策民主化、科学化，灵活运用多种外交手段来充分保证中国的国家利益的实现。又如，在对话中，中国一直努力加紧充实两国新型经济关系的内涵，即便是对美国提出的一些挑战性的难题，也从容不迫地表达了自己的立场和政策。

具体来说，最突出的例子是双方对“公平贸易”问题上的看法。本来，中美经济合作共赢的前景和空间不可限量，但在双边贸易规模已高达5000多亿美元、经济高度依赖的今天，美国仍有一些人苛求中国、迁怒中国，认定中国违反了世界贸易规则和入世承诺，正在与美国进行一场“不公平”的贸易竞争。公平贸易原则，已经成为近年来中美经贸关系争执的焦点。公平贸易要求各国政府、行业协会及进出口贸易的生产者、经营者等相关方遵守规则，不以一己之私扭曲国际贸易竞争。公平贸易强调平等互利，排斥倾销和补贴，倡导全球树立劳工、环保及社会政策的公平性标准。中国完全认同国际公平贸易理念，也是坚持合作共赢原则的践行者。目前中国与29个国家和地区的谈判正在“多点开花”，已经建成16个自贸区。在世界400种重要商品贸易上，有222种中国产量、出口第一，中国付出了巨大的资源及人力成本为世界做出了实质性的贡献。

反观美国，我们看到的是两种主张、两种实践：一方面，美国确实还在坚持“自由贸易原则”，这是为什么自中国2000年入世以来，美国所有435个众议员选区均在不同程度上受惠于对华贸易的根本原因。另一方面，在近年自身经济治理乏力的背景下，美国也逐步加大了对公平贸易原则的强调和运用。但是美国的所作所为，无非是想把对美国一国的“公平”转为其对他国进行贸易进攻的“战略武器”，继续主导经济全球化进程。例如，美国2012年创建了贸易执法中心，专门调查别国不公平贸易的做法，力图促进本国出口并提高本国企业的国际竞争能力。很不幸，中国名列其中。为了保护本国战略产业，美国不惜刻意打压中国，频频将贸易大棒挥向中国。不仅中国输美产品、中国对美投资受到限制和阻挠，连中国的人民币汇率、财政和货币政策以及国企改革问题都成为美国对华“示强竞赛”的政策工具。

中国与包括美国在内的国际贸易伙伴合作的意愿是坚定的、不容质疑的。在战略与经济对话中，中国再次阐述了自己为履行公平贸易原则的主要立场，即公平贸易必须考虑不同的经济发展水平，考虑贸易伙伴之间能力的差异。兼顾不同经济发展水平才是最大的公平。好比体育竞赛的拳击比赛，如果不考虑选手自身的条件来分级举办，这种比赛从根本上来说是不公正的，势必带上以强欺弱的色彩。就中美两国而言，两国贸易性质从根本上说还是一个发展中国家对一个发达国家的贸易关系。中国正在努力通过参与二十国集团峰会、“金砖国家”领导人会晤、多哈回合谈判等国际对话和合作机制，承担与自身发展水平及国力相适应的国际责任。美国应该做的，不是竭力激活本国经济的“民粹主义”倾向，而是要急切追究本国政府经济政策失误、主动而积极地降低对中美经贸关系发展的损耗效应。当然，中国再次表达了愿意承担公平贸易的相关责任，但也坚持获得公平对等的贸易权利的愿望。中国这么做是因为在现有的国际贸易体系中，规则的制定者同规则适用对象具有不对等的话语权。具体到中美贸易关系上，美国作为发达经济体享有很大的“规则优势”。别的不说，联合国的总部在美国，世界银行行长由美国人垄断，国际货币基金组织的决策美国还享有一票否决的特权。现在，美国还在积极准备创造出更多的区域和次区域的合作模式和组织来“建章立制”，削弱中国的话语权、参与权和规则的制定权。在美国既当运动员又当裁判的情况下，中国坚持带领发展中国家挑战全球贸易框架中的不公平规则和待遇，目的就是要改进和修正那些不公平的贸易规则。只有赋予中国更对等的贸易权利，才能大大促进全球经济治理机制的改革和创新，真正建立“均衡、普惠、共赢”的国际贸易新秩序。

应当说，通过两国的不断交往和对话，双方对话的攻防态势已经有了很大的转换，中美话语权逐渐走向平衡。中美战略与经济对话实际上已经显示出两国的政治智慧和外交能力，是为新兴大国和守成大国相遇的老问题找到新答案的共同努力成果。

当然，由于没有足够的历史经验作为支撑，中美两国对新型大国关系的塑造仍然处在探索过程之中。中国政治的稳定和经济的可持续增长最终还要靠我们自己。但是对于中美关系，任何积极的成果都可以转化为相互学习、为维护各自国家利益和人类共同的国际利益进行最大限度的合作的重要支点。

本辑“中美关系评论”将对2012年大选年背景下中美关系在构建新型大国关系过程中出现的新问题和新挑战进行全面的回顾和梳理，深入剖析中美在各议题领域的互动情况，并针对性地提出改善两国关系的政策建议，以期为中国学界的中美关系研究做出微薄的贡献，请学界同仁批评指正。

第一部分　选举年与中美关系

“新形势下，我们应该深入审视两国关系。我们需要一个什么样的中美关系？中美应该进行什么样的合作来实现共赢？中美应该怎样携手合作来促进世界和平与发展？这不仅是我们两国人民关注的事，也是国际社会关注的事。我们应该从两国人民根本利益出发，从人类发展进步着眼，创新思维，积极行动，共同推动构建新型大国关系。我期待着同奥巴马总统就双方共同关心的重大战略性问题进行广泛深入沟通，加深相互了解，促进全面合作。”

2013 年 6 月 7 日，中国国家主席习近平抵达美国加州与奥巴马举行会晤时再次强调中美新型大国关系。

第一章

领导力变革：2012 年美国大选全盘解析

2012 年美国迎来了四年一届的大选。这场选举，是美国在陷入世界安全和经济双重困境后，进行持续性变革中所经历的一次路径选择考验，将决定美国未来在国内和全球事务中的领导力变革路径，同时也对世界主要大国关系，特别是对中美关系产生结构性的影响。2010 年人口普查、选前投票规则变化以及竞选资金改革，从选民人口分布、选举制度变迁及财富分布三个层面对选举产生了深远影响。民主党籍现任总统奥巴马遭遇共和党候选人、前马萨诸塞州州长罗姆尼的强有力挑战，最终连任成功。与此同时，全部 435 名国会众议员①、33 名参议员②和 11 个州的州长③进行了改选。民主党在国

① 美国国会众议院改选还包括 6 名来自五个行政管辖区以及哥伦比亚特区的非投票议员。美国的行政管辖区包括：波多黎各、关岛、美属萨摩亚、北马里亚纳群岛和美属维尔京群岛。

② 2012 年改选的参议员属于全部 100 名参议员的第一组别，2014 年和 2016 年分别将改选第二和第三组别，议员数分别为 33 名和 34 名。上述每一组选举不包括规定任期外（如参议员去世、辞职或改任他职导致职位空缺）的补选。参议员补选将按照美国宪法第十七修正案的规定进行。

③ 这 11 个州包括：特拉华州、密苏里州、蒙大拿州、新罕布什尔州、北卡罗来纳州、北达科他州、犹他州、佛蒙特州、华盛顿州、西弗吉尼亚州。

会两院选举中的席次都有所增加，众议院主导权仍由共和党控制，参议院多数属于民主党，但未能达到阻止冗长辩论的60席。州长选举中，共和党籍州长数量有所增加。在奥巴马的第二任期中，华盛顿的权力结构对于奥巴马推动重大内政外交变革仍有相当大的迟滞和阻碍作用，美国的领导力继续处于缓慢的复苏状态。在这种情况下，中美新型大国关系将在两国国内变革和彼此重大利益关切的综合议程框架中稳步推进。

一、大选前相关选举制度与法律调整

（一）人口普查的政治影响

根据宪法要求，美国人口普查局每隔 10 年进行一次人口普查，根据结果重新分配各州的众议员数额，调整划分众议员选区，决定各州选举人票数量，对大选有着显著影响。①

2010 年，美国举行了自 1790 年以来的第 33 次人口普查②。从对总统选举的影响看，根据人口普查的结果，共有 18 个州的选举人票数量发生了变化，其中 8 个州票数增加，另 10 个州的票数减少

---

① 《美国宪法》第一条第二款规定人口普查将统计所有居住在美国的人口，要求每 10 年进行一次。人口普查所收集的数据决定每个州在美国众议院中应有的席位。同时州政府和地方政府也利用人口普查数据来划分政治辖区，包括：国会选区、州议会、市或郡议会以及学区，从而保证每一级政府的公平代表性。参见：http：//www.census.gov/2010census/language/chinese-simplified.php。

② US Census，"APPORTIONMENT POPULATION AND NUMBER OF REPRESENTATIVES，BY STATE：2010 CENSUS"，December 21，2010，http：//www.census.gov/2010census/.

（详见表 1）。根据 2008 年总统选举的结果并考虑 2000 年以来三次总统大选民主与共和两党在各州获胜的总体趋势，此次人口普查造成的选举人票再分配总体上对共和党更加有利。变更后的各州选举人票如图 1 所示。

表 1　2010 年美国人口普查后各州选举人票变动情况

票数变动	州名
增加 4 票	得克萨斯州
增加 2 票	佛罗里达州
增加 1 票	亚利桑那州、佐治亚州、内华达州 南卡罗来纳州、犹他州、华盛顿州
减少 1 票	伊利诺伊州、艾奥瓦州、路易斯安那州、马萨诸塞州 密歇根州、密苏里州、新泽西州、宾夕法尼亚州
减少 2 票	纽约州、俄亥俄州

资料来源：美国统计局网站。

图 1　2010 年人口普查后美国各州选举人票情况①

① http：//www. 270towin. com/early-voting-2012-election/.

选举之前，众议院议员党派归属情况为：民主党190席，共和党240席，5席因各种原因空缺，民主党若要夺回多数就需要净增加28席。国会选区的重新划分对众议院选举造成了极大的影响。其一，许多选区成为开放选区，没有现任议员，从而成为民主、共和两党争夺的焦点。其二，部分现任议员的选区在重新划分后重叠，导致大量在任议员相互竞争，甚至出现同党议员争夺一个席次的尴尬情况。其三，随着时间的推移，10年里不同选区内的选民构成发生了显著变化。上述三点使得此次现任众议员面临的连任压力比以往大得多。最终，有40名现任众议员放弃连任，其中民主党议员21人，共和党议员19人。13名现任众议员在提名阶段便宣告失利，其中8人败给同为现任议员的对手，另5人输给了新候选人。

在参议院改选方面，选举之前，参议院议员党派归属情况为：民主党51席，共和党47席，无党派2席。民主党有21个席次面临改选，共和党为10席，另有2席属于无党派但倾向于民主党立场。总体而言，民主党面临着更大的连任压力，如果要维持参议院的多数，特别是达到可以避免冗长辩论的60席（需要净增加9席）困难非常大。

（二）注册与投票规则变化的影响

长期以来，选民投票资格都是历次大选的主要争议问题，而该问题又与种族问题和非法移民问题息息相关，也就注定成为民主、共和两党政治斗争的焦点。客观而言，非法移民多为拉美裔或非洲裔，而这些族裔的合法选民在美国的生育率普遍高于白人，在国会选区划分和普选票数上的影响日益提升。在总统选举层面，民主党通常反对在选民注册和投票时就加过多规则限制，而共和党则以限制“违规投票”（Voter Fraud）为由，希望严格约束选民标准以避免非法移民选票对其产生不利影响。在国会议员选举层面，通常在非法移民分布较广、影响力较大的州或选区，候选人无论属于哪个党派都倾向于减少投票规则限制；以白人为选民主体的州或选区，会倾向于更严格的限制。

2011 年，许多州通过立法，对本州的选举投票规则进行了调整。部分州缩短了提前投票的周期，包括佛罗里达州、佐治亚州、俄亥俄州、田纳西州和西弗吉尼亚州；部分州明文禁止服刑中的罪犯投票，如佛罗里达州和艾奥瓦州。更重要的是，部分州通过法律要求选民在投票时必须出示由政府颁发的带有头像的身份证件（如驾驶执照或者护照），包括堪萨斯州、南卡罗来纳州、田纳西州、得克萨斯州和威斯康辛州①。这一规则遭到了民主党和美国有色人种促进协会（NAACP）的强烈抗议，因为大部分缺乏合格身份证件的主要是拉美裔和非洲裔美国人，而这些选民更加倾向于投票给民主党。值得一提的是，颁布此类立法的州当时主要是由共和党人担任州长或控制州议会，使这些立法有着明显的党派政治意味②。

一些公民权益团体坚持认为，平等的投票权是宪法所赋予的权利。要求选民在投票时出示政府颁发且带有照片的有效证件是一种不必要的投票障碍。历史上，非洲裔美国人和妇女遭受过在投票前

---

① 截止到 2012 年，全美 50 个州和哥伦比亚特区中已经有 33 个州通过了投票身份证件相关法案，其中 9 个州包含着相当严格的规定。美国联邦最高法院 2012 年做出裁定，佐治亚州法案中要求选民在缺少政府颁发的身份证件时可以花 20 美元购买一张数字身份证的做法并未显著增加选民负担，使得越来越多的州倾向于进行此类立法。

② 根据一项研究报告，在 2000 年美国大选中，决定胜负的佛罗里达州存在着广泛的选民压制问题，主要的受害者是低收入的非洲裔美国人。他们因为种种原因而不能正常行使投票权，而这些选民绝大多数是最终败选的民主党候选人戈尔的支持者。最终，戈尔因在佛罗里达只输掉了 537 票而败选。张旭东：《带着“身份证”去投票?》，人民网，2012 年 10 月 26 日，http://world.people.com.cn/n/2012/1026/c1002-19402863.html。

进行识字测试和缴纳投票税（Poll Tax）等歧视性的待遇。如今所谓的选民“身份证”法案，无非是这一带有种族歧视和分裂选民阶层政策的翻版。低收入者以及许多外国移民缺少有效的“身份证”并不意味着他们没有投票的权利。政府要求出示这类证件不仅将会增加这些选民的投票成本，更可能利用选民的投票信息在诸如医疗、教育等公共服务上面减少对弱势选民的关注和投入，进一步恶化他们的生存境遇。奥巴马阵营在重要摇摆州之一的俄亥俄州呼吁选民进行请愿，要求进行公民投票，以在2012年选举中废除这一法案①。

还有一些立法倾向非常值得注意。总体上看，少数族裔的人口增长和分布都将在未来几十年显著影响美国的政治版图，民主党的政策更加受到这些族裔的支持，共和党在未来赢得多数选民支持的可能性不断降低，因此选举规则的变化成为共和党寻求胜选的一个突破口，特别是选举人团规则。鉴于少数族裔的人口增长率高于白人，且同一族裔或同等水平收入者往往聚居在一起，如果不采用按照选票总数区分胜负的“赢者通吃”规则，而采用类似于内布拉斯加州和缅因州使用的规则（普选票胜者赢得两张选举人票，其余每位当选的众议员为该党同时赢得一张选举人票），那么共和党可能会扭转人口地理变迁产生的劣势②。在2012年大选前，共和党控制的宾夕法尼亚州议会就提出了此类立法动议③。

选民注册和投票规则的变化充分体现了两党为了胜选而不惜使

---

① Jim Provance，“Obama campaign fighting Ohio voting law”，*Toledo Blade*，August 31，2011，http：//www.toledoblade.com/Politics/2011/08/31/Obama-campaign-fighting-Ohio-law.html.

② Dave Boyer，“Pennsylvania GOP looks to split electoral votes”，*The Washington Times*，September 15，2011，http：//www.washingtontimes.com/news/2011/sep/15/pennsylvania-gop-looks-split-electoral-votes/？page=1.

③ “Pennsylvania's ‘Democrat-screwing’ 2012 ‘genius plan’”，*The Week*，September 15，2011，http：//theweek.com/article/index/219241/pennsylvanias-democrat-screwing-2012-genius-plan.

用立法手段在各州进行政治角力。实际上，一些选举实践表明，要求选民在投票时出示身份证件并不一定会降低投票率，甚至在一些地区会使投票率有所增加，在许多州“投票欺诈”等问题也没有共和党强调的那么严重。至于按照国会选区分配选举人票的做法，也未必只对共和党有利。2008 年大选中，奥巴马在共和党赢得内布拉斯加州普选票多数的情况下，在第二国会选区获胜从而赢得一张选举人票。因此，这些规则变化产生的影响还有待于通过长期选举实践进行观察。

（三）竞选资金改革的影响

竞选资金改革，同样是长期困扰美国政治选举的一个争议性议题。许多人认为，不受控制的竞选资金是导致美国政治腐败、游说集团横行、利益集团凌驾于选民之上的根源。持相反观点的人却认为，竞选中的资金等同于宪法第一修正案中的言论，享有“言论自由”。使用竞选资金助选是候选人和选举组织的权利，这种权利不应该受到不恰当的约束。

目前美国的竞选资金改革主要由 1974 年成立的联邦选举委员会（Federal Election Commission，FEC）负责，该机构的六名委员通常由民主和共和两党各指派 3 人组成。由于两党制衡的存在，该委员会很难推动任何重大的实质性改革。

在限制竞选资金方面，主要有三个渠道：限制候选人或竞选组织接受政治捐款的数额；要求接受捐款的候选人或组织公布政治捐款的来源；限制竞选资金的用途。在设定政治捐款限额方面，美国于 1907 年通过了《迪尔曼法案》（Tillman Act），要求禁止大公司进行政治捐款，但收效甚微。18 年后，《联邦反腐败行为法》（Federal Corrupt Practices Act）设立了捐款限额，开始对竞选资金进行实质性管控。1971 年通过的《联邦选举法》（Federal Election Campaign Act）要求公开政治募捐和支出的明细，成为竞选资金改革的一个里程碑。

但就在竞选资金改革取得初步成效之际，1976 年美国联邦最高法院裁定，在一场选举中的竞选资金可以等同于“言论”。按照美国宪法第一修正案，竞选资金享有“言论自由”的权利，任何限制候选人竞选花费的规定都是违宪的。这一裁定彻底取消了政治捐款的用途限制。至此，控制募捐额度并要求公开捐款来源就成为选举资金改革仅剩的途径。

2002 年，亚利桑那州共和党参议员麦凯恩和威斯康辛州民主党参议员罗斯·费因古德联合提出了《跨党派竞选改革法》（Bipartisan Campaign Reform Act，简称 BCRA 法案）。该法案为政治捐款中的“软钱”（捐给某一议题或非竞选组织的款项）设置了上限，并修正了“硬钱”（直接捐给候选人或竞选组织的款项）的限额。该法案对于约束政治行动委员会（Political Action Commissions，PACs）的活动有重要影响。① 根据 BCRA 法案规定，政治行动委员会可以向某一特定选举或特定政治议题行动捐款，但不可以在大选前 60 天或提名大会前 30 天内通过竞选广告直接支持或者攻击候选人。尽管 BCRA 法案的通过有利于竞选资金改革，但是并未有效根治政治“软钱”问题。②

---

① 政治行动委员会可以由个人、组织或公司建立，由联邦选举委员会管理。重要的个人、企业、两党全国及各州委员会都有属于自己的政治行动委员会。

② 软钱的两种重要运作途径分别是募捐召集人（Bundlers）和议题倡议组织（Issue-Advocacy Groups）。前者通过联合若干捐款者共同捐款而规避单一捐款者的金额上限，后者理论上不可以支持具体的选战或特定候选人，但是可以参与具体的政治行动。议题倡议组织有一个别名为“527”，是美国的一种税号。527 不仅是免税的，而且不受联邦选举委员会监管。虽然 527 被预想为一种独立的团体，用以关注特定政治议题而非附属某一具体选举，但它们却成为规避联邦选举委员会管理的重要途径，外界无法追踪选举资金的来源。

本已非常艰难的竞选资金改革，在 2010 年又一次遭遇联邦最高法院判决的严重冲击。在“联合公民诉联邦选举委员会”（Citizens United v. Federal Election Commission）一案中，联邦最高法院再次援引美国宪法第一修正案，裁定任何营利或非营利的团体或企业都在司法实践中可被视为“人”，因而享有第一修正案规定的“言论自由”，禁止政府采取任何措施限制这些企业或者团体从事政治捐款。至此，在第一修正案的庇护之下，政治捐款和支出都为“软钱”的运作留下了充足的空间。[①]

受最高法院裁决的影响，一种名为超级政治行动委员会（Super PACs）的组织应运而生。[②] 甚至最近还出现了所谓的“超级超级政治行动委员会”，或称“混合政治行动委员会”。这种委员会既具备超级政治行动委员会在募款和支出方面不受约束的特点，还可以捐款给候选人。在 2012 年的大选中，富裕阶层支持的共和党财力雄厚，充分发挥了不受拘束的资金优势，对选举走势有着极其重要的影响。

---

① Adam Liptak, "Justices, 5-4, Reject Corporate Spending Limit", *The New York Times*, January 21, 2010, http://www.nytimes.com/2010/01/22/us/politics/22scotus.html?pagewanted=all；张旭东：《金钱洪流中的选战》，人民网，2012 年 11 月 5 日，http://world.people.com.cn/n/2012/1105/c159300-19505540.html。

② 超级政治行动委员会可以无限制地从团体和公司募集政治捐款用于选举，只需要保持“独立”，即不同任何选举团队进行协调。但是这一规定有明显的漏洞。只要候选人通过亲信操控该类委员会，或者某一超级政治行动委员会回应候选人公开的言论就可以表面独立，实质上附属于特定的竞选阵营。

二、总统选举过程分析

美国总统选举通常可分为党内初选、党内提名、全国竞选、选举并揭晓结果等四个阶段。其中，党内初选包括候选人宣布参选、初选前辩论和各州预选等三个过程。党内提名阶段包括主要候选人宣布竞选搭档、召开本党全国代表大会、候选人接受党内提名，从而正式进入全国大选。全国竞选阶段，候选人在各州进行选前造势并参加候选人电视辩论。选举过程与两党竞选阶段一定程度重叠，包括提前投票、选举日投票、选举结果揭晓、选举人团投票并确认结果，最终完成新任总统和副总统的宣誓就职。

2012 年的总统大选中，奥巴马作为现任总统有较大的连任优势。在近几十年的美国总统选举中，除卡特和老布什之外，里根、克林顿和小布什都完成了 8 年的两个任期。美国国内和国际社会普遍预计奥巴马将顺利连任。不过，由于美国经济在金融危机之后的复苏表现一直不尽如人意，特别是失业率长期居高不下，直至选举前仍维持在近 8% 的水平。在第二次世界大战结束以后的六十余年中，还没有总统在失业率高于 7.2% 的情况下连任成功①。因此，共和党候选人并非没有机会重掌白宫。美国总统大选似乎非常偏爱曾经或正在担任州长的候选人，卡特、里根、老布什和克林顿都曾经担任过州长，历史上共有 16 位美国总统担任过州长，其中 7 人是以现任州长身份竞选总统成功，这无疑给了曾经担任过马萨诸塞州州

---

① William A. Galston, "One Year to Go: President Barack Obama's Uphill Battle for Reelection in 2012", *Brookings Institute*, November 7, 2011, http://www.brookings.edu/research/papers/2011/11/07-obama-galston.

长的罗姆尼以充分的信心挑战现任总统奥巴马。

（一）两党党内预选过程

在美国选举历史上，尚未出现过某一主要政党中的重要人物挑战寻求连任总统的先例，因此奥巴马获得民主党党内提名只是时间问题。尽管有传言称，曾经在 2008 年与奥巴马竞争民主党总统提名的国务卿希拉里·克林顿（Hillary Clinton）有意再次发起挑战，但很快后者就发表声明表示不会参加竞选①。2011 年 4 月 4 日，奥巴马通过网站宣布他将寻求竞选连任②。2012 年 4 月 3 日，在赢得了马里兰州和哥伦比亚特区初选之后，奥巴马已获得 2778 张初选票，确保获得民主党的提名③。现任副总统拜登继续成为奥巴马的竞选搭档。

与民主党相比，共和党内的提名过程异常胶着。在当前的美国政治中，经济问题无疑是选举核心议题，特别是白宫与国会在债务上限问题上谈判不力，使得美国国债的信用评级遭遇了历史性下调，导致民众对奥巴马支持率显著下滑，对国会的失望程度更有过之而无不及。如何提出有效削减赤字的平衡财政计划，是每一个反对增税的共和党候选人必须解决的问题。另外，同性婚姻合法化、国防开支、伊朗核危机与以色列安全、废除奥巴马医保法案等问题也成

---

① Stephanie Condon，“Hillary Clinton Rules Out 2012，2016 Presidential Runs”，*CBS News*，November 5，2010，http：//www. cbsnews. com/8301 – 503544 _ 162 – 20021921 – 503544. html.

② “Obama announces re-election bid”，*United Press International*，April 4，2011，http：//www. upi. com/Top _ News/US/2011/04/04/Obama-announces-re-election-bid/UPI – 95081301905800/？dailybrief.

③ “Obama clinches Democratic nomination”，*CNN*，April 3，2012，http：//politicalticker. blogs. cnn. com/2012/04/03/breaking-obama-clinches-democratic-nomination/.

为初选阶段焦点话题。一向保守的共和党在同性婚姻权利问题上态度比较坚决，大多数候选人都不支持其合法化，并借此问题表明自己的保守立场倾向，希望赢得共和党传统选民的支持①。在应对伊朗核危机和支持同盟以色列的问题上，共和党候选人普遍持鹰派立场，主张使用军事手段防止伊朗核威胁进一步加剧②。此外，大多数候选人承诺当选总统后将废除奥巴马任内的主要立法——《患者保护与平价医疗法案》（Patient Protection and Affordable Care Act）③。

2011 年春季开始，角逐共和党总统提名的候选人陆续宣布参选。这其中比较引人瞩目的包括曾经参加过 2008 年总统选举的罗姆尼和现任得克萨斯州众议员罗恩·保罗（Ron Paul）。在整个 2011 年中，罗姆尼都在共和党内处于民调领先地位，他也是共和党候选人中在全国范围内知名度最高的一位。但是，罗姆尼在很多议题（包括州政府强制推广的医保方案、堕胎、同性婚姻和气候变化等）上的立场，令共和党传统选民质疑其是否是保守派的代言人。许多评论认为罗姆尼是一个立场不坚定的摇摆候选人，并不可靠，这也给了其他知名度较低的候选人以机会，利用更加保守的政策挑战罗姆尼的领先优势。

从 2011 年 5 月 5 日开始，共和党在 10 个月内连续举行了 20 场

---

① 主要候选人中，纽特·金里奇（Newt Gingrich）、里克·桑托勒姆（Rick Santorum）和里克·佩里（Rick Perry）强烈反对同性婚姻，只有洪博培（John Huntsman）赞成公民联合（Civil Union）的做法。Paul Harris，“What the Republican presidential candidates think about gay rights”，*The Guardian*，January 8，2012，http：//www. guardian. co. uk/world/shortcuts/2012/jan/08/republican-candidates-gay-rights-karger.

② Jon Swaine，“Republican hopefuls would go to war with Iran”，*The Telegraph*，November 13，2011，http：//www. telegraph. co. uk/news/worldnews/republicans/8887247/Republican - hopefuls - would - go - to - war - with - Iran. html.

③ David Nather，“Health care reform's fate could be determined by 2012 races”，*Politico*，October 8，2011，http：//www. politico. com/news/stories/1011/65426. html.

电视辩论，平均每月达到两场[①]。从表 2 中可以看到，艾奥瓦州、新罕布什尔州、南卡罗来纳州和佛罗里达州总共举行了 15 次电视辩论，占全部辩论的 3/4。这其中，艾奥瓦州举行三次辩论，其余三州举行了四次，甚至有的城市举行了两场辩论（如佛罗里达州坦帕市），充分说明了这些州对于共和党初选甚至大选的极端重要性：艾奥瓦州和新罕布什尔州分别是最早举行党团会议和初选的州，也是整个大选的风向标，赢下这两个州将为赢得大选打下坚实的基础。南卡罗来纳州和佛罗里达州是近几次大选关键的摇摆州，赢下这两个州将是大选胜利决定性的一步。因此，共和党在这些州举行大量的电视辩论，以期通过集中投入选举资源，在遴选候选人的同时，赢得这些州选民的支持。

明尼苏达州的首位女众议员米歇尔·巴克曼（Michele Bachmann）作为茶党（Tea Party）的支持者首先向罗姆尼发起了冲击[②]，并在 2011 年 8 月赢得了艾奥瓦州一项重要的民调——艾姆斯民调[③]。但随后得克萨斯州州长里克·佩里迅速抢过来势头，赢得了共和党内的广泛支持[④]，但由于在 9 月的党内电视辩论中表现不佳而失去先

① 参加辩论通常需满足一定的条件，包括正式参选或组成试探性竞选办公室，并且在至少 5 项全国范围内的民调取得最少 1% 的支持率。共和党首场辩论开始时，罗姆尼等候选人尚未正式参选，使该场辩论成为候选人最少的场次之一。

② Jon Ward, "Michele Bachmann's Rise Has Conservatives Bullish about Taking on Obama" *The Huffington Post*, June 29, 2011, http://www.huffingtonpost.com/2011/06/29/bachmann-supporters-bullish_n_887529.html.

③ Russell Goldman and Amy Bingham, "Michele Bachmann Drops Out of Presidential Race", *ABC News*, January 4, 2012, http://abcnews.go.com/blogs/politics/2012/01/bachmann-drops-out-of-presidential-race/.

④ "GOP Primary: Perry 29%, Romney 18%, Bachmann 13%", *Rasmussen Reports*, August 16, 2011, http://www.rasmussenreports.com/public_content/politics/elections/election_2012/election_2012_presidential_election/gop_primary_perry_29_romney_18_bachmann_13.

前的势头①。知名媒体人赫尔曼·凯恩（Herman Cain）在9月22日的辩论中表现出众，一度成为共和党热门候选人，不过随后由于媒体揭发其性丑闻而不得不在12月放弃选举②。前众议长金里奇在宣布竞选后不久遭遇了竞选团队人事危机，但是凭借着雄厚的财力以及超级政治行动委员会的鼎力支持，向罗姆尼发起了猛烈的负面广告攻击，逐渐跻身主要候选人行列③。

表2　2012年美国共和党总统候选人电视辩论安排

次序	辩论日期	辩论地点	人数
1	2011年05月05日	南卡罗来纳州格林威尔 Greenville，SC	5
2	2011年06月13日	新罕布什尔州高富斯顿 Goffstown，NH	7
3	2011年08月11日	艾奥瓦州艾姆斯 Ames，IA	8
4	2011年09月07日	加利福尼亚州西米谷市 Simi Valley，CA	8
5	2011年09月12日	佛罗里达州坦帕 Tampa，FL	8
6	2011年09月22日	佛罗里达州奥兰多 Orlando，FL	9
7	2011年10月11日	新罕布什尔州汉诺威 Hanover，NH	8
8	2011年10月18日	内华达州拉斯维加斯 Las Vegas，NV	7
9	2011年11月09日	密歇根州罗切斯特 Rochester，MI	8
10	2011年11月12日	南卡罗来纳州斯帕坦堡 Spartanburg，SC	8
11	2011年11月22日	哥伦比亚特区华盛顿 Washington，DC	8

① Alexander Burns and Maggie Haberman, "Rick Perry rebuffed as Herman Cain wins Florida straw poll", *Politico*, September 24, 2011, http://www.politico.com/news/stories/0911/64343.html.

② Jackie Kucinich and Catalina Camia, "Pressure rises on Cain amid allegations", *USA Today*, November 2, 2011, http://usatoday30.usatoday.com/news/politics/story/2011-11-02/herman-cain-sex-harassment-cases/51051432/1; James Oliphant, "Herman Cain drops out of presidential race", *Los Angeles Times*, December 3, 2011, http://articles.latimes.com/2011/dec/03/news/la-pn-cain-announcement-20111203.

③ Brad Knickerbocker, "Newt Gingrich pushes back against critics", *Christen Science Monitor*, November 19, 2011, http://www.csmonitor.com/USA/Elections/President/2011/1119/Newt-Gingrich-pushes-back-against-critics.

续表

次序	辩论日期	辩论地点	人数
12	2011 年 12 月 10 日	艾奥瓦州得梅因 Des Moines，IA	6
13	2011 年 12 月 15 日	艾奥瓦州苏城 Sioux City，IA	7
14	2012 年 01 月 07 日	新罕布什尔州高富斯顿 Goffstown，NH	6
15	2012 年 01 月 08 日	新罕布什尔州康科德 Concord，NH	6
16	2012 年 01 月 16 日	南卡罗来纳州美特尔海滩 Myrtle Beach，SC	5
17	2012 年 01 月 19 日	南卡罗来纳州查尔斯顿 Charleston，SC	4
18	2012 年 01 月 23 日	佛罗里达州坦帕 Tampa，FL	4
19	2012 年 01 月 26 日	佛罗里达州杰克逊维尔 Jacksonville，FL	4
20	2012 年 02 月 22 日	亚利桑那州梅萨 Mesa，AZ	4

资料来源：笔者统计汇总。

在竞选辩论结束后，罗姆尼、罗恩·保罗、金里奇和桑托勒姆四人成为了共和党的主要提名候选人。随后，共和党内的预选过程开始。整个预选从 1 月 3 日的艾奥瓦州党团会议拉开大幕，到 6 月 26 日犹他州初选结束。整个过程一直没有哪位候选人脱颖而出，以至于共和党的提名人直到 5 月 29 日得克萨斯州初选结束才得以确定。罗姆尼在获得了足够的代表票后，确保了共和党总统候选人提名。表 3 显示了主要候选人在共和党内初选过程中的得票情况。

总体而言，总统选举对候选人的要求非常高。从自身特性来看，候选人一般要有担任重要公职的经历，例如国会议员或者州长，最好是担任过副总统，具有较为丰富的执政或参政经验，同时兼具选举经验，方能令选民信任其具备担任总统的能力。此外，候选人必须避免与任何绯闻、丑闻或重要负面信息有所牵连，否则很可能因为任何一点负面因素导致退选或最终败选。历次总统选举包括此次共和党内初选，都有诸如性丑闻、政治捐款丑闻、不慎言论等导致候选人不得不放弃选举的情况发生。

除了上述自身特性外，候选人所在的竞选团队还必须具备强大的募款能力，否则难以支撑漫长的选战。如今的美国总统选举，已经达到10亿美元的总花费水平，如果候选人没有强大的资金支持，根本没有当选的可能。最后，竞选团队还需要有出色的选举战略设计，在选举议题、政策立场等把握上准确到位，抓住重要而敏感的政治时机，借助各种民调拉高或者维持候选人的支持率，这一点同时也有利于候选人募集政治捐款，从而形成良性循环。

表3 2012年共和党总统主要候选人党内初选得票结果

候选人名单	曾经任职	参选日期	总代表票	超级代表票	地方代表票	总选民票	提名进展
米特·罗姆尼 Mitt Romney	马萨诸塞州前州长	2011年6月2日	1489 (65.1%)	54 (43.3%)	1355 (62.6%)	10031336 (52.13%)	2012年5月29日确保提名
罗恩·保罗 Ron Paul	得克萨斯州众议员	2011年5月13日	154 (6.7%)	1 (0.8%)	153 (7.0%)	2095762 (10.89%)	坚持到共和党全国代表大会
纽特·金里奇 Newt Gingrich	众议院前议长	2011年5月11日	142 (6.2%)	2 (1.7%)	140 (6.4%)	2734571 (14.21%)	2012年5月2日中止选举
里克·桑托勒姆 Rick Santorum	前宾夕法尼亚参议员	2011年6月6日	258 (11.3%)	1 (0.8%)	257 (20.3%)	3392069 (20.43%)	2012年4月10日中止选举
里克·佩里 Rick Perry	得克萨斯州州长	2011年8月13日	0	0	0	54769 (0.28%)	2012年1月19日中止选举
洪博培 John Huntsman	犹他州前州长	2011年6月21日	3 (0.1%)	0	3 0.1%	83918 (0.44%)	2012年1月16日中止选举
米歇尔·巴克曼 Michele Bachmann	明尼苏达州众议员	2011年6月27日	1 (0.1%)	0	1 (0.1%)	41199 (0.21%)	2012年1月4日中止选举
总计			2047 (89.5%)	60 (50%)	1909 (88.1%)	18973624 (98.60%)	

资料来源：笔者整理汇总绘制。

（二）两党党内候选人提名

2012 年 8 月 11 日，罗姆尼在弗吉尼亚的诺福克（Norfolk，Virginia）宣布由威斯康辛州的国会众议员、众议院预算委员会主席保罗·瑞恩（Paul Ryan）担任其竞选搭档①。至此，民主与共和两党的竞选候选人已经确立，由民主党现任总统奥巴马和副总统拜登，对阵共和党前州长罗姆尼与众议员瑞恩。

随后，民主与共和两党分别召开全国代表大会，正式提名党内总统与副总统候选人。2012 年 8 月 27 日至 30 日，在前期民调中处于劣势地位的共和党首先于佛罗里达州坦帕举行全国代表大会。整个大会的主题为“更好的未来”（A Better Future）。在为期四天的会议中，新泽西州现任州长克里斯·克里斯蒂（Chris Christie）担任主旨演讲人，其他重要的演讲者还包括桑托勒姆、前国务卿赖斯、参议员麦凯恩、罗姆尼的夫人安·罗姆尼、肯塔基州参议员兰德·保罗等。

在 8 月 28 日的会议上，公布了共和党的政策大纲，针对堕胎、同性婚姻、医保改革、移民改革、美元汇率、联邦税收改革以及气候变化等问题详述共和党的立场②。在提名候选人的正式唱名表决中，罗姆尼以超过 90% 的支持率正式成为共和党总统候选人（详细投票结果参见表 4），瑞恩成为副总统候选人。在大会最后一天，罗

① Jeff Zeleny and Jim Rutenberg，“Romney Chooses Ryan，Pushing Fiscal Issues to the Forefront”，*The New York Times*，August 11，2012，http：//www. nytimes. com/2012/08/12/us/politics/mitt-romney-names-paul-ryan-as-his-running-mate. html? pagewanted = all&_ r = 0.

② GOP，“2012 Republican Platform”，http：//www. gop. com/2012-republican-platform_ home/.

姆尼接受了共和党提名并发表了演说。

表 4　共和党候选人在党代表大会上获得的最终选票情况

候选人	得票数	得票比例
米特·罗姆尼	2061	90.16%
罗恩·保罗	190	8.31%
里克·桑托勒姆	9	0.39%
米歇尔·巴克曼	1	0.04%
洪博培	1	0.04%
布迪·罗默尔	1	0.04%
弃权或无效	23	1.01%
总计	2286	100%

资料来源：笔者整理汇总。

民主党全国代表大会于 9 月 3 日至 6 日在北卡罗来纳州夏洛特举行。北卡罗来纳长期以来都支持共和党候选人，但是在 2008 年总统选举中奥巴马以微弱优势获胜。此次选举，该州成为重要的摇摆州之一，在这里举办民主党全国大会也有助于奥巴马巩固在这里的微弱优势。

在为期四天的会议中，主旨演讲人为得克萨斯州圣安东尼奥市的朱利安·卡斯特罗（Julian Castro），其他重要演讲人包括前白宫办公厅主任、现任芝加哥市市长伊曼努尔（Rahm Emanuel）、马萨诸塞州参议员候选人伊丽莎白·沃伦（Elizabeth Warren）、前总统比尔·克林顿、第一夫人米歇尔·奥巴马以及副总统拜登等。最终，奥巴马以全票 5556 票当选民主党总统候选人，拜登当选为副总统候选人。在大会最后一天，奥巴马接受提名并发表演说。

（三）全国竞选与总统候选人电视辩论

从 2012 年 6 月初罗姆尼稳获共和党提名后，奥巴马和罗姆尼的竞选团队就已进入到最后的全国性竞选阶段。尽管奥巴马政府的经济表现不尽如人意，但是其在全国范围内的民调支持率始终高于罗姆尼约 2%，到 8 月两党提名大会前甚至拉大到 4%，超出误差范围（参见图 2）。共和党阵营通过公布副总统候选人以及早于民主党举行全国代表大会，试图缩小与奥巴马的民调差距。8 月末时，罗姆尼与奥巴马的支持率一度持平①。

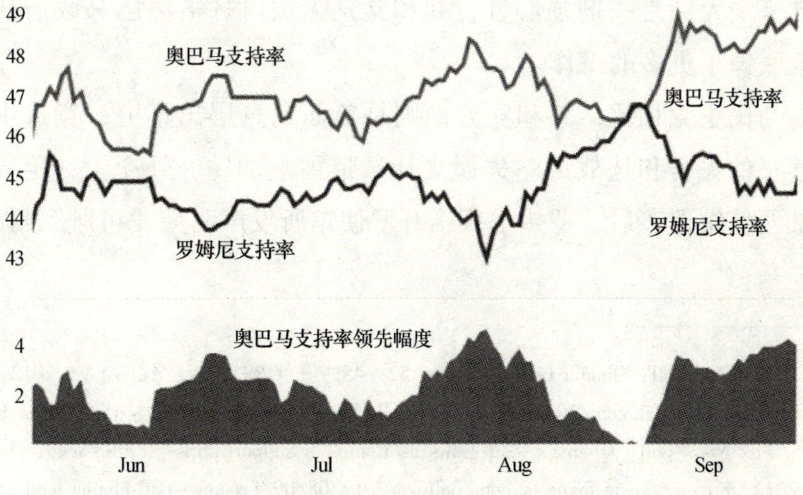

图 2　奥巴马与罗姆尼支持率变化（2012. 6. 1—9. 30）

资料来源：Real Clear Politics 网站。

① Alina Selyukh，"Romney's bounce from convention looks short-lived：Reuters/Ipsos poll"，*Reuters*，September 2，2012，http：//in. reuters. com/article/2012/09/01/us-usa-campaign-poll-idINBRE87U1CJ20120901.

但是，罗姆尼支持率的反弹很快被终结。随着民主党提名大会的召开，奥巴马逐渐显现出优势，各种民调数据普遍显示其全国范围内的支持率开始大幅领先罗姆尼。对共和党阵营更加不利的是，在决定大选胜负的几个关键的摇摆州（例如佛罗里达、俄亥俄、弗吉尼亚等），罗姆尼与奥巴马的差距也在持续扩大①。根据近几届总统大选民主党和共和党稳获选举人票的情况估计，奥巴马的基本盘要大于罗姆尼，后者若想取胜就必须赢得几乎所有的摇摆州，难度可想而知。同样不容忽视的是，在罗姆尼阵营一向领先的政治募款方面，民主党逐月募款金额也开始呈现反超态势②。再有，就业市场也释放出了对奥巴马利好的消息。美国劳工部 2012 年 9 月发布的报告显示，奥巴马执政以来累计新增了 12.5 万个工作岗位③。这对民主党来说无疑是一剂强心针，共和党则无法再抨击奥巴马政府让美国人丢掉了更多的工作。

与民主党相比，共和党方面则是负面消息层出不穷，竞选中接二连三的失言和选战策略失误更让选情雪上加霜。外交上，美国驻班加西使馆遇袭后，罗姆尼抨击开罗使馆所发声明为“可耻”，掀起

---

① “CNN Poll：Obama Leads Romney 52—45%”，*CBS News*，August 9，2012，http：//miami. cbslocal. com/2012/08/09/cnn-poll-obama-leads-romney-52 – 45/；Dana Blanton，“Fox News poll：Obama’s lead grows as Romney’s support slips”，*Fox News*，August 10，2012，http：//www. foxnews. com/politics/2012/08/09/fox-news-poll-obama-lead-grows-as-romney-support-slips/.

② *Michael Rezendes*，“President Obama winning battle for small donors”，*Boston Globe*，June 7，2012，http：//www. bostonglobe. com/metro/2012/06/07/president-obama-attracts-far-more-small-donations-than-mitt-romney/qdpY8H4mNWrYThyJsGWIBM/story. html？camp = pm.

③ Christopher S. Rugaber，“Jobs Report：U. S. Economy Adds 114，000 Jobs in September；Jobless Rate Down To 7. 8 Percent”，*Huffington Post*，October 5，2012，http：//www. huffingtonpost. com/2012/10/05/jobs-report-unemployment-rate _ n _ 1942067. html.

了一场在华盛顿乃至全美范围内的政治波澜①。舆论普遍认为罗姆尼将国家悲剧政治化的做法不近人情，奥巴马阵营更是给罗姆尼贴上了“先开枪后瞄准”的标签，试图强化罗姆尼在外交方面欠缺战略思维的鲁莽形象②。其实早在 2012 年 6 月作为共和党候选人赴英国、以色列等盟国的访问中，罗姆尼就表现欠佳、屡有失言，使选民对于其外交能力产生质疑③。内政上，罗姆尼在佛罗里达的一次私人募款聚会中称，全美有 47% 的选民不纳税反而自认为是受害者，依靠大政府的扶持维持生计，因而是奥巴马的铁杆，引发了全国范围的声讨④。佛罗里达州拥有大量的拉美裔选民，这一言论令奥巴马在该族裔选民中的领先幅度超过了 40% 。再有，罗姆尼身属美国最富裕的 1% 群体，所缴纳的平均税率却低于普通美国民众，如何能赢得中产阶级选民的信任，同样被严重质疑。⑤

在总统选举进入最后一个月的冲刺阶段时，不断拉大的支持率差距对罗姆尼越发不利，总统电视辩论成为其挽回败局的最后机会。2011 年 10 月 31 日，两党总统辩论委员会（Commission on Presidential Debates，CPD）宣布了 2012 年候选人电视辩论的相关安排（参

---

① Affan Chowdhry，“Politicizing the U. S. embassy attack：Missteps，criticisms abound”，*The Globe and Mail*，September 12，2012，http：//www. theglobeandmail. com/news/world/us-election/politicizing-the-us-embassy-attack-missteps-criticisms-abound/article4539399/.

② Peter Baker and Ashley Parkera，“Challenger's Criticism Is Furiously Returned”，*The New York Times*，September 12，2012，http：//www. nytimes. com/2012/09/13/us/politics/behind-romneys-decision-to-criticize-obama-on-libya. html？pagewanted = all&_ r = 0.

③ “Media Research Center：TV Network News Coverage Biased against Romney”，*Newsmax Wires*，August 3，2012，http：//www. newsmax. com/US/romney-obama-media-coverage/2012/08/03/id/447489.

④ “Romney doesn't back away from message caught on secret tape”，*CNN*，September 19，2012，http：//www. cnn. com/2012/09/18/politics/campaign-wrap.

⑤ “Mitt Romney paid 14. 1% in tax in 2011”，*BBC News*，September 21，2012，http：//www. bbc. co. uk/news/world-us-canada-19682947.

见表5），包括3场总统候选人辩论和1场副总统候选人辩论。参加辩论的候选人需要符合若干条件，这样就排除了少数小党派或独立候选人参加辩论的可能性①。

表5 2012年美国总统电视辩论安排

次序	时间	地点	主持人	辩论人	议题
1	10月03日星期三	丹佛大学 科罗拉多州	吉姆·莱尔 （PBS）	奥巴马 罗姆尼	内政
2	10月11日星期四	中央学院 肯塔基州	马萨·拉塔兹 （ABC）	拜登 瑞恩	内政 外交
3	10月16日星期二	霍夫斯塔大学 纽约州	坎迪·克拉丽 （CNN）	奥巴马 罗姆尼	内政 外交
4	10月22日星期一	林恩大学 佛罗里达州	鲍勃·谢夫尔 （CBS）	奥巴马 罗姆尼	外交

资料来源：Commission on Presidential Debates网站。

首场总统辩论于10月3日在科罗拉多州丹佛大学举行，经济和国内政策是此次辩论的核心议题。据NBC、《华尔街日报》在首场辩论当晚进行的民调的数据，超过40%的登记选民认为辩论对自己的投票“极度”或者“相当”重要。另据尼尔森公司的数据，总共有6720万人看了首场辩论，这一数字为近20年来之最（史上观众人数最多的总统辩论是卡特对阵里根，共8060万人观看），比2008

① 总统辩论委员会设定了3项候选人应该满足的标准：1. 选举资格符合宪法和法律要求；2. 候选人必须出现在足够多州的选票上以具备获得至少270张选举人票的可能；3. 在五项经挑选的全国性民调中，获得至少平均15%的支持率。只有奥巴马和罗姆尼同时满足上述标准。Commission on Presidential Debates，“2012 Candidate Selection Criteria”，http：//www. debates. org/index. php？page = candidate-selection-process。

年时奥巴马与麦凯恩辩论 5200 万的观众人数增加了 28%，其中有 46% 是 55 岁以上的成年人[①]。相比之下，年轻人同样对辩论显示了极大的政治热情。据社交网站 Twitter 统计，在首场总统辩论的 90 分钟里，网民们共计发送了超过 1110 万条信息，平均每秒钟超过 2000 条[②]。

如同预期的一样，背水一战的罗姆尼在辩论中采取主动攻击策略。罗姆尼批评奥巴马搞砸了美国经济，过度强调政府作用，不仅没有兑现竞选中的诸多承诺，反而恶化了美国的就业状况和政府债务。他相应地提出了“五点计划”作为施政方案的要点，分别为能源独立、促进贸易、提升民众工作技能、预算平衡和捍卫中小企业。罗姆尼强调美国不能再走奥巴马“更大政府、更多开支、更多税收和更多监管”的老路，美国需要一场真正的复苏。与之相对，奥巴马强调了自己上任时面临的诸多困难，包括 1 万多亿美元的财政赤字和罕见的经济危机。他认为要减少赤字但不能削减医疗和教育的投入，并反驳罗姆尼的减税方案有利于富人而不是中产阶级，更无益于就业，还批评其经济计划不切实际。奥巴马强调在过去 30 个月中，美国私营部门已创造了 500 万个工作机会。

总体而言，整场辩论奥巴马都给人精力不足、疲惫无力、语言重复、缺少激情的印象。辩论之前，CNN 的民调预计奥巴马获胜的比例达到 56%，罗姆尼仅有 32%。但在辩论结束后，CNN 的民调显示，认为奥巴马和罗姆尼获胜的比例分别为 25% 和 67%，罗姆尼赢

---

① Michael O'Connell，“Presidential Debate Hits 32-Year Record in Gross Ratings”，*The Hollywood Reporter*，October 4，2012，http：//www. hollywoodreporter. com/live-feed/obama-mitt-romney-presidential-debate-ratings-record-376575.

② 张旭东：《两版美国梦的激辩》，人民网，2012 年 11 月 2 日，http：//world. people. com. cn/n/2012/1102/c159300 – 19478621. html。

得了三分之二以上选民的支持，领先幅度超过 40%[①]。据 CNN 民调中心主任霍朗德介绍，自 1984 年首次进行类似民调以来，从没有候选人赢得 60% 以上的支持率。随后几天中各项民调结果都显示，在全国范围内罗姆尼与奥巴马的支持率已基本持平，在各摇摆州的选情也显著改善。

接下来进行的副总统辩论中，拜登肩负着为民主党阵营挽回颓势的重任。辩论之前，罗姆尼的支持率已经领先奥巴马 3%，且皮尤中心（PEW）10 月的民调显示，拜登 39% 的受欢迎度也落后于瑞恩的 44%。在辩论中，内政和外交议题交叉提出，拜登以丰富的政治经历和副总统参与外交决策的优势在多个问题上占据上风。瑞恩则扬长避短，反复强调美国目前多达 2300 万人失业，以及 15% 人口生活在贫困中的数据，继续在经济问题上乘胜追击。辩论之后的不同民调结果迥异，CNBC 的民调显示瑞恩以 50% 比 36% 的支持率获胜，CBS 则认为拜登以 50% 比 31% 的支持率获胜。[②] CNN 的民调处于中间状态，显示瑞恩以 48% 比 44% 稍占上风[③]。

第二场总统辩论在纽约州霍夫斯特拉大学举行。来自纽约州的 80 余位尚未明确投票倾向的选民通过市民大会的形式向候选人提问。辩论前美国劳工部发布的报告称全国平均失业率已经下降至 7.8%，但就业问题仍是焦点问题。政府规模与财政赤字、医疗保险

---

① "CNN Poll: Most watchers say Romney debate winner", *CNN/ORC International*, October 3, 2012, http://politicalticker.blogs.cnn.com/2012/10/03/cnn-poll-romney-wins-debate-by-big-margin/?hpt=hp_t2; Nate Silver, "Oct. 9: Romney Erases Obama's Convention Bounce in Forecast", *The New York Times*, October 9, 2012, http://fivethirtyeight.blogs.nytimes.com/2012/10/09/oct-9-romney-erases-obamas-convention-bounce-in-forecast/.

② "Poll: Biden takes debate over Ryan, uncommitted voters say", *CBS News*, October 11, 2012, http://www.cbsnews.com/8301-250_162-57531059/poll-biden-takes-debate-over-ryan-uncommitted-voters-say/.

③ "POLL: CNN Poll: Who won the VP debate?" *CNN/ORC International*, October 11, 2012, http://www.cnn.com/POLITICS/pollingcenter/polls/3262.

与国防预算等议题都直接或间接与美国普通大众的就业相关。罗姆尼在辩论中时刻围绕这一话题展开对奥巴马的攻击，他提出要新增1200 万个就业岗位的目标，并不时提及关键摇摆州的核心产业，争取这些地区的选票。奥巴马吸取了首场辩论的教训，果断指出罗姆尼言论中前后不一致或不符事实的论点。在减税问题上，奥巴马批评罗姆尼含混了减税与降低税率这两个完全不同的概念，指出共和党只是强调前者，而民主党则希望降低中产阶级的税率，实现真正的减负。

第二场总统辩论结束后，CNN 民调显示奥巴马以 46% 比 39% 的支持率战胜了罗姆尼①。更重要的是，73% 的受访者认为奥巴马的表现超出了他们的预期。盖洛普数据也显示，奥巴马以 51% 对 38% 的优势获胜，而两周前的首场辩论，罗姆尼曾以 72% 对 20% 的悬殊差距获胜②。盖洛普调查还发现，76% 的选民收看了第二场辩论，高于首场的 66%③。

最后一场辩论在佛罗里达州博卡拉顿市的林恩大学举行。辩论之前，奥巴马与罗姆尼的支持率基本持平。辩论主要围绕外交议题展开，五个核心话题分别是：美国的世界地位、美国在阿富汗和巴基斯坦的反恐战争、美国与以色列关系及伊朗核危机、中东地区变革与恐怖主义的新形势、中国的崛起和世界的未来。奥巴马作为总统有着四年的外交经验，只担任过州长的罗姆尼在这方面有明显短

---

① “POLL：CNN Poll：Who won the second presidential debate?” *CNN/ORC International*, October 16, 2012, http：//www. cnn. com/POLITICS/pollingcenter/polls/3274.

② Jeffrey M. Jones, “Romney Narrows Vote Gap After Historic Debate Win By record-high margin, debate watchers say Romney did better”, *Gallup*, October 8, 2012, http：//www. gallup. com/poll/157907/romney-narrows-vote-gap-historic-debate-win. aspx.

③ Emily Schultheis, “Gallup：Obama won the second debate”, *Politico*, October 19, 2012, http：//www. politico. com/blogs/burns-haberman/2012/10/gallup-obama-won-the-second-debate-139028. html.

板，舆论普遍认为奥巴马有较大把握获胜。

在辩论过程中，中东问题始终占据辩论的核心，美国同以色列的盟友关系和伊朗造成的核威胁被反复提及，美国在埃及、班加西的外交政策与使馆遇袭事件也占据大量讨论时间。如何应对叙利亚危机、如何在安理会同俄罗斯等国形成外交联合压力迫使巴沙尔政府下台，以及在伊拉克和阿富汗的反恐斗争如何继续，都在当日的辩论中占据显著地位。罗姆尼提出美国应对中东穆斯林反美情绪应侧重四点，分别是外交援助、教育、平等和法制。奥巴马批评罗姆尼沿用上世纪 90 年代时的政策思路，他自己的政策将侧重确保伊拉克协助美国反恐、保证以色列安全、保障宗教少数派和妇女安全以及协助中东国家发展经济等。

中国话题首次成为美国大选的正式议题，引起了华人的广泛关注。辩论中，两位候选人都不愿将中国视为美国的首要威胁，而倾向于认为美国同中国可以成为很好的合作伙伴。无论是罗姆尼还是奥巴马，都表达出希望同中国公平、平等竞争，同时维持良好关系的愿望。两位候选人在谈到与中国的竞争时都丝毫不愿显示出软弱的一面，奥巴马强调自己任期内与中国进行的 WTO 诉讼的数量超过小布什两任期的总和，罗姆尼则批评中国在知识产权保护和货币政策方面违反自由贸易和法制的规则。有媒体认为，两人争论焦点其实都不在中国的崛起，而是它对美国经济的影响。辩论之后第一时间各大媒体的民调数据普遍显示，奥巴马以较为明显的优势赢得了辩论，而且认为奥巴马比预期表现更好的比例也高于罗姆尼①。

① “POLL：Who won the final debate?” *CNN/ORC International*，October 22，2012，http：//www.cnn.com/POLITICS/pollingcenter/polls/3287；“Poll：Decisive win for Obama in final debate”，*CBS News*，October 22，2012，http：//www.cbsnews.com/8301－250_162－57537795/poll-decisive-win-for-obama-in-final-debate/.

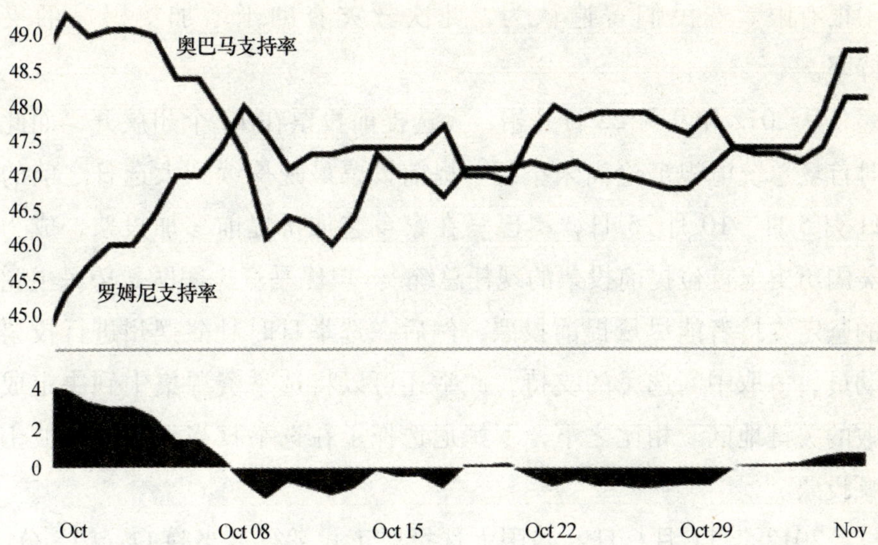

图 3　奥巴马与罗姆尼支持率变化（2012. 10. 1—11. 6）

资料来源：Real Clear Politics 网站。

总体来看，四场电视辩论下来，罗姆尼是获益更大的一方，不仅在全国总体民调上与奥巴马相持不下（参见图 3），而且在部分摇摆州占得先机，使得一度失去悬念的选举结果再次变得难以预测。

（四）选举日及揭晓结果

在选举日到来之前，美国东北部地区遭遇了强力飓风“桑迪”（Hurricane Sandy）的侵袭，造成了巨大的人员和财产损失。奥巴马和罗姆尼竞选团队都暂停了竞选行程，支持救援行动。作为现任总统，奥巴马表现出了危急时刻的较强领导力。在受灾严重的新泽西州，奥巴马及时出现并协助共和党籍的州长克里斯蒂参与救灾，受到了后者的赞扬①，相对而言罗姆尼在救灾中所能起的作用很有限。选民们普遍认为，此次救灾有助于增加奥巴马的支持率。②

从2012年9月22日开始，大选提前投票在12个州展开，而此时首场总统电视辩论尚未举行。提前投票最晚持续到大选日之前的11月5日。10月25日，奥巴马在家乡芝加哥提前参加投票，成为美国历史上首位提前投票的现任总统③。奥巴马竞选团队希望民主党的坚定支持者能尽量提前投票，然后在选举日时赴摇摆州进行投票动员，争取中间选民的支持，此举还可以将选举资源集中到决定成败的关键地区。相比之下，罗姆尼选择了在选举日当天在家乡波士顿投票。

2012年11月6日，美国大选投票正式举行。当晚11点15分，随着各大新闻网播报奥巴马赢得俄亥俄州，总统选举结果已见分晓。11月7日凌晨1点，罗姆尼打电话给奥巴马承认败选，随后奥巴马在芝加哥发表了胜选演说。11月10日，随着佛罗里达州计票结束，全部选举人票开出，最终奥巴马以332票对206票战胜罗姆尼，成功连任。12月17日，选举人团正式投下选举人票。2013年1月4日，在113届新一届国会的联席会议上，选举人票被正式唱票，奥巴马和拜登正式当选为总统和副总统。2013年1月20日，奥巴马和拜登分别宣誓，开始第二任期，1月21日举行了就

---

① David Horsey, "Chris Christie and Hurricane Sandy give Obama a timely boost", *Los Angeles Times*, October 31, 2012, http://www.latimes.com/news/politics/topoftheticket/la-na-tt-chris-christie-boost-20121031, 0, 1044954.story.

② Michael Leahy and Sean Sullivan, "Hurricane Sandy helped Obama politically, Karl Rove says", The Washington Post, November 2, 2012, http://www.washingtonpost.com/blogs/the-fix/wp/2012/11/02/hurricane-sandy-helped-obama-politically-karl-rove-says/.

③ Peter Baker, "Obama Votes Early in Chicago and Encourages Others to Follow Suit", *The New York Times*, October 25, 2012, http://thecaucus.blogs.nytimes.com/2012/10/25/the-caucus-click-obama-votes/.

职典礼。

在众议院选举方面，全部 435 个席次中民主党获得了 201 席，共和党获得 234 席，相比 2010 年中期选举时，民主党增加了 8 席，共和党相应减少 8 席，但是仍然占据众议院多数党的地位。

在参议院选举方面，共 33 席面临改选，民主党选后增加 2 席共获得 23 席，共和党减少 2 席共获得 8 席，另有 2 席为无党派获得，但是这两位参议员都倾向民主党立场。选举后，参议院民主党共有 53 席，共和党 45 席，无党派 2 席，民主党占据多数党地位，但是没有达到可以阻止冗长辩论所需要的 60 席。

在州长选举方面，共有 11 个州和两个美国行政管辖区面临选举，此外威斯康辛州 6 月 5 日举行州长重选。在 12 个州中，民主党赢得 8 个州，共和党赢得 4 个州，只有北卡罗来纳州改变党派归属由共和党候选人赢得。选举结束后，民主党人担任州长的共有 19 个州，共和党人担任州长的则有 30 个州，共和党处于较为明显的优势。

三、2012 年大选结果及影响因素分析

（一）总统选举结果分析

从总体结果来看，奥巴马的普选票数超过罗姆尼近 500 万票，得票率领先近 4%。选举人票方面，奥巴马获得 332 票，比获得 206 票的罗姆尼多出 126 票（参见表 6）。

表 6　2012 年总统选举得票情况

候选人	民主党 奥巴马、拜登	共和党 罗姆尼、瑞恩	总和	差额
普选票总数	65899660	60932152	129067662	4967508
普选票得票率	51.06%	47.21%	100%	3.85%
选举人票总数	332	206	538	126
选举人票得票率	61.71%	38.29%	100%	23.42%

资料来源：美国联邦选举委员会 2012 年大选公告。

就获胜的州数而言，奥巴马相比四年前只是失去了印第安纳和北卡罗来纳两个本属于共和党的票仓，最终赢下 26 个州和哥伦比亚特区，领先罗姆尼的 24 个州（参见图 4）。从这些数据来看，似乎奥巴马的胜利优势相当明显，他的连任使得美国历史上再次出现了连续三位成功连任的总统（先后为克林顿、小布什和奥巴马）。继克林顿之后，奥巴马成为了又一位在输掉北卡罗来纳州后还能胜选的

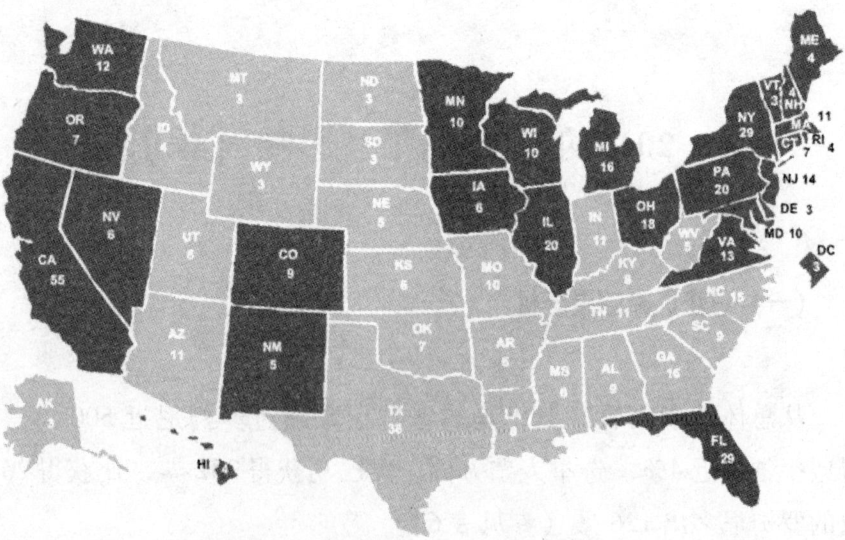

图 4　2012 年大选民主党与共和党获胜州对比

资料来源：颜色较深区域为奥巴马获胜州，颜色较浅区域为罗姆尼获胜州。

候选人，也是里根之后又一位连任时能获得超过 50% 选票的总统。

从近四十年美国总统大选结果来看，奥巴马的连任尽管没有取得 1984 年里根或 1992 年克林顿连任时的优势，至少没有重蹈 1980 年卡特和 1992 年老布什的覆辙，也避免了 2000 年和 2004 年小布什竞选时的胶着，在取得连任的总统中属于相对顺利的一位（参见表 7）。

表 7　美国总统大选选举人票得票情况（1972—2012 年）

年份	民主党候选人	选举人票	共和党候选人	选举人票	票差	获胜党派
1972	麦戈文	17	尼克松	520	503	共和党
1976	卡特	297	福特	240	57	民主党
1980	卡特	49	里根	489	440	共和党
1984	蒙代尔	13	里根	525	512	共和党
1988	杜卡基斯	111	老布什	426	315	共和党
1992	克林顿	370	老布什	168	202	民主党
1996	克林顿	379	杜尔	159	220	民主党
2000	戈尔	267	小布什	271	4	共和党
2004	克里	252	小布什	286	34	共和党
2008	奥巴马	365	麦凯恩	173	192	民主党
2012	奥巴马	332	罗姆尼	206	126	民主党

资料来源：笔者汇总整理。

然而，如果更加深入分析各州的数据，就会发现此次奥巴马连任可以用“惊险”来形容（参见表 8）。在奥巴马获胜的 26 个州及哥伦比亚特区中，得票率差距在 3% 以内的有三个州，分别是佛罗里达州、俄亥俄州和弗吉尼亚州。这三个州属于典型的摇摆州，共有选举人票 60 张，如果这些州都被罗姆尼赢下，则奥巴马与罗姆尼的选举人票差距仅剩下 6 票。如果再考虑到奥巴马只领先 4.7% 的科罗拉罗州的 9 张选举人票，那么实际上此次大选民主与共和两党的差距就在毫厘之间。普选票得票率差和选举人票的票数差并不能真实反映出选举的胶着程度。

在选举之前，候选人团队只能通过民调数据分析和判断选情走势，由于各摇摆州的支持率差距都在误差范围内，所以实际上根本无法判断究竟哪一方会在选举中最终胜出。罗姆尼竞选团队认为选前民调选取的样本相对有利于奥巴马，因而自己的实际优势更大，更坚定了获胜的信心。当大选日各州开票结果纷纷出炉，特别是俄亥俄州被奥巴马赢下意味着自己大势已去时，罗姆尼难以接受败选的结局，不愿打电话给奥巴马承认竞选失利。实际上，罗姆尼竞选团队制作了用于总统继任过渡时期使用的网站①，还购买了大量烟火用于庆祝晚会②，甚至并未准备可能需要对支持者发表的败选演讲③。

相比 2008 年，奥巴马的选举人票减少 33 票，优势缩水幅度为 66 票。考虑到此次大选是在新人口普查后调整各州选举人票情况下举行的首次选举，未来的两次总统大选都将按照此次的选举人票分布进行，可以认为，奥巴马获胜优势在 5% 水平以内的 7 个州，以及罗姆尼获胜优势在 5% 以内的北卡罗莱纳州（参见表 9）将会是未来大选争夺的摇摆州。这些州共有选举人票 111 张，足以颠覆整个选情。此次奥巴马几乎赢得了所有摇摆州的胜利，但其有现任总统的

---

① Dylan Stableford, "Romney 'transition' website briefly appears online", *Yahoo News*, *November* 8, 2012, http: //news. yahoo. com/blogs/ticket/romney-transition -192214963—election. html.

② "Romney campaign spent $25, 000 on fireworks", *The Boston Globe*, November 9, 2012, http: //www. boston. com/news/local/massachusetts/2012/11/09/romney-campaign-spent-fireworks/YrFOs5OEgE98XvjBJ9nItJ/story. html.

③ Philip Rucker, "Romney's belief in himself never wavered", *The Washington Post*, November 7, 2012, http: //www. washingtonpost. com/politics/decision2012/romneys-belief-in-himself-never-wavered/2012/11/07/50cd03fc - 27b8 - 11e2 - 9972 - 71bf64ea091c_story. html.

连任优势，四年后当新的民主党候选人想要守住白宫时，难度将明显增大。

表 8　2012 年总统选举奥巴马获胜州一览

序号	州名	选举人票	奥巴马得票率（%）	罗姆尼得票率（%）	得票率差距（%）
1	佛罗里达州	29	50.0	49.1	0.9
2	俄亥俄州	18	50.1	48.2	1.9
3	弗吉尼亚州	13	50.8	47.8	3.0
4	科罗拉多州	9	51.2	46.5	4.7
5	宾夕法尼亚州	20	52.0	46.8	5.2
6	艾奥瓦州	6	52.1	46.5	5.6
7	新罕布什尔州	4	52.2	46.4	5.8
8	内华达州	6	52.3	45.7	6.6
9	威斯康辛州	10	52.8	46.1	6.7
10	明尼苏达州	10	52.8	45.1	7.7
11	密歇根州	16	54.3	44.8	9.5
12	新墨西哥州	5	52.9	43.0	9.9
13	俄勒冈州	7	54.5	42.7	11.8
14	华盛顿州	12	55.8	41.7	14.1
15	缅因州	4	56.0	40.9	15.1
16	伊利诺伊州	20	57.3	41.1	16.2
17	新泽西州	14	58.0	40.9	17.1
18	康涅狄格州	7	58.4	40.4	18.0
19	特拉华州	3	58.6	40.0	18.6
20	加利福尼亚州	55	59.3	38.3	21.0
21	马萨诸塞州	11	60.7	37.6	23.1
22	马里兰州	10	61.7	36.6	25.1
23	纽约州	29	62.6	36.0	26.6
24	罗德岛州	4	62.7	35.5	27.2
25	佛蒙特州	3	67.0	31.2	35.8
26	夏威夷州	4	70.6	27.8	42.8
27	哥伦比亚特区	3	91.4	7.1	84.3

资料来源：Real Clear Politics 网站。

表9　2012年总统选举罗姆尼获胜州一览

序号	州名	选举人票	奥巴马得票率（%）	罗姆尼得票率（%）	得票率差距（%）
1	北卡罗来纳州	15	48.4	50.6	2.2
2	佐治亚州	16	45.4	53.4	8.0
3	密苏里州	10	44.3	53.9	9.6
4	亚利桑那州	11	44.1	54.2	10.1
5	印第安纳州	11	43.8	54.3	10.5
6	南卡罗来纳州	9	44.0	54.6	10.6
7	密西西比州	6	43.5	55.5	12.0
8	蒙大拿州	3	41.8	55.3	13.5
9	阿拉斯加州	3	41.3	55.3	14.0
10	得克萨斯州	38	41.4	57.2	15.8
11	路易斯安那州	8	40.6	57.8	17.2
12	南达科他州	3	39.9	57.9	18.0
13	北达科他州	3	38.9	58.7	19.8
14	田纳西州	11	39.0	59.5	20.5
15	堪萨斯州	6	37.8	60.0	22.2
16	阿拉巴马州	9	38.4	60.7	22.3
17	肯塔基州	8	37.8	60.5	22.7
18	内布拉斯加州	5	37.8	60.5	22.7
19	阿肯色州	6	36.9	60.6	23.7
20	西弗吉尼亚州	5	35.5	62.3	26.8
21	爱荷华州	4	32.6	64.5	31.9
22	俄克拉荷马州	7	33.2	66.8	33.6
23	怀俄明州	3	28.0	69.3	41.3
24	犹他州	6	24.9	72.8	47.9

资料来源：Real Clear Politics 网站。

根据大选日当天的出口民调数据（参见表10），还可以进一步分析奥巴马和罗姆尼的支持群体，并挖掘决定大选成败的因素。

第一，从选民的性别构成来看，男性选民对罗姆尼支持度更高，而女性选民更加青睐奥巴马。在女性选民的重要性与日俱增的今天，赢得其稳定支持，无疑是胜选的关键因素。

第二，从选民的族裔来看，白人选民更加支持同为白人的罗姆尼，其他族裔则普遍支持奥巴马。不仅黑人对奥巴马有超过九成的支持率，拉美裔和亚裔对奥巴马的支持度也超过七成。考虑到黑人与拉美裔选民占美国选民的比重越来越大，共和党候选人的支持群体在相对萎缩，选民族裔构成很可能成为未来大选的一个决定性因素。

第三，从选民年龄构成来看，40 岁以下的选民更加支持奥巴马，40 岁以上则更加支持罗姆尼。相较而言，年轻选民的政治立场较容易受到外界影响，而年龄较大的选民的政治立场已经比较稳定。从 2008 年开始，奥巴马就赢得了青年选民的支持，这次选举也不例外，他在 18—24 岁和 25—29 岁的年龄段都赢得了 60% 的支持率。因为年轻人更加熟悉互联网和社交传媒，动员起他们的政治热情，将会大大有利于选举造势和动员。

第四，从选民的受教育程度来看，呈现出较为有趣的特征。受教育程度不高的弱势群体普遍支持更加关注他们利益的民主党，而受教育程度最高的群体往往有关心弱势群体的自由主义倾向。这两个群体明显支持民主党候选人，其他群体对两党候选人的支持程度大致持平。

第五，从思想倾向和政党归属来看，此次大选再次反映出美国社会较为严重的政治对立局面。民主党候选人赢得了该党派或自由主义思想选民的绝对支持，共和党则赢得同党或保守主义倾向选民的绝对支持，这种对立也体现在国会议员的选举之中。在这种情况下，中立选民的倾向就对选举走势有着决定性的意义。此次选举中，民调显示有 56% 的中间选民支持奥巴马，而罗姆尼获得支持的比例只有41%，双方相差15%，说明奥巴马的政策赢得了大多数中间选民的支持，因而才能赢得全国过半数选民的信任。

第六，从选民的宗教信仰看，由于罗姆尼属于基督教中相对少众的摩门教派，他在该教派信徒中获得了较高的支持度。在主流教派的新教和天主教中，罗姆尼和奥巴马各自领先。在基督教之外的其他宗教信徒和无宗教信仰的选民中，奥巴马的优势较为明显。

最后，从选民的收入水平来看，在家庭年收入少于5万美元的群体中，奥巴马的支持率很高；在这一标准之上的选民中，罗姆尼更受欢迎。虽然奥巴马将25万美元家庭年收入视为区分中产阶级和富人的标准，但是显然这些中产阶级群体并没有完全被声称代表他们利益的奥巴马所打动。由于美国目前的债务危机十分严重，中产阶级普遍担心奥巴马会进一步加税，影响到他们的生活水平，共和党候选人提出的不增税甚至减税的政策对其有着明显吸引力。不同收入选民群体对两党候选人的不同支持度，也反映了目前美国社会中，富人是否应该担负起更多的税负、穷人是否理所当然应该依赖政府的政策辩论。

表10　美国大选日出口民调一览表①

类别	比例	奥巴马支持率	罗姆尼支持率	类别	比例	奥巴马支持率	罗姆尼支持率
性别				年龄			
男	47%	45%	52%	18—24	11%	60%	36%
女	53%	55%	44%	25—29	8%	60%	38%
族裔				30—39	17%	55%	42%
白人	72%	39%	59%	40—49	20%	48%	50%
黑人	13%	93%	6%	50—64	28%	47%	52%

① "2012 Fox News Exit Polls", *Fox News*, November 6, 2012, http://www.foxnews.com/politics/elections/2012-exit-poll.

续表

类别	比例	奥巴马支持率	罗姆尼支持率	类别	比例	奥巴马支持率	罗姆尼支持率
拉美裔	10%	71%	27%	65 以上	16%	44%	56%
亚裔	3%	73%	26%	思想倾向			
其他	2%	58%	38%	自由派	25%	86%	11%
教育水平				中立派	41%	56%	41%
高中以下	3%	64%	35%	保守派	35%	17%	82%
高中文凭	21%	51%	48%	政党归属			
大学教育	29%	49%	48%	民主党	38%	92%	7%
大学学位	29%	47%	51%	共和党	32%	6%	93%
研究生教育	18%	55%	42%	其他	29%	45%	50%
2011 年家庭年收入（美元）				宗教信仰			
少于 3 万	20%	63%	35%	新教	29%	37%	62%
3—5 万	21%	57%	42%	天主教	25%	50%	48%
5—10 万	31%	46%	52%	摩门教	2%	21%	78%
10—20 万	21%	44%	54%	其他基督教	23%	50%	49%
20—25 万	3%	47%	52%	犹太教	2%	69%	30%
25 万以上	4%	42%	55%	其他宗教	7%	73%	24%
				无宗教信仰	12%	70%	26%

资料来源：Fox News 网站。

总的来说，民主党在女性、青年、低收入、非白人族裔以及非主流新教信仰的选民中得到更多的支持，共和党的核心支持群体为具有传统宗教和价值观的白人男性选民。未来的选举中，中产阶级、中间选民对选举的胜负有着显著影响，族裔、年龄层和性别因素将决定两党候选人支持群体的总体趋势。

（二）国会选举结果分析

在参议院选举方面，此次 33 个席次面临改选。10 名参议员宣布退休不再竞选连任，其中民主党6席，无党派1席，共和党3席。选举结果为，民主党净增加2席达到53席，倾向民主党的无党派维持2席，共和党减少2席为45席。

另外，从表11可以看出，全部33个州参议员竞选中，有超过1/3的12个州中获胜议员得票率不足54%，更有3名议员是在得票率低于50%的情况下凭借相对多数当选，足见此次参议院选举争夺的激烈。

表11　2012年参议院选举情况一览表

序号	州名	前任议员	现任议员	得票率	状态
1	亚利桑那州	Jon Kyl（R）	Jeff Flake（R）	49.2%	共和党保持
2	加利福尼亚州	Dianne Feinstein（D）	Dianne Feinstein（D）	62.5%	民主党连任
3	康涅狄格州	Joe Lieberman（I）	Chris Murphy（D）	54.8%	民主党获胜
4	特拉华州	Tom Carper（D）	Tom Carper（D）	66.4%	民主党连任
5	佛罗里达州	Bill Nelson（D）	Bill Nelson（D）	55.2%	民主党连任
6	夏威夷州	Daniel Akaka（D）	Mazie Hirono（D）	62.6%	民主党保持
7	印第安纳州	Richard Lugar（R）	Joe Donnelly（D）	50.0%	民主党获胜
8	缅因州	Olympia Snowe（R）	Angus King（I）	52.9%	无党派获胜
9	马里兰州	Ben Cardin（D）	Ben Cardin（D）	56.0%	民主党连任
10	马萨诸塞州	Scott Brown（R）	Elizabeth Warren（D）	53.7%	民主党获胜
11	密歇根州	Debbie Stabenow（R）	Debbie Stabenow（R）	58.8%	民主党连任
12	明尼苏达州	Amy Klobuchar（D）	Amy Klobuchar（D）	65.2%	民主党连任
13	密西西比州	Roger Wicker（R）	Roger Wicker（R）	57.2%	共和党连任
14	密苏里州	Claire McCaskill（D）	Claire McCaskill（D）	54.8%	民主党连任
15	蒙大拿州	Jon Tester（D）	Jon Tester（D）	48.6%	民主党连任
16	内布拉斯加州	Ben Nelson（D）	Deb Fischer（R）	57.8%	共和党获胜
17	内华达州	Dean Heller（R）	Dean Heller（R）	45.9%	共和党连任

续表

序号	州名	前任议员	现任议员	得票率	状态
18	新泽西州	Bob Menendez（D）	Bob Menendez（D）	58.9%	民主党连任
19	新墨西哥州	Jeff Bingaman（D）	Martin Heinrich（D）	51.0%	民主党保持
20	纽约州	Kirsten Gillibrand（D）	Kirsten Gillibrand（D）	71.6%	民主党连任
21	北达科他州	Kent Conrad（D）	Heidi Heitkamp（D）	50.2%	民主党保持
22	俄亥俄州	Sherrod Brown（D）	Sherrod Brown（D）	50.7%	民主党连任
23	宾夕法尼亚州	Bob Casey，Jr.（D）	Bob Casey，Jr.（D）	53.7%	民主党连任
24	罗德岛州	Sheldon Whitehouse（D）	Sheldon Whitehouse（D）	64.8%	民主党连任
25	田纳西州	Bob Corker（R）	Bob Corker（R）	64.9%	共和党连任
26	得克萨斯州	Kay Bailey Hutchison（R）	Ted Cruz（R）	56.5%	共和党保持
27	犹他州	Orrin Hatch（R）	Orrin Hatch（R）	65.3%	共和党连任
28	佛蒙特州	Bernie Sanders（I）	Bernie Sanders（I）	71%	无党派连任
29	弗吉尼亚州	Jim Webb（D）	Tim Kaine（D）	52.9%	民主党保持
30	华盛顿州	Maria Cantwell（D）	Maria Cantwell（D）	60.5%	民主党连任
31	西弗吉尼亚州	Joe Manchin（D）	Joe Manchin（D）	60.6%	民主党连任
32	威斯康辛州	Herb Kohl（D）	Tammy Baldwin（D）	51.4%	民主党保持
33	怀俄明州	John Barrasso（R）	John Barrasso（R）	75.7%	共和党连任

资料来源：笔者汇总整理。

注：D 代表民主党，R 代表共和党，I 代表无党派。

在众议院选举方面，民主党经过了 110 和 111 届国会后失去了多数党的地位。特别是在 2010 年的中期选举中，民主党丢掉了 64 席，此次众议院选举想要恢复多数党地位极为困难。实际上，从 2001 年开始，多数时间都是共和党主导众议院，民主党席次只在两个会期中处于多数（参见表 12 和图 5）。

表 12　2012 年众议院席次党派归属一览表

国会届次	会期	民主党	共和党	无党派
107	2001—2003	213	220	2
108	2003—2005	205	229	1
109	2005—2007	201	233	1
110	2007—2009	232	203	0
111	2009—2011	257	178	0
112	2011—2013	193	242	0
113	2013—2015	201	234	0

资料来源：美国国会众议院网站。①

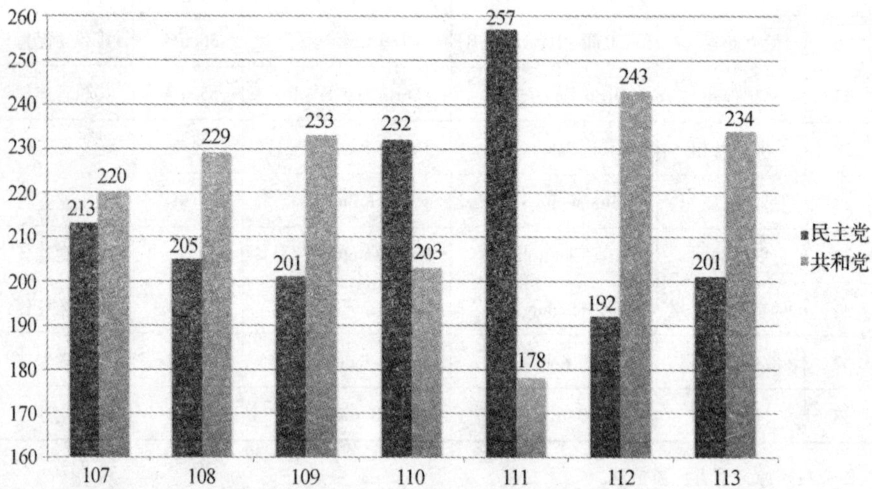

图 5　美国民主共和两党国会众议院席次对比图（2001—2015）

2010 年的人口普查重新调整了绝大多数众议员所在的选区。国会选区调整制造了 45 个新选区，29 位民主党众议员当选，16 位共和党众议员当选。相对于之前的几次选举，此次在任众议员连任失败的比例显著高于往届。选区的调整还造成了一个重要的后果，即民主党众议员候选人获得了更多的选民票，但是却获得较少的席次。

① http：//history. house. gov/Institution/Party-Divisions/Party-Divisions/.

民主党共获得选票 59536235 张，得票率为 49.0%，最终获得 201 席，共和党获得选票 57972629 张，得票率为 47.7%，最终获得 234 席。[①] 虽然民主党较上一次选举增加了 8 席[②]，但是共和党仍然掌控着众议院的多数，并在预算、政府债务等问题上有足够的权力阻击任何有利于奥巴马政绩的议案通过。

四、选举走势与奥巴马第二任期展望

（一）影响大选走势的三种因素

2012 年的美国大选，清晰地反映出了三种影响整个选举走势甚至美国未来政治演进的决定性因素，即：人口（选民）分布、选举规则、财富和传媒手段。这三种因素相互竞争，也相互影响，共同塑造着美国选举的形态，决定着选举结果。

对于选民分布因素，许多研究美国政治选举的学者都对四年前奥巴马作为首位非洲裔美国人当选总统而感到吃惊，但是四年后随着美国传统上被认定的少数族裔（非洲裔、西裔/拉美裔甚至亚裔）在美国政坛上发挥的影响越来越大，选民地理分布显著改变各个州的人口基数、财富分布和国会选区特征，白人对于主导美国政治权力架构越来越吃力。在奥巴马连任后不久，很多人就开始展望 2016

---

① Richard Winger, Ballot Access News, Volume 28, Number 8, January 1, 2013, http: //www. ballot-access. org/2013/01/29/january-2013-ballot-access-news-print-edition/.

② "Democratic House Candidates Received More Votes than Republicans", *Huffington Post*, November 8, 2012, http: //www. huffingtonpost. com/2012/11/08/house-candidates-votes_ n_ 2096978. html.

年可能的两党候选人，多位拉美裔政治新星被看好。如此一来，民主党的支持群体呈现出扩大的趋势，共和党的支持群体相对萎缩，如果完全由族裔决定政治选举结果，那么共和党未来重新执政的难度越来越大。

对于选举规则因素，正因为选民分布的发展趋势对于共和党越来越不利，选举规则就成为维护共和党利益甚至扭转被动局面的有利武器。此次选举之前，共和党对于非法移民和欺诈选民投票的限制、对于选举人票规则的新立法动议，都显现出该党尝试用改变选举规则的办法影响选举结果。此外，国会选举调整的政治角力，也使得共和党在输掉国会议员选举普选票总数的情况下，获得了更多的国会席次。可以预料的是，选举规则将成为未来两党政治争夺空前激烈的一个焦点，规则的演变也很大程度上决定了选举的走势。

对于财富和传媒手段，既然共和党无法在选民基数方面与民主党较量，那么最好的反击手段就是使每一个富人利用手中的财富和对媒体的运用，发出比一个穷人响亮得多的声音，让富人除了投下一张选票外，可以发挥比一个穷人强大得多的政治影响。根据此次美国大选连同各种公职选举在内，花费总额高达 58 亿美元，即每一张选票价值超过 50 美元。两位总统候选人仅在广告花费上就各自支出超过 10 亿美元。毫无疑问，这是一场“史上最昂贵的选举”①。最高法院的两次裁决，使得竞选资金改革陷入泥潭，难有任何进展。政治选举募款享有“言论自由”的权利，也在一定程度上改变了选举规则，使得政治选举变得越来越贵，广告战打得越来越激烈。再加上摇摆州对选举结果的不对称影响，“过饱和”的金钱与媒体攻势令选民疲惫不堪，整个选举也很难被引入政见辩论比较的良性轨道，而是成为候选人相互攻讦，让选民“两害相权取其轻”的政治闹剧。

① 张旭东：《艰难的白宫之路》，人民网，2012 年 11 月 20 日，http：//world.people.com.cn/n/2012/1120/c159300－19637465.html。

这都是美国政治选举不得不面对的现实，也招致大量的批评。

简言之，选民分布、选举规则以及财富和传媒等外部因素的力量，是决定美国大选未来走势和华盛顿权力架构的根本性力量，奥巴马的连任和民主党在国会两院的议席扩大，都是选民分布因素起作用的结果，而共和党保持住了众议院的多数，这在一定程度反映了选举规则的影响。选战中呈现出的广告战以及高昂的选举花费，反映了外部因素对大选形态的塑造，而这一趋势还将继续下去。

（二）奥巴马第二任期的挑战

当大选刚刚尘埃落定之时，华尔街迅速以股市大幅下滑作为对奥巴马连任的回应。选举次日，道琼斯、纳斯达克和标准普尔 500 指数的跌幅都超过 2%，投资者纷纷对即将到来的“财政悬崖”危机忧心忡忡。[①] 鉴于四年来，奥巴马同国会之间剑拔弩张的僵局一直难以打破，共和党在输掉总统选举后对奥巴马政府加大掣肘力度就顺理成章。金融业因而对白宫和留守的 112 届国会能否妥善解决眼前的危机不抱乐观的期许。选前美国的失业率始终没有降到 7.5% 以下，如果“财政悬崖”问题解决不利，失业率将继续攀升，甚至可能导致新的衰退。如何处理同国会的关系，奥巴马确实需要在新任期内颇费一番思量。

奥巴马在第一任期内通过的医保法案成为四年来两党政治争夺的核心，一度闹到了最高法院，最后由法院裁定这一法案并未违宪，却仍然难以阻止共和党人对法案的极端仇视。新的任期中，美国政府的债务危机愈发严重，联邦财政赤字连年激增，白宫与国会数年

① Tom Lauricella and Jonathan Cheng, “Some Traders Caught Flat-Footed”, *The Wall Street Journal*, November 7, 2012, http: //online. wsj. com/article/SB100014241278873 23894704578104153584769278. html? mod = wsj_ streaming_ markets.

来都没有达成一份完整的预算案，是否增税将会成为两党政治角力的核心话题。再加上移民改革、枪支管制等等美国政治中多年的老大难问题，在频发的枪击案和移民压力下被反复提起，奥巴马第二任期的国内改革与政治治理面临着极为繁重的任务。在当前的美国权力架构下，推动任何一项实质性的改革措施都难度极大，对奥巴马而言，如果不能摆脱两党恶斗造成的内耗损失，他的第二任期很难实现历史性的成就，美国的国力复苏也难以提速。

五、结语

美国的国内政治进程，对于美国同外部世界的关系塑造有着重要影响，特别是对于中美关系。在未来的四年甚至更长的时间里，中美两国都将面对非常繁重的国内改革与政治治理完善的任务，两国关系的总体框架无法脱离这一重要的背景。良好的中美关系的演进，必然是双方在彼此尊重和照顾各自核心利益关切的情况下，结合各自的国内议题，最大化地寻求共同利益，在一个综合性的日程框架下紧密合作的结果。换句话说，中美新型大国关系，需要成为一种“全天候”和“全方位”相结合的合作关系，只有如此，中美两国才能创造崭新的大国良性竞争与合作的范例。

第二章

国会山洗牌：2012 年美国国会选举与中美关系走向①

2012 年是美国的大选年，作为重头戏的总统选举吸引了全世界的关注。在奥巴马凭借在任者优势意料之中连任之余，作为立法分支的国会也同步进行着换届选举，并产生了与奥巴马及其行政机构分权制衡的第 113 届国会。要清晰了解和把握被喻为“架在宾夕法尼亚大街两端的天平”的白宫与国会将如何在未来两年左右美国的内政外交，国会选举及选后政治走势自然也成为同等关键的一个重要观察点。从选举结果出发，关于 2012 年国会选举和第 113 届国会政治走向可以提出一系列问题：共和党为何在众议院仍旧保持微弱多数而在参议院却没有如预期中翻盘？这一延续性结果对美国政党政治意味着什么？将对未来府会关系、对美国内政外交走向带来何种影响？在奥巴马第二任期的对华决策中，新一届国会又将可能发挥何种作用呢？本文将尝试就这些问题做一些预先评估与判断。

① 本文曾发表于《美国研究》2012 年第 4 期，转载时略有改动。

一、2012 年美国国会选举的内外背景

2011 年以来，在奥巴马经济刺激计划的强烈推进下，美国经济却仍复苏迟缓，直到 2012 年中期才初显好转，但也仍旧处于高失业率、低增长率的不尽如人意的状态。经济与就业上升为美国民众的最大关注点和 2012 年大选的首要议题；受到经济低迷所累，民众中的不满情绪与抗议活动在全美延烧，从“茶党”到“占领华尔街”，为选情走向带来了更多对立与不确定；从伊拉克和阿富汗的撤军成为奥巴马用来标榜的外交亮点，“重返亚太”则为其重树美国领导力的关键布局，但叙利亚、伊朗、欧债危机等议题的持续发酵也牵动着美国国内的选举政治走向。

（一）经济挑战：复苏与就业压力凸显

2008 年“百年不遇”的全球性金融危机重创了美国经济。在其后两三年中，美国的失业率在 9% 左右的水平上居高不下，经济有长期陷入低迷徘徊期的危险。为了重振经济，奥巴马上台之后，借助府会皆由民主党主导的政治优势，快速通过了涉及 7870 亿美元的《美国复苏与再投资法案》，即新政以来最大规模政府干预的经济刺激计划。然而，“授人以鱼”毕竟不如“授人以渔”，奥巴马政府的经济刺激属于“政府驱动”的复苏，只能解燃眉之急，真正要提振经济、甚至推进其长期发展，则必须有内生性的动力，即要为美国经济寻找或创造出一个类似于 20 世纪 90 年代——克林顿时代以信息产业带动的新经济的全新增长点。关于新产业与新增长的战略构

想，奥巴马在上台之初就曾作出明确的规划，即大力发展新能源产业与基础建设，但相关政策在实施过程中均遭遇了技术研发、技术转化、利益角力、国际争议等多重阻力，导致其步履艰难、备受争议。

在新增长点难以落实的同时，由于联邦财政状况堪忧，美国联邦政府的宏观经济调控能力本身也面临着巨大的挑战。在债台高筑的情况下，奥巴马上台伊始，不但无力有效终止减税计划，还凭借政治影响力和国会民主党的支持批准了全民医疗改革计划，抬升了联邦财政支出。联邦财政赤字的扩大化与常在化都极大地局限了政府刺激、引导经济发展的驱动能力，也压缩了政府对经济与市场的宏观控制空间。

根据美国广播公司（ABC）和《华盛顿邮报》联合进行的一项民调显示，自 2010 年初以来，认为经济并无好转的民众始终多于乐观者。2012 年 8 月底的一次调查结果更显示出扩大的悲观情绪，即认为未来数月美国经济将再次进入萧条的民众比例为 42%，与认为不会再次陷入萧条的受访者相同。① 而美国哥伦比亚广播公司（CBS）和《纽约时报》在 2012 年 8 月 22 日到 26 日完成的一项民调的结果也耐人寻味：将经济与就业认定为当今美国选举中最为关键议题的民众为 50%，远远高于其他任何政策议题。② 同时，当被问及家庭的财政状况有无好转时，只有 20% 的受访者认为有所好转，39% 则认为反而变得更为糟糕了。这样三组数据足以充分说明一个不争的事实：本次选举的核心议题以经济与就业为首。目前，美国广大选民对国家的经济与就业前景极其不乐观，且急切期盼政治人物能采取有效措施尽快将国家带出经济低迷的阴霾。

---

① 参见 http：//www. pollingreport. com/consumer2. htm，2012 年 9 月 1 日。

② 参见 http：//www. pollingreport. com/prioriti. htm，2012 年 9 月 1 日。

（二）社会挑战：民意极化与“占领”抗争

奥巴马的扩张型“大政府”财政政策不但分裂了选民，也激起了共和党保守势力的激烈反弹。2012 年 2 月的民调显示，仍有 55% 的受访者不支持联邦政府向汽车业等陷入财政困境的大公司提供财政援助，支持者仅为 36%。[①] 同时，奥巴马全民医疗改革法案自 2010 年 3 月签署生效后，在相关机构的民调中，其支持者与反对者始终处于“四五开”的胶着极化态势，约不足两成左右民众表示不了解或拒绝表态。[②] 极化的民意分裂最终在 2010 年酿成了一场延烧全美的“茶党”运动，进而导致了当年国会中期选举中共和党重返众议院多数席位。中期选举造势竞选尘埃落定之后，随着新国会的开幕，“茶党”运动似乎有所收敛，影响力与曝光度也有所降低。但从长期趋势看，一旦再度进入竞选季节，这股力量很可能很快跳上前台。

2010 年中期选举以来，美国政坛上呈现出的“府会分立”下的政党缠斗牵绊着政府制定及推行更为有助于经济复苏的政策与计划。两党在财经议题上争执不下，甚至分别因为预算分歧和债务上限分歧而形成僵局、联邦政府部分机构险些停摆。面对高居不下的失业率和来自共和党的压力，国会两院民主党人甚至以联邦支出过度为由，选择性地搁置了奥巴马提出的就业刺激计划。在经济情势岌岌可危的紧要关头，华盛顿决策圈却呈现出以驴象党争为中心的碎片化的低效和无为，令民众失望到了极点。正是在如此混乱的政经背景下，2011 年 8 月份传出的就业岗位零增长的负面消息，直接引发

① 参见 http：//www. pollingreport. com/business. htm，2012 年 2 月 23 日。

② 参见 http：//www. pollingreport. com/health. htm，2012 年 9 月 1 日。

了一场轰轰烈烈的“占领华尔街”草根抗议运动。这场运动开始以纽约为中心，迅速蔓延到全美各大城市。数以百计的抗议者们以持续占领纽约市金融中心区的华尔街为手段，表达对联邦政府经济政策的失望，提出了反对大财团对政治的控制与垄断、反对政治与金钱之间的沆瀣交易、反对极少数人成为社会权贵的不公平的分配制度等口号。他们还明确要求奥巴马“组建一个总统委员会，以结束金钱对国会议员的影响”。“占领华尔街”运动的口号之一就是“我们是 99%”，意在表达对美国社会中仅有 1% 的人积累着巨额财富的现况的极度不满。①

（三）国际挑战：从反恐到“反衰落”

面对全球范围的变局，美国政府延续着奥巴马上台以来的所谓“巧实力”外交政策。针对埃及和利比亚问题，美国采取了“有限干预”、积极配合的态度，更多充当了以法国为首的欧洲国家的“幕后推手”；应对欧洲债务危机的议题上，美国给予欧洲伙伴的帮助与支援相当有限，而更希冀欧洲自身能够度过难关或求助于中国等新兴国家。这说明，面对后危机时代的美国已在一定程度上努力奉行量力而行、重振自我的战略原则，试图在维系美国在全球各个地区事务上的存在与影响力的同时，降低不必要的国际介入成本。在“有限干预”、有限介入区域性热点事务的同时，奥巴马政府还大刀阔斧地推进了伊拉克战争和阿富汗战争的撤军行动和“终结”计划。撤军与“结束”两场战争的努力，客观上讲振奋了美国的民心，为奥巴马及其民主党人赢得了一些好评。但值得长期观察的是，伊拉

---

① Phil Izzo, “What Percent Are You?”, *The Wall Street Journal*, October 19, 2011, http://blogs.wsj.com/economics/2011/10/19/what-percent-are-you/.

克重建、阿富汗与巴基斯坦局势是否会如美国所期待的方向发展，西亚北非等其他地区是否会沦为恐怖主义盘踞的新据点，这些问题仍使奥巴马政府饱受困扰。

从反恐战争中抽身的美国，呈现出“战略东移”的态势。按照国务卿希拉里·克林顿的说法，奥巴马政府力图将新世纪定位为由美国主导的“太平洋世纪”，“国际政治的未来将由亚洲决定，而非阿富汗或者伊拉克，因而美国应当处于这一趋势的中心地位。”① 奥巴马政府提出的“重返亚洲”、谋求实现亚太各国“再平衡”的根本意图，明显带有针对成为世界 GDP 第二的中国的色彩。随着经济的崛起和综合国力的提升，中国逐步成为国际社会中举足轻重的参与者，在众多国际事务决策中扮演着极为关键的角色。在中国崛起的背景下，关于21 世纪是“亚洲世纪”甚至“中国世纪”的论断在西方世界不绝于耳，无疑挑战着正在相对衰落中的美国的世界领导地位。美国“重返亚洲”的布局，从与中国周边国家在军事、经济、科技等领域展开密切的互动和合作开始，采取了一系列具有针对性的重大举措。例如，2011 年以来，美国从朝鲜半岛到南海，从高调参加亚太峰会到推动主导《跨太平洋战略经济伙伴关系协定》(TPP)，开始全力牵绊中国的稳步发展，介入中国经济发展与周边战略安全等事务当中。美国的战略重心从伊、阿两场战争向亚太地区的转移态势，固然有争取民心、宣示结束战争、集中精力搞好国内经济建设的宣传用意，但更多的是凸显了其在战略选择上从反恐到“反衰落”的重要改变。

---

① Hillary Clinton, “America’s Pacific Century”, *Foreign Policy*, November 2011, Issue 189, pp. 56 – 63.

二、2012 年美国国会选举的结果分析

（一）2012 年国会选举结果概览

按照一般性制度惯例，2012 年国会选举涉及三分之一的国会参议员（33 位）和全部国会众议员的改选换届。虽然规模上与 2010 年的中期选举无异，但因时逢总统选举，并未得到如中期选举那样的高度关注。

从选前现实看，本次换届席位在党派分布上对民主党较为不利。在参议院方面，虽然选前民主党以 53 席比 47 席占据多数，但换届的 33 个席位中有 23 个由民主党占据，变动幅度更大。具体讲，谋求连任者中民主党 16 人、共和党 6 人；退休者中民主党（或与民主党结盟者）7 人、共和党 3 人；初选落败者仅共和党 1 人。[①] 就民主党而言，本次换届席位中的 6 个是 2006 年中期选举时从共和党手中赢得的。[②] 其中既包括密苏里、蒙大拿等传统保守州，也包括俄亥俄、宾夕法尼亚及弗吉尼亚等摇摆州，且在任参议员均为首次谋求连任，存在一定风险。就共和党而言，来自印第安纳州和缅因州的资深参议员理查德·卢格（Richard Lugar）和奥林匹娅·斯诺（Olympia Snowe）分别因初选失败和自动退休而将席位开放给两党，制造了较大不稳定性。同时，马萨诸塞州的斯科特·布朗（Scott

---

① "United States Senate Elections, 2012", http://en.wikipedia.org/wiki/United_States_Senate_elections,_2012，2012 年 11 月 21 日。

② 即密苏里、蒙大拿、俄亥俄、宾夕法尼亚、罗得岛以及弗吉尼亚等六州的国会参议员席位。

Brown）和内华达州的迪安·赫勒（Dean Heller）皆为首次竞选谋求完整任期，面对强大挑战。在众议院方面，选前共和党人以242席比193席占据多数。具体讲，谋求连任者中共和党217人、民主党165人；退休者中共和党19人、民主党21人；初选落败者中共和党6人、民主党7人。[①] 这就意味着，民主党将面对更多的共和党在任者，其重掌众议院多数的几率相对较小。

从选举结果看，共和党虽然在众议院以234席比201席维持了多数，但已流露出一定的民意劣势。从表1所示的区域分布变化看[②]，共和党仅在西北中和东南中两地区的席位比重实现了小幅上升。一般而言，西北中地区基本上属于偏向共和党的保守农业地区，而东南中地区则属于共和党传统保守的所谓“深南”基本盘。相比之下，共和党失分最多即民主党斩获最多的是新英格兰和太平洋两地区，这就意味着民主党进一步巩固了其传统基本盘。与此同时，共和党在南大西洋、西南中等地区的比重略有下降，很大程度上可以解释为拉美裔等少数裔选民在该地区人口比重的上升，对共和党

---

① “United States House of Representative Elections，2012”，http：//en. wikipedia. org/wiki/U. S. _ House_ elections，_ 2012，2012年11月21日。

② 美国国家人口普查局根据美国政治经济情况而制定的区域划分方式，即将美国划分为新英格兰地区、中大西洋地区、东北中地区、西北中地区、南大西洋地区、东南中地区、西南中地区、山区以及太平洋地区等9个区域。其中，新英格兰地区包括缅因州、新罕布什尔州、佛蒙特州、马萨诸塞州、罗得岛州以及康涅狄格州；中大西洋地区包括纽约州、新泽西州以及宾夕法尼亚州；东北中地区包括密歇根州、俄亥俄州、印第安纳州、伊利诺伊州以及威斯康星州；西北中地区包括明尼苏达州、艾奥瓦州、密苏里州、北达科他州、南达科他州、内布拉斯加州以及堪萨斯州；南大西洋地区包括特拉华州、马里兰州、弗吉尼亚州、西弗吉尼亚州、北卡罗来纳州、南卡罗来纳州、佐治亚州以及佛罗里达州；东南中地区包括肯塔基州、田纳西州、密西西比州以及阿拉巴马州；西南中地区包括阿肯色州、路易斯安那州、俄克拉何马州以及得克萨斯州；山区包括蒙大拿州、怀俄明州、爱达荷州、科罗拉多州、犹他州、新墨西哥州以及亚利桑那州；太平洋地区包括华盛顿州、俄勒冈州、加州、阿拉斯加州以及夏威夷州。

保守派带来了一定挑战。[①] 此外，东北中地区（即“五大湖地区”）和落基山区基本上包括俄亥俄、印第安纳、威斯康星、内华达、科罗拉多等多个摇摆州，奥巴马在这些地区表现更佳，也直接导致了民主党在该地区席位的增长。概括而言，本次国会众议院选举是一次回归、延续政治传统的选举，同时也表现出民主党在南部人口结构变化地区以及大湖区、山区等摇摆地区优势略有扩大的趋势，但两党的地缘分野并未出现重大重组。

表1　选举前后各地区共和党所占国会众议院席位比重及变化　（%）

	新英格兰地区	中大西洋地区	东北中地区	西北中地区	南大西洋地区	东南中地区	西南中地区	落基山区	太平洋地区	合计
选举前	9.1	42.6	67.6	67.7	62.5	76.9	75.0	64.3	35.7	56.1
选举结果	0.0	43.8	60.0	68.9	61.9	80.7	74.5	61.3	29.6	53.7
变化率[②]	−9.1	−1.2	−7.6	1.2	−0.6	3.8	−0.5	−3.0	−6.1	−2.4

数据来源：作者根据选举结果自行统计整理。

与在众议院中维持少数不同，民主党较为意外地在参议院巩固并扩大了多数席位。若计入与民主党结盟的缅因州新当选的独立人士安格斯·金（Angus King），民主党将以55席比45席占据多数党

① 根据2010年人口普查结果，全美50州的拉美裔人口在过去10年中均实现了增长。增长前十位的州分别为南卡罗来纳（147.9%）、亚拉巴马（144.8%）、田纳西（134.2%）、肯塔基（121.6%）、阿肯色（114.2%）、北卡罗来纳（111.1%）、马里兰（106.5%）、密西西比（105.9%）、南达科他（102.9%）以及特拉华（96.4%），其中前八位均属于南方地区。

② 这里的“变化率”是指选举前和选举结果中共和党占据的国会众议院席位在某一地区总席位中的比重之间的差距，以此判断共和党势力在该地区的增长或减少。值得注意的是，由于美国的两党制，目前国会众议院内又不存在第三党，因而共和党在某一地区席位所占比重的增长，就是民主党在该地区席位比重的下降，反之亦然，而这个数值的绝对值就是该地区两党所占席位的净变化。

地位。[①] 具体讲，民主党不但稳固了2006 年首次赢得的6 个席位，而且还将马萨诸塞和印第安纳的两个席位收入囊中。共和党在失去三个席位的同时，仅从民主党手中夺得了内布拉斯加州的一个席位。从这四个经党派易手的席位看，马萨诸塞和缅因两州属于回归到民主党自由派传统基本盘，内布拉斯加州回归到共和党基本盘，印第安纳的变动则属于在两党胶着中民主党略占优势的结果。换言之，参议院选举基本上与众议院选举的风格吻合，只是延续了政治版图的传统，并未发生重大重组。

值得一提的是，本次选举所产生的国会两院在政治生态上呈现出空前的多元化特征。在众议院内，201 个民主党人中存在着60 位女性、43 位非洲裔、27 位拉美裔以及10 位亚裔人士，进而国会内主要政党党团中有史以来首次出现了白人男性处于少数地位的情况。[②] 该变化基本符合民主党在总统和国会选举中得到了女性和少数裔选民关键支持才可获胜的现实。在参议院中，由于来自夏威夷、马萨诸塞、内布拉斯加、北达科他以及威斯康星等五州的女性候选人当选，女性参议员的规模上升为刷新纪录的20 位，其中民主党人为16 位，这也凸显了两党政治中的性别鸿沟还远未消弭。

（二）左右国会选举结果的主要因素

如果将2010 年的中期选举视为对奥巴马政府以及民主党人政治

① Thomas Ferraro, "Senator-elect Angus King Sides with Democrats", *Reuters*, Nov. 14, 2012, http: //www. reuters. com/article/2012/11/14/us-usa-congress-king-idUSBRE8AD0WZ20121114，2012 年 11 月 21 日。

② Aaron Blake, "2012 Election was Chock-Full of Firsts", *The Washington Post*, Nov. 8, 2012, http: //www. washingtonpost. com/blogs/the-fix/wp/2012/11/08/2012-election-was-chock-full-of-firsts/，2012 年 11 月 11 日。

绩效的期中检查，2012 年大选则是一次期末考试。在这次大考中奥巴马得以顺利“升学”，而两党则在国会中延续了以往的实力对比。从选情发展态势与结果评估看，2012 年国会选举大致存在着三个至关重要的影响因素，即 2010 年美国人口普查后国会众议院分布与选区重新调整、总统选举的“下摆效应”以及共和党内部“茶党”势力的左右。

1. 2010 年人口普查后的国会众议院席位调整与选区重划

2012 年大选是第一次基于 2010 年人口普查结果的联邦、州以及地方层次选举。美国每 10 年进行一次人口普查，并根据各州人口普查的结果调整国会众议院席位分布、总统选举人团选举人票分布以及各州的政府支出项目等。这就意味着，2012 年大选所基于的选民结构与 2002 年到 2010 年之间的选举相比，发生了一定变化。

如表 2 所示，根据 2010 年人口普查的结果，全美 18 个州的国会众议员和总统选举人团席位发生了调整。不难发现，传统上倾向于共和党的保守州（如得克萨斯、亚利桑那、佐治亚、内华达、南卡罗来纳、犹他等）获得了更多席位，而在减少席位的各州中具有自由派倾向的民主党州较多（如伊利诺伊、马萨诸塞、密歇根、新泽西、纽约州等）。此调整从静态上看对共和党选情更为有利，但动态而言也意味着这些“共和党州”正在经历着人口的增长与结构调整，长期而言可能酝酿着政治风貌的流变。同时，根据 2010 年人口普查数据选区重划后，一些州出现了两位同一党派的谋求连任者被分入一个选区而不得不竞争本党唯一提名的困境，这无疑压缩所谓“在任者”优势。据统计，民主共和两党分别有 7 位和 6 位初选落败者，其中，由于重划选区、面对另一位在任者而失败的情况分别为 5 位和 3 位，共和党损失更少。

表 2　2010 年人口普查后国会众议院席位在各州的变化情况

变化	增加 4 席	增加 2 席	增加 1 席	减少 1 席	减少 2 席
相关州	得克萨斯	佛罗里达	亚利桑那、佐治亚、内华达、南卡罗来纳、犹他、华盛顿	伊利诺伊、艾奥瓦、路易斯安那、马萨诸塞、密歇根、密苏里、新泽西、宾夕法尼亚	纽约、俄亥俄

资料来源："Apportionment Population and Number of Representatives", *U. S. Census*, Dec. 21, 2010, http://2010. census. gov/news/pdf/apport2010_ table1. pdf，2012 年 8 月 13 日访问。

如果考虑到各州州议会和州长在选区重划中所扮演的角色的话，也可以得出对共和党选情有利的统计结论。目前 49 个州的两院制州议会中，有 25 个州的议会两院在 2011 到 2012 年选举周期内同时被共和党人控制，而唯一一个一院制的州即内布拉斯加州的州议会也在同时期处于共和党控制之下。在这 26 个由共和党控制议会的州中，共和党所占据众议院席位比率变化约为 -0.9%，其绝对值远低于众议院整体变化率 2.4%。[①] 而在 16 个州议会由民主党控制的州中，共和党所占据众议院席位比率的变化率则约为 -6.4%，其绝对值远高于 2.4%。这组数据对比说明，共和党通过控制州议会、进而控制选区重划，很大程度上遏制了其在众议院选举中的席位缩水。此外，在州议会多数和州长同时为共和党人的 22 个州中，共和党所占据众议院席位比率的变化为 -1.5%，而在州议会多数和州长同时为民主党人的 11 个州中这个数字上升为 -8.2%。这一鲜明对比，再次验证了各州共和党借助人口普查所导致的选区重划确保了众议院多数优势的维持。

① 这里的变化率与前文中各地区内两党所占席位的变化率相同，只是这里是指共和党所占席位在某些州所有国会众议院席位中的比重的变化。

2. 总统选举的“下摆效应”

与 2010 年国会中期选举相比，2012 年国会选举最大区别在于，其与总统选举同步，且受后者左右较大。在大选中，选民的投票率往往增加，总统所在政党的国会议员候选人更易借总统的东风而当选，国会学者们把该现象称之为总统的“下摆效应”。[①]

从本次选前民调判断，奥巴马和罗姆尼两位候选人都存在一定民意压力。一方面对奥巴马而言，美国经济始终复苏缓慢，而失业率数据也长期处于在任总统谋求连任的历史警戒阈值 7.2% 以上，致使其支持率呈现出下滑态势；另一方面罗姆尼从初选以来就较难赢得党内保守派的绝对信任，存在降低保守派投票率的可能性。但即便如此，从各州的选举结果看，两党在总统选举的造势都不同程度地助推了国会选举。

以国会众议院选举为例，在将选举人团票投给奥巴马的 26 个州中，其民主党所占据席位比率上升了 5.7%，其中只有艾奥瓦（-10%）、新泽西（-3.8%）、俄亥俄（-2.8%）以及宾夕法尼亚（-9.1%）四个州有所下降。而在罗姆尼拿下的 24 个州中，共和党所占据比率上升了 2.9%，其中只有亚利桑那（-1.8%）、路易斯安那（-2.3%）以及得克萨斯（-5.2%）三州略微下行。两党候选人所斩获的各州内本党所占众议院席位比重的上升幅度都超过了众议院整体变化率（2.4%），其中的“下摆效应”可见一斑。而几个出现逆向变化的州则能够用一些特殊情况加以解释：如艾奥瓦、俄亥俄以及宾夕法尼亚均为摇摆州，罗姆尼阵营投入较大，自然一定程度上松动了奥巴马的“下摆效应”；而亚利桑那、路易斯安那以及得克萨斯三州也可以理解为是拉美裔等少数族裔人口激增而导致政党版图出现细微调整端倪的直接后果。

① Angus Campbell, "Surge and Decline: A Study of Electoral Change," in Campbell et al., eds., *Elections and Political Order*, New York: Wiley, 1966, pp. 40-62.

3. 共和党内茶党力量的极端化

自奥巴马上台推行大规模经济刺激计划和全民医疗改革计划以来，一股具有保守主义基本教义派色彩的政治力量即“茶党”就在美国社会中酝酿。从2010年初共和党人斯科特·布朗赢得补选、获得泰德·肯尼迪（Ted Kennedy）席位这一标志性事件开始，到2010年国会中期选举中共和党在国会众议院中翻盘为高潮，“茶党”的政治影响力逐渐得到公众与研究者的高度关注。

研究证明，所谓“茶党”选民往往兼具三个基本特征：年龄较大、白人、中产阶级。根据哥伦比亚广播公司和《纽约时报》在2010年4月的联合调查显示，“茶党”支持者中大概有55%到60%为男性，80%到89%为白人、70%到75%为45岁以上。而盖勒普一项民调结果则指出，“茶党”支持者中有62%认同自己的政治主张属于共和党保守派。这样判断起来，“茶党”支持者的主要结构基本上是持有保守立场的家庭主要经济来源者。他们要负担“养家糊口”的重担，自然关注经济与就业议题，并且对民主党所谓“大政府”的政策怀有不满情绪。① 虽然在兴起初期始终表现为在财经议题上持保守立场、在其他社会议题上则略显多样化的态势，但自2012年竞选周期开启以来，“茶党”却呈现出两个鲜明的发展趋势：其一是反对长期在任者与华府圈内人的反智、反传统倾向；其二是在社会议题上的保守化，即与传统社会议题极端保守派“合流”。也正是在这些新趋势的左右下，在共和党总统提名的党内竞争中才出现了罗姆尼先后被五位更具保守倾向竞争者在民调上反超的情况。

在国会特别是参议院选举中，“茶党”的新趋势可谓拖累了共和党。一方面，“茶党”挑战资深在任者的倾向广泛表现在多个州的竞

① Vanessa Williamson, Theda Skocpol and John Coggin, “The Tea Party and the Remaking of Republican Conservatism”, *Perspective on Politics*, Vol. 9, No. 1, March 2011, pp. 25－43.

选当中。在印第安那州，正是因为“茶党”支持的保守派人士理查德·默多克（Richard Mourdock）的挑战，才导致了资深在任者理查德·卢格无法获得提名，进而使本来具有在任者优势的席位转为两党的“必争之地”。[①] 在缅因州，正是因为面对党内“茶党”势力的威胁，温和派奥林匹娅·斯诺才选择了不再谋求连任的退休，进而使该席位进入民主党或自由派的觊觎之中。[②] 在得克萨斯、内布拉斯加以及犹他等三州，具有一定政治经验和名望的候选人或在任者均面临“茶党”新人的压力，最终拉美裔新人泰德·克鲁兹（Ted Cruz）击败在任副州长戴维·杜赫斯特（David Dewhurst）获得得克萨斯州国会参议员提名、德布·费希尔（Deb Fischer）战胜在任州检察官乔恩·布鲁宁（Jon Bruning）赢得内布拉斯加州国会参议员提名，而在犹他州谋求连任的参议员奥林·哈奇（Orrin Hatch）则艰难地击退了“茶党”青睐的新人丹·利尔简奎斯特（Dan Liljenquist）。[③] 另一方面，“茶党”候选人在社会议题上的保守化甚至极端化倾向至少断送了密苏里和印第安纳两个关键席位。在密苏里州，

---

① Chris Good, “Mourdock Defeats Lugar in GOP Indiana Senate Primary”, *ABC News*, May 8, 2012, http://abcnews.go.com/blogs/politics/2012/05/mourdock-defeats-lugar-in-indiana/, 2012 年 8 月 9 日。

② Susan Davis, “Maine GOP Sen. Olympia Snowe Won't Seek Re-election”, *USA Today*, Feb. 28, 2012, http://content.usatoday.com/communities/onpolitics/post/2012/02/olympia-snowe-senate-retirement-maine/1? csp = 34news#. T01rkcmF-ww, 2012 年 11 月 11 日。

③ Will Welssert, “Ted Cruz Defeats David Dewhurst in Texas Senate Runoff”, *The Huffington Post*, July 31, 2012, http://www.huffingtonpost.com/2012/07/31/ted-cruz-texas-runoff_n_1726411.html, 2012 年 8 月 11 日；David Catanese, “Deb Fsicher Wins Nebraska Senate Stunner”, *The Politico*, May 15, 2012, http://www.politico.com/news/stories/0512/76367.html, 2012 年 8 月 11 日；Rachel Weiner, “Utah Sen. Orrin Hatch Turns Back Primary Challenge from Dan Liljenquist ”, *The Washington Post*, Jun. 26, 2012, http://www.washingtonpost.com/blogs/the-fix/post/utah-sen-orrin-hatch-survives-primary-challenge/2012/06/26/gJQAwgBh5V_blog.html, 2012 年 8 月 11 日。

民主党人克莱尔·麦卡斯基尔（Claire McCaskill）原本连任压力较大，在2012年3月到8月中长时间民调落后于共和党提名人、国会众议员托德·埃金（Todd Akin），其中的最大差距为40%比51%。直到8月19日，埃金接受广播采访提问时声称，“强奸导致的怀孕极为罕见，即便妇女遭遇强奸，也会找到方法避免怀孕”。[①] 如此言论一出旋即招致了猛烈批评，并被身为女性的麦卡斯基尔用以作为主要攻击点。很快，埃金在民调上被麦卡斯基尔追平，10月后彻底被麦氏反超，最大反超为36%比51%，进而最终以39.2%比54.7%惨败。[②] 在印第安纳州，选情如出一辙，默多克竟然公开声称“因强奸而怀孕是‘上帝的礼物’，因而不应该被终止”，此言也最终断送了共和党在印第安纳州维持席位的希望。[③] 这样看来，如果不是“茶党”因素的搅局，共和党即便不可能在参议院中翻盘，也至少不会减少席位。换言之，“茶党”对于共和党阵营的负面影响正在逐步显现，在传统基本盘地区或能发挥加快共和党世代更迭的效果，但在关键的胶着选举中其极端保守倾向则难以获得选民特别是中间选民的认可。

不过，从国会众议院的选情看，“茶党”仍保持了一定的竞选优势。虽然一些“茶党”在任者遭遇了严峻挑战，如“茶党连线”领袖米歇尔·巴克曼仅以50.5%比49.3%勉强胜出，[④] 而另一位“茶

① Charles Jaco, “The Jaco Report: Full Interview with Todd Akin”, *Fox News*, Aug. 19, 2012, http://fox2now.com/2012/08/19/the-jaco-report-august-19-2012/, 2012年10月11日访问。

② “United States Senate election in Missouri, 2012”, http://en.wikipedia.org/wiki/United_States_Senate_election_in_Missouri,_2012, 2012年11月11日访问。

③ M. Alex Johnson, “Democrats Make Gain in Senate Majority”, *NBC News*, Nov. 7, 2012, http://nbcpolitics.nbcnews.com/_news/2012/11/06/14973899-democrats-make-gains-in-senate-majority?lite, 2012年11月11日访问。

④ “Election History of Michele Bachmann”, http://en.wikipedia.org/wiki/Electoral_history_of_Michele_Bachmann#2012, 2012年11月21日访问。

党”积极分子、非洲裔议员艾伦·韦斯特（Allen West）则惜败认输，[①] 但“茶党”议员在本次选举后的留任率[②]为 83.8%，高于整个众议院共和党的留任率 81.8%。同时，在 6 位初选落败的共和党在任者中就有 5 位是遭遇了“茶党”新人的挑战，“茶党”在任者被传统在任者击败的则仅有一例。

三、第 113 届国会政治走向及其对华趋势

本次国会选举产生的第 113 届国会于 2013 年 1 月 3 日就任，其与连任的奥巴马共同塑造未来两年美国的内政外交。在整个华府决策过程中，府会关系的互动、主要委员会等国会组织结构的调整以及国会某些关键议员的变化都将产生一定影响。而从中美关系视角出发，作为“麻烦制造者”的国会更是中国需要妥善应对的重点与难点所在，务须密切观察。

（一）府会僵局的持续

2012 年大选之后，宾夕法尼亚大街的两端将继续分置于“驴象

① Sean Sullivan, “Florida Rep. Allen West Concedes”, *The Washington Post*, Nov. 20, 2012, http://www.washingtonpost.com/blogs/the-fix/wp/2012/11/20/florida-rep-allen-west-concedes/, 2012 年 11 月 21 日访问。

② 本文中同时存在“留任”和“连任”两个表述。其中“留任”只是本届国会议员继续在下一届任职的状态，“连任”更多强调本届议员赢得换届选举继续在下一届任职的状况，前者包含后者。国会参议院仅有三分之一的议员参与换届选举，未选举议员和当选议员均可称为“留任”。在需要两院横向比较时，本文采用“留任”，而针对某一特定议员时则以具体情况而定。

两党”治下，“分立府会”的拉锯与撕扯得以持续，无形中增加了政策制定的成本与内耗。虽然众议院共和党人达不到推翻总统否决的290席，但参议院民主党人也实现不了阻止冗长发言的60席，因而任何一方在府会博弈中都不具有主导优势。奥巴马推行的政策立法得不到众议院的放行，也可能在参议院中遭遇任何一个共和党人采用冗长发言方式的搁浅，而共和党人的政策议程虽可在众议院顺利过关，但无法逾越参议院和总统审批环节。在这种“弱分立府会”的微妙关系下，驴象双方极可能陷入毫不妥协的僵局当中。从当前走势预判，奥巴马与国会共和党人至少在如下议题或政策上可能爆发激烈交锋。

首当其冲的是联邦财政议题，包括如何应对所谓的“财政悬崖”(fiscal cliff)、债务上限以及是否延续小布什时期巨额的减税计划等。自2011年7、8月份美国债务上限危机暂且化解以来，由两院两党组成的“削减赤字特别联席委员会”并未有效达成一致，无力彻底解决赤字与债务的难题。到2012年12月7日，美国联邦债务已飙升至16.365万亿美元，并呈现出持续增长态势。[①] 鉴于特别联席委员会机制无效，连任后的奥巴马或将在2013年1月按照2011年《预算控制法案》(*Budget Control Act of* 2011)的规定，启动“封存程序”，以削减至少1.2万亿美元的国会授权拨款，进而直接缩减联邦政府的政策项目与服务，或将直接牵绊美国经济复苏。早在2011年11月21日，奥巴马就曾表示，届时如果国会采取任何立法行动阻止行政封存的话，他都将予以否决。[②] 从历史上观察，重构美国联邦预算财政决策体系的1974年《国会预算与扣留控制法案》(*Con-*

① 参见美国财政部国债局信息公开网站“Treasury Direct”，http://www.treasurydirect.gov/NP/BPDLogin?application=np，2012年12月11日访问。

② 参见白宫官方网站，http://www.whitehouse.gov/photos-and-video/video/2011/11/21/president-obama-makes-statement-about-supercommittee，2012年3月14日访问。

gressional Budget and Impoundment Control Act of 1974）就是在尼克松总统反复采取封存方式扣留国会拨款项目、改变国会财政与政策意图的背景下，国会采取的立法报复行动。① 因而，本次两党对峙或将导致新一轮针对联邦财政决策机制的激烈争辩与重大改革。

如何有效化解财政危机，成为奥巴马必须与国会共和党人讨价还价的首要任务，而是否延续小布什减税计划才是国会共和党人更为关心的核心议题。小布什在 2001 年和 2003 年推动通过的两项巨额减税计划，在 2010 年中期选举中共和党在众议院翻盘的前提下，被“跛了脚”的奥巴马同意延长至 2012 年底。在这一背景下，2012 年大选之后是否继续延续减税，再次摆上了奥氏和国会共和党人的党争议程。对奥巴马而言，减税显然不符合其政治立场，而且也无助于联邦财政及早摆脱困境；而对共和党而言，延续减税计划极为符合其政治诉求，且可以将其作为党争工具遏制奥巴马推进其他政策议题。

其二是奥巴马的全民医改计划。该计划自 2010 年 3 月得到国会通过、总统签署而成为法律以来，始终被共和党人特别是“茶党”议员视为“眼中钉”。2012 年 6 月，美国联邦最高法院在保守派占据优势的情况下，竟然未判决其违宪，这也进一步激怒了保守派势力，后者发誓要将该医改计划废除。由于“奥巴马医改”是从 2010 年到 2018 年分年度展开的一项步骤复杂的计划，如 2013 年的安排步骤就包括建立激励医生与医疗机构更好为病患服务的子分支项目、调整医疗支出单项税收返还的门槛以及按照特定比例增收个人所得税和医疗器械消费税等内容。② 在掌握国会众议院多数席位和在参议

① Howard E. Shuman, *Politics and the Budget*: *The Struggle between the President and the Congress*, 3rd. ed., Englewood Cliffs, NJ: Prentice Hall, 1992, pp. 223 - 226.

② *Patient Protection and Affordable Care Act*, http://www.gpo.gov/fdsys/pkg/PLAW-111publ148/pdf/PLAW-111publ148.pdf, 2012 年 3 月 14 日访问。

院可以瘫痪议程的情况下，共和党可能限制甚至阻止相关步骤的顺利展开，进而拖住医改计划的有效实施。就其手段而言，可以是直接立法，也可以是通过其他立法手段，如在拨款法案中附加可以改变政策授权的和解修正案（reconciliation amendment）等。如果共和党采取行动，奥巴马必然会全力保护全民医改这一重要的“政治遗产”，府会对抗一触即发。

其三是奥巴马新一轮人事安排在国会参议院审议通过的问题。随着奥巴马进入第二任期，国务卿希拉里·克林顿、财长蒂姆西·盖特纳（Timothy Geithner）、国防部长莱昂·帕内塔（Leon Panetta）、能源部长朱棣文（Steven Chu）、贸易代表罗恩·柯克（Ron Kirk）以及环保署署长莉萨·杰克逊（Lisa Jackson）等重要官员都将离任，还有一些要职如商务部长等仍旧空缺。奥巴马将向国会参议院提交较多重要职位的提名，届时参议院共和党人极可能借机采取冗长发言等方式阻挠奥巴马的人事任免，甚至借题发挥抨击奥巴马的某些政策主张。目前看，奥巴马可能提名接任国务卿的现任美国驻联合国代表苏珊·赖斯（Susan Rice）就遭到了强力反弹，以约翰·麦凯恩（John McCain）和林赛·格雷厄姆（Lindsay Graham）为首的一些共和党人认为赖斯对美驻班加西大使遇袭事件的处理“非常糟糕”，认定其没有资格出任美国国务卿，并声言将采取一切手段阻止该提名。① 与此同时，97 位共和党国会众议员也联名致信奥巴马，表达了同样的强烈反对。② 虽然赖斯于 12 月 13 日主动宣布退出提名角逐，但通过此次角力已足见，奥巴马要顺利安排人事布

---

① Kevin Robillard, “John McCain: Susan Rice ‘Not Qualified’ for State”, *The Politico*, Nov. 14, 2012, http://www.politico.com/news/stories/1112/83824.html? hp = r3, 2012 年 11 月 15 日访问。

② Kevin Robillard, “97 House Members Oppose Susan Rice”, *The Politico*, Nov. 20, 2012, http://www.politico.com/news/stories/1112/84072.html, 2012 年 11 月 21 日访问。

局，就必须在固执己见与讨价还价之间作出权衡。①

此外，奥巴马与共和党人的府会分治也将在很大程度上牵动着其第二任期的对华政策。一方面，在民主党总统与共和党国会治下，国会以涉华提案等方式消极介入对华决策的行为最为频繁，而奥巴马政府与两党共治的国会或仅略微优于这种最差情形。可以想见，由于美国经济持续走低，对人民币汇率、经贸、直接投资、高科技合作等涉华议题的炒作存在着从选举政治走向常态化、沦为驴象拉锯牺牲品的极大可能性。另一方面，面对华府党争僵局，第二任期中更多关注“政治遗产”的奥巴马极可能将对外关系作为突破口，极力维持美国所谓“全球领导力”，大举强化“亚太再平衡”战略。选举刚刚尘埃落定，奥巴马、希拉里以及帕内塔等人就密集访问亚太地区，正是该态势的最好明证。值得注意的是，面对美国经济复苏迟缓和亚太经济高速发展的强烈对比，奥巴马第二任期的“再平衡”可能是从军事安全转为经济、军事、外交等多元议题并重的战略调整，比如推进 TPP、分亚太经济一杯羹，以此回应国会和国内民众在经济议题上的压力与诉求。从这个判断出发，中美未来在亚太地区的竞逐将在多层面持续加剧。

（二）主要委员会及其领袖的调整

每届国会选举之后，由于两院党派分布、人员构成等发生某些变化，其内部都将经历一次较为复杂的组织与结构重组，该过程被形象地称为“拼图游戏”（jigsaw puzzle）。“在委员会构成过程的每

① Rachel Weiner, “Susan Rice Withdraws Name from Consideration for Secretary of State,” *The Washington Post*, Dec. 13, 2012, http://www.washingtonpost.com/blogs/post-politics/wp/2012/12/13/susan-rice-withdraws-name-from-consideration-for-secretary-of-state/，2012 年 12 月 14 日访问。

个环节中，都是将巨大的拼图游戏的拼件组合为像样的图案的过程。”① 这种重组在管辖各政策领域的专业委员会组成上的体现，有助于预期未来一届国会在某些政策制定过程中的走向。

表3报告了根据选举结果计算得出的国会参众两院各委员会成员的静态留任情况。就国会整体水平而言，参议院的平均留任率为88.0%，而众议院则为略低的81.8%。小幅差异基本符合两院的不同政治风格：参议院较为精英化且稳定，众议院往往更为直接地代表民意起伏而变动略大。

表3　2012年国会选举后两院各委员会成员的留任率（%）

参议院留任率		众议院留任率	
全会	88.0	全会	81.8
老龄化	95.7	农业	84.4
农业	*85.7*	拨款	86.5
拨款	*82.8*	*军事*	*80.3*
军事	*77.8*	预算	91.9
银行、住房与城市事务	90.9	教育与劳工	85.4
预算	95.7	*能源与商业*	*80.8*
商业、科学与交通	92.3	道德	100.0
自然资源	95.2	*金融服务*	*77.0*
环境与公共工程	100.0	*外交事务*	*68.9*
道德	100.0	*国土安全*	*78.8*
财政	*83.3*	*会务管理*	*75.0*
对外关系	88.9	情报	84.2
卫生、教育与养劳金	95.2	司法	84.6
国土安全	*70.6*	自然资源	87.8
印第安人事务	*78.6*	*监察与政府事务*	*74.4*
情报	94.1	规则	90.9

① Kenneth A. Shepsle, *The Giant Jigsaw Puzzle: Democratic Committee Assignment in the Modern House*, Chicago: University of Chicago Press, 1978, p. 238.

续表

参议院留任率		众议院留任率	
司法	88.9	*科学、空间与技术*	*78.4*
规则	*86.7*	*小企业*	*77.8*
小企业	*85.0*	*交通与基础设施*	*80.4*
退伍军人事务	*81.3*	*退伍军人事务*	*80.0*
		筹款	85.7

数据来源：作者根据选举结果自行统计整理。

注：斜体字标识的委员会为成员留任率低于所在院会整体水平者。

具体到各委员会，参议院农业委员会等 9 个委员会的成员留任率低于全会水平，其中以国土安全委员会为最低。相比而言，拨款委员会、军事委员会、财政委员会以及小企业委员会集中涉及到了对华决策中的军事安全议题以及金融、经贸、税收等经贸领域，其留任率较低意味着在处理对华军事安全决策及经贸关系等问题上可能存在一定的不确定性。就众议院而言，军事委员会等 11 个委员会的成员留任率低于全会水平，其中以外交事务委员会为最低。在这 11 个委员会中，军事委员会、能源与商业委员会、金融服务委员会、外交事务委员会、小企业委员会以及科学、空间与技术委员会较为广泛地涉及对华政策中的军事、能源、经贸、外交以及科技合作等议题，进而可能为这些议题上的中美互动增加某些变数。特别值得注意的是，国会两院的军事委员会和国土安全委员会都处于相对较低的成员留任率水平，前者意味着新一届国会极可能在军事决策领域存在较大波动，对美国对华安全政策特别是亚太战略或形成一定影响；后者或预示着新一届国会在移民政策这一两党争执焦点议题上存在突破的可能性。

在委员会立法决策过程中，委员会领袖拥有召集会议、设定议程、安排各分委员会构成、雇佣委员会助理、参与所有审议、代表委员会向全会提交法案等权力，扮演着无可替代的角色，甚至被称为“国会山上的王公”。[①] 需要说明的是，这里的委员会领袖同时包括来自多数党的主席和来自少数党的首席成员。后者所掌握的制度化权力小于前者，但在立法过程中可以代表本党发声，参与法案的审议与调整，较为直接地介入决策，其非制度化影响力未必弱于前者。[②]

在每次选举换届后，国会两院各委员会领袖也会相应变动，为新一届国会在相关政策领域的立法倾向带来某种调整（如表 4 所示）。需要说明的是，两院共和党人设置有“担任委员会领袖或分委员会领袖不得连任三届国会以上”的组织规则，[③] 到新一届国会时参众两院将分别有 6 位和 7 位共和党籍委员会领袖面临任期限制规则。目前仅有国会众议院预算委员会主席、2012 年共和党副总统候选人保罗·瑞安得到了众议院议长约翰·博纳授权的豁免（waiver），其他 12 位两院委员会领袖都必须离任。[④]

表 4　国会两院委员会领袖可能的变动情况

委员会	原领袖情况	接替人选
参议院		
老龄化委员会	民主党主席赫布·科尔退休	比尔·纳尔逊接任
	共和党首席成员鲍勃·科克转任其他委员会	苏珊·柯林斯可能接任

① 孙哲：《左右未来：美国国会的制度创新和决策行为》（修订版），上海：上海人民出版社，2012 年版，第 150 页。

② Roger H. Davidson, Walter J. Oleszek and Frances E. Lee, *Congress and Its Members*, 13th ed., Washington, D. C.: Congressional Quarterly Press, 2012, pp. 195 – 196.

③ *How Congress Works*, 4th ed., Washington, D. C.: Congressional Quarterly Press, 2008, p. 174.

④ Billy House, “Boehner to King: Only Ryan Gets A Waiver”, *The National Journal*, Nov. 15, 2012, http://www.nationaljournal.com/congress-legacy/boehner-to-king-only-ryan-gets-a-waiver-20121115, 2012 年 11 月 21 日访问。

续表

委员会	原领袖情况	接替人选
农业、食品与林业委员会	拨款委员会共和党首席成员萨德·科克伦因任期限制转任农业委员会首席成员，原农业委员会首席成员帕特·罗伯茨卸任	萨德·科克伦转任
拨款委员会	共和党首席成员萨德·科克伦因规则限制离任	理查德·谢尔比接任
军事委员会	共和党首席成员约翰·麦凯恩因规则限制离任	吉姆·英霍夫接任
银行、住房与城市事务委员会	共和党首席成员理查德·谢尔比因规则限制离任	迈克·克拉波接任
预算委员会	民主党主席肯特·康拉德退休	帕蒂·默里接任
商业、科学与交通委员会	共和党首席成员凯·贝利·哈奇森退休	约翰·图恩可能接任
能源与自然资源委员会	民主党主席杰夫·宾加曼退休	罗恩·怀登接任
环境与公共工程委员会	共和党首席成员吉姆·英霍夫退休	戴维·维特接任
对外关系委员会	共和党首席成员理查德·卢格败选	鲍勃·科克接任
卫生、教育、劳工与养老金委员会	共和党首席成员迈克·恩齐因规则限制离任	拉马尔·亚历山大接任
国土安全委员会	民主党主席乔·利伯曼退休	汤姆·卡珀接任
	共和党首席成员苏珊·柯林斯因规则限制离任	汤姆·科伯恩接任
小企业委员会	共和党首席成员奥林匹娅·斯诺退休	吉姆·里什接任
规则与管理委员会	共和党首席成员拉马尔·亚历山大转任其他委员会	罗伊·布朗特可能接任
退伍军人事务委员会	民主党主席帕蒂·默里转任	伯尼·桑德斯接任
	共和党首席成员理查德·伯尔因规则限制离任	约翰尼·艾萨克森接任

续表

委员会	原领袖情况	接替人选
印第安人事务委员会	民主党主席丹尼尔·阿卡卡退休	玛丽亚·坎特韦尔接任
道德委员会	共和党首席成员约翰尼·艾萨克森转任其他委员会	尚未确定
众议院		
外交事务委员会	共和党主席伊利安娜·罗斯—莱蒂南因规则限制离任	埃德·罗伊斯接任
	民主党首席成员霍华德·伯曼败选	埃利奥特·恩格尔接任
拨款委员会	民主党首席成员诺姆·迪克斯退休	妮塔·洛维接任
金融服务委员会	共和党主席斯宾塞·巴克斯因规则限制离任	杰布·亨萨灵接任
	民主党首席成员巴尼·弗兰克退休	玛克辛·沃特斯接任
国土安全委员会	共和党主席彼得·金因规则限制离任	迈克尔·麦考接任
司法委员会	共和党主席拉马尔·史密斯因规则限制离任	鲍勃·古德莱特接任
规则委员会	共和党主席戴维·德赖尔退休	彼得·塞申斯接任
会务委员会	共和党主席丹·伦格恩败选	坎迪斯·米勒接任
科学、空间与技术委员会	共和党主席拉尔夫·霍尔因规则限制离任	拉马尔·史密斯接任
交通与基础设施委员会	共和党主席约翰·迈卡因规则限制离任	比尔·舒斯特接任
退伍军人事务委员会	民主党首席成员鲍勃·菲尔纳退休	迈克·米肖接任

数据来源：作者根据选举结果自行统计整理。

注：表中反映的情况为2012年12月12日的最新进展。

具体到参议院层次，20个委员会中的17个委员会将出现领袖调整，目前有19位参议员将接任委员会新领袖。就以往投票记录观察，这19位议员中的13人参与过2000年给予中国最惠国待遇投票，投反对票者仅4人；7人参与过2000年解除中国军售的贸易制裁投票，投赞成者为2人。由此可见，这些议员在经贸议题上相对理性，而在军事安全议题上则偏向保守。其中以共和党方面的一些新领袖更为值得关注。

首先，接任拨款委员会首席成员的理查德·谢尔比（Richard Shelby）和接任军事委员会首席成员的吉姆·英霍夫（Jim Inhofe）均持有极为传统的保守意识形态立场。谢尔比虽来自农业州阿拉巴马，但此前曾担任银行、住房与城市事务委员会共和党领袖 6 年，熟悉金融事务。其在中国议题上较为骑墙，2000 年曾投票支持给予中国最惠国待遇，① 但 2010 年中期选举面对连任压力时，又曾多次指责中国为所谓“汇率操纵国”，② 并在 2011 年投票支持了由谢罗德·布朗（Sherrod Brown）和林赛·格雷厄姆提出的施压人民币进一步升值的法案。③ 出任拨款委员会首席成员之后，“汇率强硬派”谢尔比存在借助对某些专门政策领域拨款法案进行调整或加入修正案，从而介入中国议题、特别是汇率议题的可能性。事实上，在所谓的“沃尔夫条款”（Wolf Clause）之后，两院拨款委员会领袖完全可以利用在拨款法案中加入禁止性条款来施压、变相制裁中国，或阻碍中美之间的某些合作。英霍夫来自同样保守的农业州俄克拉荷马，其对华立场因意识形态偏见而一贯负面，2000 年曾脱离本党主流意见投票反对给予中国最惠国待遇。④ 近年来，英霍夫出任对外关系委员会东亚与太平洋事务分委员会成员，多次提案攻击中国。例如，2011 年英霍夫就曾与民主党人吉姆·韦伯（Jim Webb）一道提

---

① 参见 http：//www. ontheissues. org/senate/richard_ shelby. htm，2012 年 11 月 21 日访问。

② “No Question；China Manipulates Curreny：U. S. Senator Richard Shelby”，*Examiner*，Sep. 20，2010，http：//www. examiner. com/article/no-question-china-manipulates-currency-u-s-senator-richard-shelby，2012 年 11 月 21 日访问。

③ Scott Wong，“China Bill Advances in the Senate”，*The Politico*，Oct. 6，2011，http：//www. politico. com/news/stories/1011/65340. html，2012 年 11 月 21 日访问。

④ 参见 http：//www. ontheissues. org/senate/james_ inhofe. htm，2012 年 11 月 21 日访问。

出决议案，要求禁止中国在南海地区“使用武力”，其内容一味偏袒越南、菲律宾等国，强调美国军事力量以保护自由为目的对南海地区的介入和持续存在。① 2012 年，英霍夫还曾以“危及美国国家安全”为由，无端质疑中国海洋石油总公司（CNOOC）对在墨西哥湾拥有开采设施的一家加拿大石油公司的收购计划。② 可以预见，作为持有意识形态偏见的所谓“中国威胁论”的鼓吹者，英霍夫一旦占据参议院军事委员会首席成员的职位，极可能就南海问题等东亚周边安全议题向中国发难。

此外，将出任环境与公共工程委员会首席成员的戴维·维特（David Vitter）的涉华记录立场也比较复杂。在 2000 年最惠国待遇投票中，维特投过赞成票；但近年来这位路易斯安那州的共和党人却在能源方面成为批评中国的“旗手式人物”。2011 年他曾在参议院提出法案要求中国、印度和俄罗斯在温室气体减排方面与美国等发达国家统一标准，③ 同时维特还时常宣扬中国与世界各国展开能源竞争，变相炒作“中国威胁”。④ 如此看来，在意识形态和经济竞争

---

① “Inhofe, Webb Introduce Resolution Condemning China's Use of Force in South China Sea”, Jun. 13, 2011, http: //inhofe. senate. gov/public/index. cfm? FuseAction = PressRoom. PressReleases&ContentRecord _ id = 8b0165b5 - d57e - 3e59 - 1b49 - 22bfe44d3f01&Region_ id = &Issue_ id = , 2012 年 11 月 21 日访问。

② Ben Geman, “Inhofe Voices ‘Serious’ Security Concerns over Chinese Firm's Oil Deal”, *The Hill*, Aug. 7, 2012, http: //thehill. com/blogs/e2 - wire/e2 - wire/242459-sen-inhofe-has-serious-security-concerns-about-chinese-oil-deal, 2012 年 11 月 21 日访问。

③ *S. 15*, *Bill Summary & Status 112th Congress*, http: //thomas. loc. gov/cgi-bin/bdquery/D? d112: 15: ./list/bss/d112SN. lst::, 2012 年 11 月 21 日访问。

④ Thalia Assuras, “The Mix: Interview with Sen. David Vitter,” *Energy Now*, http: //www. energynow. com/video/2011/05/31/interview-david-vitter-gulf-oil, 2012 年 11 月 21 日访问。以及 “Vitter: China's Energy Purchase in Canda Highlights Need to Approve Keystone XL”, July 23, 2012, http: //www. vitter. senate. gov/public/index. cfm? FuseAction = PressRoom. PressReleases&ContentRecord _ id = b5962e21 - 917f - 47cd - 7f3e - ff1ed6f1c9a3, 2012 年 11 月 21 日访问。

意义上对中国持有极为负面态度的维特，主导环境领域立法之后，势必继续刁难中国，牵绊中美能源与高新技术等领域合作的正常推进。

相比较而言，接任对外关系委员会首席成员的鲍勃·科克（Bob Corker）更具理性温和态度，并更为倾向于自由贸易。[①] 这位 2006 年当选的田纳西州国会参议员在 2011 年 10 月参议院审议、投票通过施压人民币汇率法案过程中曾多次公开表示反对，认为该提案无助于美国经济，反而会导致世界两大经济体之间的贸易战争，该做法“不是答案而是麻烦”。[②] 从这个角度看，其领导下的对外关系委员会可能对华持有较为审慎的态度，可能尽量避免极端化。

相对于参议院，众议院的情况可能更为负面。全部 21 个委员会中有 10 个面临领袖的更新，12 位众议员将接任委员会新领袖。就以往投票记录观察，这 12 位议员中有 7 人参与过 2000 年给予中国最惠国待遇投票，投反对票者仅 4 人；12 人全部参与过 2005 年禁止对华军售投票，投赞成票者为 7 人。从这个意义上讲，这些议员在经贸和军事安全议题上均更多显露出负面立场。

共和党方面最引人注目的当属外交事务委员会的新任主席人选。现任主席伊利安娜·罗斯—莱蒂南（Ileana Ros-Lehtinen）因任期限

---

① Josh Rogin, “Washington Prepares for the Rise of Bob Corker”, *Foreign Policy*, Oct. 24, 2012, http://thecable.foreignpolicy.com/posts/2012/10/24/washington_prepares_for_the_rise_of_bob_corker, 2012 年 12 月 1 日访问。

② “Senate Considers Bill to Punish China over Currency Valuation”, *PBS Newshour*, Oct. 3, 2011, http://www.pbs.org/newshour/bb/business/july-dec11/currency_10-03.html, 2012 年 11 月 20 日访问；“Corker: China Currency Bill is not the Answer”, Oct, 6, 2011, http://www.corker.senate.gov/public/index.cfm?p=News&ContentRecord_id=c8d2f7fd-4c12-4b29-adb3-127e36f94b3e，2012 年 11 月 21 日访问；以及 James Harrison, “Senate Passes China Currency Bill despite Appeals by Sen. Bob Corker”, *Nooga*, Oct. 12, 2011, http://www.nooga.com/150774/senate-passes-china-currency-bill-despite-appeals-by-sen-bob-corker/, 2012 年 11 月 20 日访问。

制去职，激烈竞争在来自新泽西的克里斯·史密斯（Chris Smith）和来自加州的埃德·罗伊斯（Ed Royce）之间展开，最终以罗伊斯胜出告终。总体看，两人对华均抱有一定偏见，其中史密斯属于传统价值观色彩极为浓厚的“人权派”和“反共派”，① 他不但反对给予中国最惠国待遇、支持禁止对华军售，还多次就政治制度、人权问题、计划生育政策等公开诋毁中国，或提出极为消极的涉华提案，或向奥巴马政府施压要求制裁中国。② 相比之下，罗伊斯态度较为暧昧，虽然支持了中国最惠国待遇议题，但却同意禁止对华军售。与史密斯偏好人权议题不同的是，罗伊斯更为关注经贸事务，他一方面重视中美经贸关系，另一方面担忧中国经济的快速发展对美国国家和市场所造成的所谓“挑战和威胁”。③ 必须高度警惕的是，罗伊斯属于国会山上彻头彻尾的“亲台派”，不但是“台湾连线”的最初参与者之一，而且在过去的两年中曾 6 次提出涉台提案。在罗伊斯看来，为了解决中国这一“威胁”，必须采取经济与安全防卫两个手段：一方面他极力推进美台自由贸易协定（FTA）、台湾赴美免签

① Michael Barone and Chuck McCutcheon, *The Almanac of American Politics* 2012, Chicago: The University of Chicago Press, 2011, p. 1053.

② “Rep. Smith: China is a ‘Brutal Dictatorship’”, *CNN*, May. 21, 2012, http://cnnpressroom.blogs.cnn.com/2012/05/21/rep-smith-china-is-a-brutal-dictatorship/, 2012 年 11 月 21 日访问；Joseph Lawler, “Chris Smith on Joe Biden and China's One-Child Policy”, *The American Spectator*, Aug. 23, 2011, http://spectator.org/blog/2011/08/23/chris-smith-on-biden-and-china, 2012 年 11 月 21 日访问；Chris Smith, “China's Illegal Organ Harvesting”, *The Washington Times*, Sep. 18, 2012, http://www.washingtontimes.com/news/2012/sep/18/chinas-illegal-organ-harvesting/, 2012 年 11 月 21 日访问；Darius Dixon, “Chris Smith: Chen Guangcheng Family, Friends a Concern”, *The Politico*, May. 4, 2012, http://www.politico.com/news/stories/0512/75931.html, 2012 年 11 月 21 日访问。

③ “Royce Statement on China's Trade and Investment Policies”, Mar. 9, 2011, http://royce.house.gov/news/documentsingle.aspx? DocumentID = 228392, 2012 年 11 月 21 日访问。

等政策，主张“事实就是美台贸易对台湾安全至关重要”；另一方面他还强烈要求美国对台出售包括 F16C/D 在内的先进武器，“台湾面临着世界上最复杂而致命的军事威胁。……为了回应中国的崛起，其邻国正在强化与美国的安全关系，出售 F16 给台湾将释放一个积极信号。”此外，罗伊斯与陈水扁、蔡英文等民进党人士保持着密切关系，陈、蔡赴美都得到了其热烈欢迎，甚至他还曾致信马英九要求同意陈水扁保外就医。①

在民主党方面，将接任外交事务委员会首席成员的纽约州民主党人埃利奥特·恩格尔（Eliot Engel）在涉华议题上的主动行动较少。此前，恩格尔曾投票反对给予中国最惠国待遇，并支持将中国认定为汇率操纵国、施压人民币升值。② 这些投票记录可以推测恩格尔或应在经济竞争意义上对中国持有负面态度。2008 年 6 月，时任国会众议员外交事务委员会西半球分委员会主席的恩格尔曾主持了题为“中国在西半球的新挑战”的听证会，顾名思义旨在讨论中国在西半球对美国的挑战。在开幕讲话中，恩格尔强调了中国在西半球“扩张”给美国带来的紧迫性，并提出了以台湾问题牵制中国的意图。③ 同时，在 2011 年底朝鲜领导人金正日去世后，曾经访朝的恩格尔在接受采访时，表现出对东北亚事务的浓厚兴趣和对不同意识形态国家的明显偏见。这些态势或都可以判断恩格尔的对华态度

---

① William Lowther, “Pro-Taiwan Royce to Head US Foreign Committee”, *Taipei Times*, Nov. 30, 2012, http://www.taipeitimes.com/News/taiwan/archives/2012/11/30/2003548980，2012 年 12 月 1 日访问。

② http://www.thepoliticalguide.com/Profiles/House/New_York/Eliot_Engel/Views/China/，2012 年 11 月 21 日访问。

③ “Engel Chairs Hearing on the New Challenge of China in the Western Hemishere”, Jun. 11, 2008, http://engel.house.gov/110th-congress-press-releases1/engel-chairs-hearing-on-the-new-challange-of-china-in-the-western-hemisphere/，2012 年 12 月 1 日访问。

极可能陷入意识形态与经济竞争混合的负面倾向。[①] 值得一提的是，由于恩格尔本人的犹太裔身份，其更为热衷于中东事务，将在巴以问题等方面介入更多，可能会要求奥巴马政府平衡亚太与中东的战略布局。此外，将出任退伍军人事务委员会首席成员的迈克·米肖（Mike Michaud）近年来多次曾以人民币汇率议题向中国施压，如2009年3月15日，他曾倡导近130位众议员联名致信财长盖特纳，要求其对中国“操纵汇率”问题“采取行动”。[②] 2012年1月，米肖还曾就经济政策研究所（Economic Policy Institute）的报告攻击中国汽车制造业“抢走”了美国的就业机会，要求奥巴马政府对中国采取贸易强制手段。[③] 虽然目前退伍军人事务委员会与涉华议题没有直接关联，但米肖借此位置进入国会领导层后，或将具有更多涉华行为的空间，有必要长期关注。

（三）涉华关键议员的变动

所谓“涉华关键议员”是指那些在国会内更易炒作涉华议题，以此达到其满足选区利益、提升政治影响力或者符合自身意识形态追求目的的议员。由于国会所谓“多元而碎片化”的决策模式，某些议题的成案最初正是由一个或几个议员推动而成的，因而涉华关键议员的作用不可小觑。

① Reid Pillifant, “Recalling A Trip to Pyongyang, Eliot Engel Sees Opportunity in the Death of Kim Jong-Il”, *Capital*, Dec. 20, 2011, http://www.capitalnewyork.com/article/politics/2011/12/4715813/recalling-trip-pyongyang-eliot-engel-sees-opportunity-death-kim-jon，2012年12月1日访问。

② http://www.michaud.house.gov/index.php?option=com_content&task=view&id=969&Itemid=76，2010年10月24日访问。

③ http://michaud.house.gov/press-release/michaud-urges-trade-enforcement-action-against-china，2012年12月2日访问。

首先，2003 年和 2005 年国会两院相继建立起的多个涉华连线组织（caucus）值得关注。从历史经验上看，很多涉华（涉台）提案皆为这些组织成员所为。这些连线包括众议院的“台湾连线”、美中工作小组、“中国连线”以及参议院的“台湾连线”，此外众议院“人权连线”也时常抛出抨击中国的法案。如表 5 所示，国会涉华连线成员留任率基本超出两院全会整体水平，仅规模最大的众议院台湾连线略低。这一数据可能引出三个方面的事实。其一，2012 年大选没有在根本上改变目前国会内有组织涉华行为的现实。其二，涉华连线组织的参与行为一定程度上可能有助于议员的连选连任。其三，在涉华连线有助于议员连选连任的基础上，人权等意识形态议题在这个维度上的作用更为突出（83.1%）。值得注意的是，美中工作小组未被统计在内。事实上，美中工作小组相对于“中国连线”而言持有更为理性的涉华态度，甚至一定程度上尝试积极推进中美关系的双赢发展。但在该连线创建者之一的伊利诺伊州共和党议员马克·柯克（Mark Kirk）2010 年当选国会参议员、另一位创建者华盛顿州民主党议员里克·拉森（Rick Larsen）在同年险些连任失败之后，该连线进入了较为低调的阶段，甚至不再公开其人员构成。这一变化一定程度上也暗示出在国会山上对华理性积极者并无市场、远非主流的严峻现实。

表 5　2012 年国会选举后两院“涉华连线”的留任率（%）

参议院留任率		众议院留任率	
全会	88.0	全会	81.8
台湾连线	89.5	台湾连线	81.7
		中国连线	82.5
		人权连线	83.1

数据来源：作者根据选举结果自行统计整理。

第二，从选举结果看，涉华关键议员在2012年国会选举中发生变动者并不多，这在一定程度上也说明本次选举不会在根本上改变目前国会在对华决策中的瓶颈作用。如表6所示，操作人民币汇率议题的缅因州国会参议员奥林匹娅·斯诺、操作人权与经贸议题的伊利诺伊州国会众议员唐·曼祖罗（Don Manzullo）以及宾夕法尼亚州国会众议员蒂姆·霍尔登（Tim Holden）等因退休或在初选中败北而结束国会立法生涯。现任国会众议院台湾连线主席之一的内华达州民主党人谢丽·伯克利（Shelley Berkeley）尝试挑战在任者共和党国会参议员迪安·赫勒失败，进而离开国会，导致台湾连线领导层的新一轮洗牌。不过，过去四次国会选举中的三次（即2006年、2010年和2012年）都存在涉华连线领袖从国会众议院脱颖而出、角逐国会参议员的情况，其中两人当选，这也足见涉华连线对他们政治生涯的重大推进效果。①

表6　2012年国会选举中变化的涉华关键议员

议员	院会/党派	涉华行为	2012年动向
奥林匹娅·斯诺	参议院/共和党	操作人民币议题	退休
唐·曼祖罗	众议院/共和党	国会众议院外交事务委员会亚太分委员会主席，操作人权、经贸议题	初选失败
蒂姆·霍尔登	众议院/民主党	操作人权、经贸议题	初选失败
谢丽·巴克利	众议院/民主党	众议院台湾连线主席之一、操作台湾议题	竞选国会参议员失败

数据来源：作者根据选举结果自行统计整理。

第三，虽然前文提及的“茶党”在本次国会选举中呈现出某些

① 三位以时间顺序分别是俄亥俄州的谢罗德·布朗、伊利诺伊州的马克·柯克以及内华达州的谢丽·伯克利。

负面作用，但在新一届国会两院中“茶党”议员的规模并不会发生实质性缩减。从选举结果看，参议院中的“茶党”议员将达到9个①（如表7所示），即在整个国会参议院共和党人中占据五分之一；而第112届国会众议院“茶党连线”61位议员中有50位成功连任，再计入可能加入连线的新当选者，其规模至少可以得到维持。

表7 新一届国会参议院中的茶党议员

议员	所在州	当选年	备注
汤姆·科伯恩	俄克拉荷马	2004	接任国土安全委员会首席成员
迈克·李	犹他	2010	
兰德·保罗	肯塔基	2010	选后再次表示可能参与2016年美国总统竞选②
马科·鲁比奥	佛罗里达	2010	被认为可能参与2016年美国总统竞选③
帕特·图米	宾夕法尼亚	2010	
吉姆·莫兰	堪萨斯	2010	接任国会参议院共和党竞选委员会主席
罗恩·约翰逊	威斯康星	2010	
德布·费希尔	内布拉斯加	2012	
泰德·克鲁兹	得克萨斯	2012	出任国会参议院共和党竞选委员会副主席

数据来源：作者根据选举结果自行统计整理。

---

① 原本应为10位“茶党”参议员，但在2012年12月6日即将接任参议院商业、科学与交通委员会首席成员的“茶党”领军人物吉姆·德敏特（Jim DeMint）突然宣布辞职，将转任遗产基金会（Heritage Foundation）主席。接替德敏特的人选将由其所代表的南卡罗来纳州州长妮姬·黑利（Nikki Haley）指定产生，目前被认为最有可能的人选是现任南卡州国会众议院第1选区的议员蒂姆·斯科特（Tim Scott），此人为第113届国会中唯一的共和党籍非洲裔议员，亦为“茶党”人士。

② Alex Altman，“Maro Rubio's Long Road to 2016 Begins Now”，*TIME*，Nov. 19，2012，http：//swampland. time. com/2012/11/19/marco-rubios-long-road-to-2016-begins-now/，2012年12月13日访问。

③ Bobby Cervantes，“Rand Paul Says He's Eyeing 2016 Run”，*The Politico*，Nov. 20，2012，http：//www. politico. com/news/stories/1112/84086. html？hp = r6，2012年12月13日访问。

特别是随着国会权力结构的重组，这些议员在某些关键委员会或党团内处于重要职位时，则可能发挥更为重大的作用。已有一些研究就“茶党”在外交议题上的立场展开讨论，大体判断“茶党”内部存在着干预主义与孤立主义两种对立的外交决策倾向，当前以前者占据上风。[①] 但在干预主义和孤立主义的交互作用下，“茶党”一方面强调军事威慑与遏制，另一方面强调贸易保护主义，这显然不利于中美之间发展较为稳定的双边关系。不能掉以轻心的是，此态度在2012年大选中各层次的共和党候选人的涉华议题炒作中已可见一斑，而且极可能延伸到新一届国会的立法过程当中。

四、结语

1980年以来的5次在任总统谋求连任的选举中，国会选举结果均为在小幅上下波动的同时总体上维持了选前的两党实力对比，2012年也不例外。从选举结果看，虽然民主党在总统和国会两院选举中都实现了不同程度的胜利，但驴象对峙的格局并未被打破。虽然总统选举的“下摆效应”发挥了助推的作用，但两党在本次选举中仍旧只是对基本盘进行了回归与强化。其中民主党由于人口结构变动特别是少数裔因素而在南方某些传统共和党基本盘略有所斩获，而共和党虽在选区重划中占据一定优势，但又呈现出进一步的右倾保守化。从国会两党对峙的长期化趋势判断，美国政治的两极化程度将持续加深，而以共和党内“茶党”势力为代表的保守化倾向值

① Brian Rathbun, “Steeped in International Affairs?: The Foreign Policy Views of the Tea Party”, *Foreign Policy Analysis*, 2012, pp. 1 – 17.

得关注。

在国家决策中府会互动的意义上，新一届国会将继续过去 4 年中奥巴马与国会共和党人就经济刺激计划、医疗改革、财政赤字、税收、移民、教育、能源等多个议题所展开的拉锯与恶斗。可以讲，这种水火不容的极化党争自 1970 年代开始发端，以 1994 年金里奇“与美国缔约”战略为结点，到今天已演化到极致。对于国会议员而言，实现政党既定诉求成为高于一切的最大利益，甚至不惜以拖延、瘫痪国家内政外交等重大事项作为筹码。从更为高远的站位审视，“驴象党争”正在扭曲国家利益，令美国式民主再度陷入迷思之中。

新一届国会在延续“驴象分治”的华府政治困境之余，也极可能继续充当扰乱中美关系稳步、健康发展的“不和谐音”，但其介入程度并未发生重大改变，仍旧扮演着“背景音”的瓶颈角色。一方面，僵持分立的府会关系可能诱发两党政治人物继续炒作中国议题，借机或吸引眼球、或转嫁责任，无形中给两国关系带来不必要的困扰；另一方面，在对华决策过程中，关键国会委员会及其领袖、关键国会非正式连线组织、关键涉华议员甚至“茶党”议员的调整与变动情况，也一定程度上增加了国会涉华消极行动的可能性。

在后金融危机时代，中美关系已成为牵动全球事务的最为关键的一对双边关系。其涉及领域之广、触及利益之多决定着在中美关系中哪怕是些许摩擦，都可能为两国的正常交往或国际事务的有效解决制造出不可估量的负面成本。这就意味着，从整体与细节两方面密切关注新一届国会政治尤其是其涉华走向，针对关键组织或个人，做好预防性外交准备，刻不容缓、势在必行。

第三章

“第二任期魔咒”：2012年大选与美国政治的塑造[①]

美国东部时间2012年11月6日凌晨，随着新罕布什尔州迪克斯维尔山口镇（Dixville Notch，New Hampshire）10位选民的依次投票，耗时近19个月的驴象竞逐跑到了终点线。在本次选举中，美国总统和副总统、33位国会参议员及全部众议员、13个州和地区的州长或行政长官以及各地方的立法行政部门都同时换届。此外，某些公共议题也在相关各州分别进行了票决公投。

选举结果显示，民主、共和两党各有斩获：谋求连任的总统奥巴马以332比206的选举人团票和51.1%比47.2%的普选票数击败共和党人罗姆尼；国会参众两院总体上维持了选前状态。具体而言，在参议院，民主党顶住了共和党特别是茶党势力的压力，将选前53比47的席位优势扩大为55比45；在众议院，共和党的多数地位则因为奥巴马竞选“下摆效应”的冲击从242比193缩水为234比201，净失8席。而在州政府层面，大选后50州中有30个由共和党籍州长领导，民主党担任州长的为19个州，罗得岛州州长则由独立

① 本文曾发表于《中国国际战略评论2013》，转载时略有改动。

人士担任。

这样一场规模庞大的政坛洗牌，自然成为 2012 年美国研究的重要议题，得到了学界高度关注。[①] 有国内学者从思考中美关系走向的视角出发，对此次大选结果的背景、原因与影响进行了比较系统而透彻的观察，以族裔结构变化、经济改善、奥巴马在选民中的亲切度等解释了奥巴马当选的原因，指出了奥巴马第二任期将面对的医改深化、移民立法、气候新政等内政挑战，并预测“战略再平衡”战略势必延续，必须协调好与盟友关系、兼顾到中东局势。[②] 也有学者采取历史周期、政党重组、区域主义等历史比较视角，概括判断本次选举为 1992 年开始的政党重组的延续，并预期 2016 年将是一个进入新周期的起点。[③]

如今大选已然落幕数月，但其对美国政治生态的长期影响仍在发酵，并逐渐成为牵动美国未来对外战略走向的重要变量。“某一特定国家大战略的成功既取决于它是否有能力考虑本国内部和敌国内部响应的国内条件，又取决于它是否有能力对权势做出准确判断。”[④] 这一用于战时国内因素在国家战略选择中所扮演角色的判断，对于当今亚太战略变局下的中美关系走向同样适用。本文就从 2012 年大选政治本身出发，本着“选举塑造政治”的思路，就选举过程与结果中反映出的美国政治的延续与变化展开较为细致的考察，

① 比较有代表性的研究成果如：美国政治科学学会学术刊物《政治科学与政治》（*PS*：*Political Science and Politics*）2012 年第 4 期刊发的 20 余篇预测 2012 年大选的系列论文、中国社会科学院美国所主办的《美国研究》2012 年第 4 期刊发的讨论 2012 年美国总统选举和国会选举结果的 4 篇论文。

② 周琪、齐皓：“奥巴马连任的原因及其第二任期面临的挑战”，《美国研究》，2012 年第 4 期，第 7—29 页。

③ 谢韬：“从大选看美国的历史周期、政党重组和区域主义”，《美国研究》，2012 年第 4 期，第 30—45 页。

④ ［美］理查德·罗斯克兰斯、［美］阿瑟·斯坦著，李东国译：《大战略的国内基础》，北京：北京大学出版社，2005 年 7 月版，第 20 页。

并对这些国内政治因素的调整对奥巴马第二任期的战略布局、尤其是美国对华政策的影响提出一些推测。

一、2012 年大选与美国国内政治的延续

从选举过程与结果观察，2012 年大选再现了美国选举与政党政治中的“在任者优势”现象，并延续了近年来政党极化与右倾化的大趋势。作为后金融危机时代的首次大选，2012 年选举在总体上维持了原先的政治生态，并未发生重大政党重组。换言之，奥巴马上任以来战略调整所依赖的国内政治因素未发生根本改变。

其一，竞选政治中的“在任者优势”得以延续。与 2008 年两党均无总统或副总统参选的全开放式大选（这是 1956 年以来首次）不同，2012 年总统选举是挑战在任者的一次选举。一般而言，在这类选举中都存在着明显的“在任者优势”（incumbency），即在任总统可以利用手中掌握的政治与行政资源为自身助选造势。当然，在任者优势也可能转化为劣势。当国家面对重大内政外交难题时，一旦在任总统无力应对或无法及时解决问题，则可能成为众矢之的，进而在选举中遭遇挫折。①

从历史经验考察，从 1910 年至奥巴马首次当选前的近百年中，17 位总统有 14 位谋求连任，其中 9 位如愿以偿，成功连任率约为 64.3%，而奥巴马的本次连任将此概率提升至了 66.7%。② 更为重

① George C. Edwards III and Stephen J. Wayne, *Presidential Leadership: Politics and Policy Making*, 6th ed., Belmont, CA: Thomson Wadsworth, 2003, p. 81.

② 主要数据参见 Harold W. Stanley and Richard G. Niemi, *Vital Statistics on American Politics 2007 - 2008*, Washington D. C.: CQ Press, 2008, pp. 26 - 30.

要的是，奥巴马成为继克林顿、小布什连任之后连续第三位连任的总统。在美国历史上，上一次发生三位总统连续连任的情况还要追溯到 1801—1825 年间，即杰斐逊、麦迪逊及门罗治下的国家奠基初期。过去 20 年内“在任者优势”空前强化，从一个侧面反映出美国政治正处于一个相对平衡稳定的历史阶段。

其二，选举结果体现出美国政治生态中极化与右倾化趋势得以延续，且右倾化程度有大于极化的态势。自上个世纪 90 年代以来，美国两党政治的分裂与对峙持续加深，两党得以实现共识与合作的空间被逐步压缩，在关乎国家利益的重大决策上也不例外。2012 年总统选举中，民主、共和两党候选人分别得到了 51.1% 和 47.2% 的选民票、分别得到了 26 个州（以及首都哥伦比亚特区）和 24 个州的支持，可谓势均力敌。同时，与 2008 年相比，奥巴马在维持住 26 个州和哥伦比亚特区的同时，失去了具有一定摇摆倾向的印第安纳州和保守倾向的北卡罗来纳州，并未扩展新的票源。从国会选举看，参议院席位易手的四个州分别是从共和党转为民主党（或与民主党结盟的独立人士）的马萨诸塞、缅因、印第安纳三州，以及从民主党转为共和党的内布拉斯加州。马萨诸塞州和缅因州具有一定自由派倾向，内布拉斯加为保守共和党州，而印第安纳则为摇摆州。这就意味着，国会参议院的调整基本上是选前两党极化态势的延续，并未发生政党重组。这一判断也表现为国会众议院选举中两党在各自基本盘上的席位成长及在对方基本盘选区的席位缩减。

在极化政治生态延续的同时，共和党内部的茶党势力持续提升政治影响力，加强了美国政治的右倾化趋势。在极化背景下，两党在国会特别是国会众议院中为了获得多数，都必须在巩固基本盘的同时，扩展其他选民资源。2006 年，民主党在国会众议院时隔 12 年实现翻盘，很大程度上得益于在“大帐篷”战略下吸纳到的所谓“蓝狗”温和派议员的支持。这部分议员多来自南方地区，在财政议题上持有较为保守的立场。而 4 年之后，共和党人重返众议院多数时所依靠的“茶党”议员，则持有更为保守的财政主张，且多为战胜“蓝狗”议员才得以当选的。这就意味着，美国两党政治的光谱正向着保守化的右翼移动。

2012 年大选中，茶党势力所发挥的作用难以简单评估。可以肯定的是，茶党势力已呈现出两个趋势，即“反传统”、“反在任者”趋势，以及与社会事务宗教色彩保守派合流趋势。在总统选举中，茶党势力先在初选中阻碍罗姆尼的党内整合、一定程度上造成了内耗，后又因罗姆尼调整立场、选择茶党新锐保罗·瑞安（Paul Ryan）为副手人选，而助力了总统竞选。在国会选举中，茶党势力推动了数位新人在共和党初选中成功击败资深在任议员，这虽然加速了共和党的世代更迭，但也在部分争夺激烈的州中降低了共和党人的胜算。同时，茶党候选人在社会事务上的某些极端保守表态直接断送了共和党在印第安纳州和密苏里州增加参议院议席的期待，甚至还拖累了罗姆尼的竞选。① 值得重视的是，即便茶党在本次选举中的作用毁誉参半，但在新一届国会中仍旧保持了约 10 位参议员、将近 50 位众议员的较大规模，与选前变化不大。② 作为共和党内的重要政治力量，茶党势必在财政预算、债务上限、移民改革等涉及美国未来方向的重大议题上发挥关键影响，其在外交事务上的立场也亟待观察。

---

① 刁大明：《2012 年美国国会选举与新一届国会对华政策走向》，《美国研究》，2012 年第 4 期，第 68—90 页。

② 参见美国国会众议员“茶党连线”官方网站，http://teapartycaucus-bachmann.house.gov/，2013 年 3 月 1 日访问。

二、2012 年大选与美国国内政治的变化

本次选举在体现一定政治延续性的同时，也出现了一些新变化、新现象与新问题，为美国政治未来走向设置了一些值得研讨的议题，也为奥巴马第二任期的政策议程设置和战略布局制造了新挑战。

其一，少数族裔的人口结构变化成为左右选举的关键因素。2012 年大选的一个重要背景是 2010 年的人口普查。此次普查反映出了选民人口结构的重大变动，直接导致了部分州国会众议员席位和总统选举人团数量的增减。普查结果显示，约占美国总人口 16.3% 的拉美裔已超过 12.6% 的非洲裔上升为美国第一大少数族裔，亚裔则以 4.6% 的比重位列第三。事实上，在本次总统大选中，少数族裔选民已对奥巴马的连任起到了重要作用。① 就在 2012 年大选正酣之际，美国人口普查局确认：自 2011 年开始，美国新生儿中的白人已成为少数。再过 20 年，等这些婴儿成长为选民的时候，美国的政治风貌势必迎来戏剧性变化。

在剧烈的人口结构变动中，拉美裔显然是关键看点。这个目前增长最快的族裔在本次选举中只占全部合法选民的 10%，但预期将

---

① 根据美国有线电视新闻网（CNN）的出口民调，占 72% 的白人选民中，支持奥巴马、罗姆尼两人者分别为 39% 和 59%，而这组数字在 13% 的非洲裔选民中为 93% 和 7%、在 10% 的拉美裔选民中则为 71% 和 27%。这就意味着，罗姆尼在非洲裔和拉美裔选民身上总共输掉了将近 16% 的选民票，而在白人选民这边只能赢回 14%，落后奥巴马 2%，而奥巴马总共赢罗姆尼也仅 3.9%。

在未来30年增长至20%以上。[①] 因为拉美裔的崛起，佛罗里达州拉美裔国会参议员马尔科·卢比奥（Marco Rubio）也成为2016年可能代表共和党冲击白宫的希望人选。从这个角度出发，虽然奥巴马作为少数族裔人士主政白宫的任期只能到2016年，但少数族裔特别是拉美裔人群作为一个集聚巨大政治能量的选民群体，或将在未来数十年左右美国政治，甚至直接决定由谁入主白宫。这一影响的直接效果是，奥巴马在移民、社会福利、教育等相关政策中势必会向拉美裔等少数族裔倾斜，而两党在移民问题上也会出现竞争。

值得注意的是，有统计数据显示，占拉美裔64.6%的墨西哥裔已逐渐显现出回流迹象。在2005—2010年间，大概有139万墨西哥裔离开美国、回到墨西哥，其规模多于从墨西哥新近移民来的137万人，其原因极可能与金融危机后美国经济与就业状况不佳有关。[②] 另外，拉美裔群体内部构成也较为复杂，很难想象生活在得克萨斯州的墨西哥裔选民和活跃在纽约市的波多黎各裔选民在政治立场和政党选择上会有多少共识。这就意味着，一方面，拉美裔能否在未来二三十年内持续快速增长，仍需要观察；另一方面，随着融入美国社会程度的加深，拉美裔在党派意义上也许会实现一个再次分流的过程。如果一个族裔在两党政治中都有分布的话，也就意味着这个族裔在社会经济阶层或政治阶层上渐入主流了。

其二，超级行动委员会的大行其道为选举带来不确定性。众所

① Paul Taylor, Ana Gonzalez-Barrera, Jeffrey Passel and Mark Hugo Lopez, "An Awakened Giant: The Hispanic Electorate is Likely to Double by 2030", Pew Research Hispanic Center, November 14, 2012, http://www.pewhispanic.org/2012/11/14/an-awakened-giant-the-hispanic-electorate-is-likely-to-double-by-2030/, 2013年3月1日访问。

② Jeffrey Passel, D'Vera Cohn and Ana Gonzalez-Barrera, "Net Migration from Mexico Falls to Zero—and Perhaps Less", Pew Research Hispanic Center, May 3, 2012, http://www.pewhispanic.org/2012/04/23/net-migration-from-mexico-falls-to-zero-and-perhaps-less/, 2013年3月1日访问。

周知，“金钱是政治的母乳”，竞选离不开财务支出，在媒体极为发达的当今尤其如此。从这个意义上讲，美国选举政治的历史就是竞选财务改革的历史。每次改革都旨在通过新制度的设计减少少数大资本家通过捐款对政治的控制，但实际情况却是金钱因素如“高山流水”一般，终能通过某种其他方式渗透到竞选政治当中。对于 2012 年选举周期而言，竞选财务的新问题更为凸显。

2010 年 1 月 21 日，美国联邦最高法院曾以 5 比 4 的投票做出了“公民联合组织诉联邦选举委员会案”（*Citizens United v. FEC*）中有利于“公民联合组织”的裁决。这一裁决事实上认可了任何公司、工会组织或非营利机构向专门从事独立性选举政治宣传的公民政治组织任意捐款的权利，而这些政治性组织即所谓的“超级政治行动委员会”（Super PAC）则可以将所得捐款用于投放电视广告等以支持或反对公职候选人。[①] 根据著名智库“回应政治中心”（Center for Responsive Politics）公布的统计数字，正式履行了注册手续的超级政治行动委员会在 2010 年只有 84 个，进入 2012 年之后逐月增加，最后达到 1319 个。[②] 在机构数量增加的同时，超级政治行动委员会收到的捐款数额也直线上升。根据不完全统计，2012 年竞选周期中其获得捐款总额是 8. 38 亿美元，支出了将近 6. 31 亿美元。

虽然超级政治行动委员会不承认与候选人之间的关联，但它们的行动显然是与其所支持的候选人密切相关的。2012 年大选中超级政治行动委员会首次介入总统选举，它们作为帮助大资本家介入政治的手段客观上有利于共和党一方。根据美国联邦选举委员会的统计，奥巴马和罗姆尼在 2012 年大选中募款总额分别为 12 亿美元和

---

① 徐彤武：《“外围团体”对 2012 年美国大选的影响》，《美国研究》，2012 年第 3 期，第 29—53 页。

② http：//www. opensecrets. org/outsidespending/summ. php？ cycle = 2012&chrt = V&type = S&ql3，2013 年 3 月 1 日访问。

11.8 亿美元，这使本次选举成为两党主要候选人募款额首次突破 10 亿美元大关的选举。超级政治行动委员会为奥、罗两人筹集的资金分别为 0.92 亿美元和 2.25 亿美元。[①] 这就意味着，如果加上超级政治行动委员会的“资助”，罗姆尼阵营可动用的财务资源超过了奥巴马阵营，显然好过 2008 年大选时麦凯恩仅以 3.83 亿美元对阵奥巴马 7.78 亿美元的劣势。

从某种程廋上说，罗姆尼得以将选民票得票率差距从 2008 年的 7.2% 缩小到 2012 年的 3.9%，超级政治行动委员会功不可没。但选举结果再次说明了竞选财务的局限性，即选举资金并非决定性因素。硬币的另一面是，超级政治行动委员会作为一种竞选财务的新现象也许将长期存在下去，不同于此前如“软钱”、“绑并”等竞选财务招式被最终禁止，目前国会内主流议员中并未出现限制超级政治行动委员会的共识。事实上，作为一种金钱介入政治的孔道，未必一定要以是否能决定胜者作为唯一标准，同样值得关注的是超级政治行动委员会将在多大程度上牵动美国内外政策的制定过程。

三、影响奥巴马第二任期内外战略的选后政治

2012 年大选在延续与变化之中落下帷幕，但是美国国内政治的走向值得持续关注和探讨。2013 年 1 月 3 日和 20 日，由两党分治的国会和连任总统奥巴马先后就位，华府新一轮驴象博弈旋即开始。奥巴马第二任期内政外交的战略布局将如何展开，也许可以在本次

① “2012 Presidential Campaign Finance Explorer”, *The Washington Post*, December 7, 2012 updated, http: //www. washingtonpost. com/wp-srv/special/politics/campaign-finance/, 2013 年 3 月 1 日访问。

选举塑造的国内政治环境中找到一些端倪。

第一，奥巴马在 2012 年的胜利是“弱势连任”。虽然奥巴马得以连任，但从选举结果上看，其民意支持度正在缩小。奥巴马得到的选民票为 51.1%，比 2008 年下降了 1.8 个百分点，其获得的选举人团票为 332 张，比 2008 年也少了 33 张。这种连任时得票缩减的情况在美国历史上虽非仅奥巴马一例，但从最近 30 年范围对比而言仍为孤例。过去 30 年中有里根、克林顿及小布什三位总统实现连任，且这三位总统在连任选举中所得到的选民票和选举人团票都高于首次当选。① 与历史经验如出一辙的是，对比各州选民票比例观察，奥巴马仅在 6 个州得到了比 2008 年更好的成绩，而在其他 44 个州和首都哥伦比亚特区的支持率均遭遇缩水。②

对于民意缩水的解释可能很多，如奥巴马“变革魔咒”魅力褪色的直接体现、奥巴马连任中的“在任者”优势并非充分发挥、或美国政治极化下选民基本盘的回调等。但至少可以肯定的是，奥巴马第二任期可以调动的民意优势呈现萎缩趋势，其推进政策的战略空间较其第一任期将更为有限，民意束缚和牵绊将更加显著。

第二，奥巴马的整个第二任期将不大可能摆脱府会关系的分立僵局。自 2010 年共和党重掌国会众议院多数后，奥巴马就遭受到了国会较大的制衡，特别表现在“政府关门”和“债务上限”危机的两党拉锯战上。在政党极化的背景下，府会分立所导致的政治对立

① 1984 年里根连任时的选民票和选举人团票分别为 58.77% 和 525 张，高于 1980 年当选时的 50.7% 和 489 张；1996 年克林顿连任时的选民票和选举人团票分别为 49.2% 和 379 张，高于 1992 年当选时的 43.0% 和 370 张；2004 年小布什连任时的选民票和选举人团票分别为 50.7% 和 286 张，高于 2000 年当选时的 47.9% 和 271 张。

② 与历史经验如出一辙的是，对比各州选民票比例观察，奥巴马仅在阿拉斯加（2.92%）、新泽西（1.07%）、密西西比（0.79%）、路易斯安那（0.65%）、纽约（0.44%）及马里兰（0.05%）等 6 个州得到了比 2008 年更好的成绩，而在其他 44 个州和首都哥伦比亚特区均遭遇了支持率缩水，其中最大跌幅为犹他州的 9.66%，最小为罗得岛州的 0.16%。

直接降低了奥巴马政府的政策绩效，扭曲着国家利益。本次国会选举之后，共和党以234席对201席的优势保持了众议院多数；民主党凭借自身的53席及两位与其结盟的独立人士占据参议院多数，但并未达到可以左右立法议程的“超级多数”即60席，这就造成了国会内部两党对峙局面。

从第113届国会开幕以来的情况看，共和党凭借国会众议院多数地位和参议院可以阻扰议程的权力，在包括财政悬崖、自动减支、2013财年拨款、控枪立法、移民改革，以及内阁改组等议题上与奥巴马政府展开博弈，使奥巴马第二任期一开始就充斥着激烈的矛盾与冲突。客观而言，未来4年的府会关系极难朝着有利于奥巴马政府的方向发展。目前国会两院两党的实力对比将静态地持续到2014年中期选举，但2014年选举也不会实现太多转机。一方面，历史经验显示，总统所在党往往在中期选举中丧失国会席位，众议院的这种情况尤甚。自从1856年形成民主、共和两党竞逐的政党体系以来，只有4次中期选举使总统所在政党获得了更多席位，即1902年（198席增至207席）、1934年（313席增至322席）、1998年（207席增至211席）及2002年（221席增至229席），但这种获益均未改变国会众议院内的两党对比。① 相比较而言，2014年可能类似于

① 若细致分析起来，这4次中期选举均存在着特定的历史条件。1902年是西奥多·罗斯福当选后的首次中期选举，前者顺应了当时进步主义运动的呼声，其所在的共和党也实现了9个席位的增加，但在1900年人口普查导致众议院席位整体增加（357席增至386席）的情况下，民主党153席增至178席。这就意味着，总统所在党实则并未获得更多民意支持，只是数字上的增加而已。1934年是富兰克林·罗斯福当选后的首次中期选举，受到“大萧条”背景下推行“新政”的积极助力，民主党难得地增加了9个席位；但即便握有“新政”优势，在其后的1938年和1942年两次中期选举中民主党还是先后损失了78个和45个席位。1998年是克林顿第二任期的中期选举，其时虽有克林顿“拉链门事件”的负面波及，但选民还是对“与美国缔约”下的“金里奇共和党人”为实现减税等主张而不惜酿成“政府关门”的做法而不满，进而使民主党在国会众议院选举中略微获利4席。2002年则是小布什政府推行“反恐战争”的中期选举年，“危机总统”所在的共和党自然也实现了8个席位的增长。具体数据参见 Norman J. Ornstein，Thomas E. Mann and Michael J. Malbin，*Vital Statistics on Congress* 2008，Washington，D. C.：Brookings Institution Press，2008，p. 55.

1998 年的情况，目前由茶党等保守势力驱动下的共和党也在财政议题上与奥巴马缠斗。但问题在于，上述四次中期选举中总统党平均仅实现了 7.5 个席位增长，最多也只有 9 个席位，低于奥巴马民主党在国会众议院翻盘所需要的 17 席，据此可以推断民主党在 2014 年获得国会众议院多数的机会极小。另一方面，2014 年改选的 35 个国会参议员席位中民主党占据 21 个、共和党 14 个①，且民主党换届席位中不乏像弗吉尼亚、西弗吉尼亚、北卡罗来纳、路易斯安那、蒙大拿、阿拉斯加等多个保守倾向州。这就意味着民主党维持的多数地位将面临更大变数、共和党却迎来了又一个翻盘的机会。从众参两院的选举结构看，2012 年选举为奥巴马塑造的府会分立甚至分裂的政治困境极可能在未来 4 年持续存在，甚至可能向裂度加剧的方向发展，这无疑为奥巴马政府的战略布局和政策执行增加了更大成本与不确定性。

第三，奥巴马第二任期将遭遇 2016 年选举周期的“软束缚”。本次总统选举以奥巴马连任落幕，这就意味着 2016 年总统选举将不会有在任总统谋求连任，即便仍不确定现任副总统拜登是否参选，但 2016 年大选显然较之 2012 年更具开放性与竞争性。

随着金钱和现代传媒在选举特别是初选中影响力的加深，总统选举周期的起点近年来被不断前置。2012 年大选可以以 2011 年 3 月共和党主流参选人纽特·金里奇（Newt Gingrich）宣布竞选为起始点，而竞争更为激烈的 2008 年选举则早在 2006 年 12 月就由民主党人约翰·爱德华兹的宣布参选开启，其后的 2007 年 1 月至 3 月包括奥巴马、希拉里、麦凯恩、罗姆尼等主要参选人也相继投入选战。即便是有在任副总统参选，如 2000 年大选中的戈尔也是在 1999 年 6 月就公开了意向，同月小布什也正式参选。从历史经验看，2016 年

① 按照美国联邦选举制度安排，2014 年将有 33 名国会参议员改选。此外，马萨诸塞州和南卡罗来纳州各有一名国会参议员席位将进行补选。

竞选周期极可能在2014年底的中期选举后或2015年初正式启动。届时，美国政治的中心将被分散，奥巴马政府将需要考虑配合本党参选人，至少要避免制造不利于本党竞选的话题。换言之，奥巴马第二任期无法彻底摆脱选举周期的束缚，能够比较自由地发挥主导性、推进政策议程的时间大概仅有两年。相对于多个尚未兑现的变革承诺而言，留给奥巴马铸定历史遗产的时间并不充裕。要想有所作为，奥巴马只能慎选变革目标，防范决策风险。

四、选后国内政治因素与中美关系走向

2012年大选作为美国政治的一次洗牌，势必也会牵动奥巴马政府的对华政策制定，构成中美关系发展中的一个有限变量。从选举政治及其产生的美国政治生态出发，我们对未来中美关系走向有如下判断：

首先，一系列国内问题与府会僵局将牵扯美国对外战略布局的能力与精力。2013年2月12日，奥巴马发表2013年《国情咨文》时把解决国内问题作为第二任期的首要任务。这就意味着，不但要为纾解财政预算困境与国会共和党人周旋，同时还要致力于继续兑现承诺：在经济与就业、移民、环保、新能源等重要议题上有所突破，更须在医疗改革、控枪、同性恋婚姻等自由派议题上持续推进。这些国内事务势必分散奥巴马本来就有限的民意资源，使其陷入党争之中。美国经济虽趋向转好，但联邦财政形势仍旧严峻，这不但影响国家调控经济的能力，也会牵扯联邦政府调动和使用外交安全资源、实现对外战略布局的能力。以2013年3月1日开始的所谓“自动减支”机制为例，它要求在2013财年所剩余的7个月中减少

开支850亿美元，预期可能造成约70万个就业岗位的流失，并拖累今年美国经济增长率0.6个百分点。本次减支中的460亿美元自国防支出，这仅占国会已通过的2013财年国防支出6310亿美元的大概7.3%，并不会造成重大负面影响。但如果两党在财政议题上出现周期性僵持，自动减支则势必在多个财年持续实施，进而可能成为减缓美国军事投入的长期性因素。面对日益复杂的亚太变局和仍旧难以平息的中东乱局，美国必须对有限资源进行最优化匹配和应用。从这个维度上分析，中国能发挥的作用应当是“合大于竞”的，从而为扩展中美互动、建立新型大国关系提供更多空间。

第二，奥巴马第二任期的内阁团队调整可能为中美关系带来一些新气象。奥巴马连任之后，国务卿、国防部长、中央情报局局长等外交安全团队的多位内阁成员实现了调整。新任国务卿约翰·克里和新任国防部长查克·哈格尔均为越战老兵，并都曾任国会参议员。两人对战争的局限性具有深刻认识，都提倡采取多边主义与国际合作机制解决中东、东北亚等地区争端。两人在国会参议院期间又都曾在对外关系委员会任职，且克里还出任过该委员会主席，因而在外交安全领域具有较为丰富的认知与经验积累，明显强于4年前的希拉里。克里和哈格尔作为资深政治人物，在对华议题上表现出较为审慎理性的态度，这也许可在一定程度上调整美国“亚太再平衡”战略的步伐，就核心利益与共同安全进一步寻求与中国的沟通。必须看到的是，形势比“人事”强，美国“再平衡”战略的实现显然是一个长期性的过程，不会因为某个职位的变动而终止，仅会在程度与方式上出现某些调整。

第三，本次选举所展现出的政治右倾化、少数族裔人口增长，以及超级政治行动委员会等现象有可能成为涉华议题的新变量。本次选举中茶党势力得以持续强势存在，并显露逐渐超越单一财政议题的保守主义倾向，在外交事务议题上呈现出干预主义与孤立主义并存、前者强于后者的态势，甚至主张以采取削减社会项目而非军费来解决财政困境。[①] 茶党势力在国会涉华事务中将扮演何种角色值得密切关注。随着少数族裔在美国政治舞台上占据更大空间，他们对美国外交政策的制定也势必要发出自己的声音。一方面，某些古巴裔美国政治人物存在着对社会主义国家的较深偏见，故拉美裔人群的意识形态价值观将如何介入美国对华政策值得关注。另一方面，亚裔群体特别是华裔的参政及其对政策的影响需要重点观察，还需要考虑借助公共外交等方式通过华裔群体影响美国政治人物的向度。

此外，随着超级政治行动委员会被继续放任，大企业、金融资本势力对选举过程施加影响的通道更加通畅。在这种条件下，支持自由贸易、具有涉华利益的大企业有在中美关系中发挥积极作用的政治空间。在充分理解和利用美国选举政治游戏规则的基础上，中国可以考虑如何因势利导，尝试从外围塑造美国对华政策。

四、结语

“总统一旦入主白宫，唯一留下来并且确实重要的观众就是历史。”著名历史学家及总统传记作家多萝西·科恩斯·古德温（Doris Kearns Goodwin）这句关于总统追求历史功绩的评论，如今用在奥巴马身上算是恰如其分。在历史“观众”看来，在任者优势、极化与右倾化趋势的延续、变动中的少数族裔因素以及超级政治行动委员会等竞选财务因素等构成了2012年美国总统选举政治的新变化与

① Brian Rathbun, “Steeped in International Affairs? The Foreign Policy Views of the Tea Party”, *Foreign Policy Analysis*, 2012, pp. 1 – 17.

新发展。

基于奥巴马再次入主白宫的选举结果，关于他第二任期所拥有的战略与政策空间的讨论引出了不同的观点与分析。有观点认为，连任的奥巴马彻底跳脱了选举周期的羁绊，在第二任期中将如其他总统一样“大有作为”，成为内政外交诸领域的强势总统。① 也有一种说法认为所谓的美国总统“第二任期魔咒”可能随时降临在奥巴马身上。② 近期的盖洛普民调显示，奥巴马的支持率已逐渐下滑，特别是自动减支开启后的 2013 年 3 月份，奥巴马的每日民调支持率都已徘徊在 50% 以下。③ 审慎观察美国政治生态，可以认为 2012 年大选中奥巴马的弱势连任、选后维持的府会分立以及已在酝酿中的 2014 年中期选举和 2016 年大选周期，势必妨碍奥巴马第二任期内外重大政策议程的顺利实现与完成。这一趋势也应当成为我们考虑奥巴马对华政策走向与未来中美关系发展的一个必要因素。

可以预见，未来中美关系发展将进入“深水区”，某些敏感议题，如涉藏、涉疆问题、网络安全、反腐败、中国对美投资、金融合作、服务贸易、美国对华技术转让等议题都将表现出新形式。在这样的情况下，中美双方应该正视挑战，在充分理解对方国内政治走向与需要的前提下，规划好今后可能出现的重大课题，持续推进两国关系。双方应充分总结战略与经济对话的经验，创新性地管理好中美关系，如内政方面可以从深化经济对话、环境治理合作开始，

---

① 林宏宇：《白宫的诱惑：美国总统选举政治研究》，天津：天津人民出版社，2006 年 3 月版，第 190—191 页。

② 所谓美国总统的“第二任期魔咒”是指，总统在第二任期中因重大丑闻、政策失误以及其他突发性事件等而遭遇败绩，其执政业绩与评价低于第一任期的现象。这种现象显然与第二任期的总统因无选举压力而可放手一搏的预期存在某些矛盾。据不完全统计，自第二次世界大战以来，美国连任的 8 位总统都在第二任期遭遇了不同程度的困境，比如杜鲁门的韩战、约翰逊的越战、尼克松的“水门事件”、里根的“伊朗门事件”、克林顿的“拉链门事件”以及小布什的卡特里娜飓风和次贷危机等。

③ 参见 http://www.pollingreport.com/obama_job1.htm，2013 年 3 月 1 日访问。

在外交上则可以从朝鲜问题、中东问题开始，同时加入一些新内容，如网络安全对话、媒体和人文交流等。只有这样，中美两国才可以避免各自固守所谓“政治正确”的交往方式，虚心向对方学习，在战略互疑尚未根本改变的状态下拓展互利共赢空间，共同构筑面向未来的新型大国战略关系。

第二部分　中美关系中的战略互动

“过去4年来，美中两国开展了广泛深入的合作。当前，美中关系正面临确立未来方向的历史性机遇。美方希望同中方共同努力，保持两国元首交往，加强对话沟通，再接再厉，继续推动美中关系沿着正确方向稳定向前发展，努力构建基于健康竞争而非战略博弈的新型大国关系。”

2013年3月14日，中国国家主席习近平应约与美国总统奥巴马通电话时，奥巴马如是表达对两国领导层更新后发展中美关系的期待。

第四章

中美“亚冷战”：特征、成因及未来趋向

自胡锦涛主席在第四轮中美战略与经济对话上提出“努力发展中美新型大国关系”以来，学界开始关注和探讨“中美新型大国关系”的内涵及如何构建问题。但在构筑“中美新型大国关系”之前有必要先认清当前中美关系所处的状态。自冷战结束以来，学界比较普遍地使用“非敌非友”、“好也好不到哪里去，坏也坏不到哪里去”、“既竞争、又合作”等词汇来描述和界定中美关系。这些描述虽然比较客观地反映了中美关系的基本面貌，但未免过于简单和抽象，不能给予中美关系状态以准确的定位，对于深刻把握中美关系的现状没有实际意义。例如用“非敌非友”来定位中美关系并没有揭示两国间关系的特性。因为美国除了与中国“非敌非友”外，其与越南、柬埔寨等国也是“非敌非友”关系。只有对中美关系的现状进行细致的分析，我们才能深刻把握中美关系有别于其他双边关系的内涵和特征。笔者认为，自美国“重返亚太”以来，越来越多的迹象显示，中美关系正走向一种“亚冷战”状态。

一、处于“亚冷战”状态下的中美关系特征

如果我们不是简单地将国与国之间的关系状态按照非“战”即“和”进行简单的两分，而是将“战争”与“和平”这两个变量进行程度上的细分，亦即将“战争”细分为“热战”和“冷战”，将“和平”细分为“热和”与“冷和”，那么，我们就得到了国与国之间在“战”与“和”上的四种关系状态：热战、冷战、冷和、热和。这四种关系状态在身份定位、互动战略上各有自己的特点，见表1。

表1　国与国之间的四种关系状态

关系状态	身份定位	互动战略
热战	敌人	武力对抗
冷战	战略敌手	遏制与反遏制
冷和	战略竞争对手（亦敌亦友）	（战略性）竞争、合作
热和	朋友（盟友、伙伴）	结盟、非战略性竞争、合作

由此可知，所谓“亚冷战”属于“冷和”状态，是“冷和”状态中趋向或接近“冷战”那一端的一种关系状态。如果说在“冷和”状态下两国彼此间的身份定位是亦敌亦友，互动战略是既竞争又合作，双方、特别是实力较强一方的战略假想敌除了另一方外可能还有其他大国，那么，处于“亚冷战”状态的两国则是敌大于友，竞多于合，双方、尤其是实力较强的一方将另一方视为主要假想敌。

处于“亚冷战”状态下的中美关系具有如下特征：第一，战略互疑增长。与热战、冷战状态下国家间完全不信任和热和状态下国

家间彼此信任相比，处于“亚冷战”状态下的国家间信任少，怀疑多。当前中美关系虽然总体上可控，但两国间的彼此猜疑却始终存在，相互信任未能建立。近年来，尤其是美国“重返亚太”以来，两国间的互信缺失不仅没有改观，而且还在增长。① 如果不是双方政府有效管理和刻意淡化，就有可能陷入消极螺旋。② 美方认为中国制度不民主、压制人权、决策不透明、未来发展不确定，因而特别“关注中国力量的崛起及其可能产生的消极影响”。③ 中方则怀疑美国通过武器及高技术产品出口控制、对台军售、在远东打造遏华“小北约”、搅局东亚合作、介入南海和东海争端搞乱中国周边秩序、逼迫人民币升值、滥印美钞稀释外债、扩建反导体系引诱中国与美展开军备竞赛等措施来阻止或迟滞中国崛起。中国也担心美国在解决了伊拉克、阿富汗、叙利亚、伊朗等问题之后将矛头对准中国。尽管中美都意识到彼此之间缺乏战略互信，认识到建立战略互信对发展稳定的双边关系的重要性和迫切性，并共同努力采取了一些建立战略互信的措施，但由于两国之间的战略互疑植根于彼此迥异的政治体制和价值观，因而难解。

第二，竞多于合。如果说热战状态下的国家间只有你死我活的武力较量，冷战状态下的国家间近乎是零和博弈、极少合作的战略性竞争，热和状态下的国家间是合作多于（非战略性）竞争，那么处于“亚冷战”状态下的国家之间则是战略性竞争多于合作。中美双方竭力采取多种战略手段来保持自己的领先优势或缩小与对方的

① Kenneth Lieberthal and Wang Jisi,“Addressing US-China Strategic Distrust”, March 30, 2012, http://www. brookings. edu/ ~/media/research/files/papers/2012/3/30% 20us% 20china%20lieberthal/0330_china_lieberthal. pdf.（上网时间:2012 年 5 月 12 日）

② David Lampton,“Power Constrained: Sources of Mutual Strategic Suspicion in U. S. -China Relations”, *The NBR Analysis*, No. 93, June 2010, pp. 5 –25.

③ Thomas Christensen,“The Advantages of an assertive China: Responding to Bejing's Abrasive Diplomacy”, *Foreign Affairs*, March/April 2011, Vol. 90, No. 2, pp. 54 –67.

差距，尤其是美国总喜欢拿中国作竞争靶标。如奥巴马在2011年《国情咨文》演讲中10次提到中国，列举中国在科研、教育等领域取得的领先于美国的种种成就，并告诫国人要有危机感，否则美国在未来的竞争中有落后之虞。[①] 当前中美之间的竞争涉及经济、军事、地缘政治等各个领域，而且竞争的态势越来越激烈。在经济领域，奥巴马政府正大力实施重振美国制造业的“再工业化”战略，将竞争矛头直指“世界工厂”的中国；中国则在美国等西方国家对华低端出口产品的贸易保护主义“围剿”下，加紧实施“战略新兴产业”政策，努力实现从“中国制造”向“中国创造”的转型。在军事领域，为维护领土主权、海洋权益、日益扩展的海外利益和实现国家统一，中国军费开支连续多年呈两位数增长，在打造现代海军、开发先进战机、增强陆基弹道导弹发射的机动性等方面均取得了明显的进展；而美国则以“空海一体化”战略应对其所谓的中国“反介入和区域拒止”战略，通过继续维持高额军费开支、增加太平洋军舰部署、开发激光武器、空天飞机、全球即时打击的隐形轰炸机、高性能预警机和电子战飞机等来维持与中国的武器代际差距。在地缘政治影响力方面，在东亚，中国通过与东盟的自贸区建设，积极参与和推进东亚多边合作机制建设，维持对朝鲜、缅甸、柬埔寨等国的援助来稳定周边秩序和扩大在东亚的影响，而奥巴马政府则通过全面介入东亚各种多边机制、频繁访问中国周边国家等举措来增加美在东亚的存在，“平衡”中国在东亚的影响力增长；在中东叙利亚问题上，美国等西方国家一心想通过复制利比亚干预模式迫使叙利亚巴沙尔政权垮台，中国则与俄罗斯联手挫败美国等西方国家的企图；在非洲，“撒哈拉以南的非洲正在上演（中美）争夺原

① Chris McGreal, “Obama's State of the Union Address: US Must Seize ‘Sputnik Moment’”, *The Guardian*, 26 January 2011.

材料、经济资源、政治影响力和军事立足点的竞争”[①]，中国通过大规模贸易、投资和不附加政治条件的援助拓展在非洲的市场和影响力，美国则指责中国在非洲搞“新殖民主义”，借此离间中非友好合作关系。中美之间的地缘政治影响力竞争甚至蔓延到遥远的南太平洋岛国。中国近年来通过向南太平洋岛国提供经济援助和政治往来扩大在该地区的存在，美国国务卿希拉里先是在2011年3月美参议院外交关系委员会听证会上作证说“我们在与中国竞争”，诬称中国“时时刻刻尝试用一切手段”把美国从该地区挤出去，[②] 接着于2012年8月31日率团访问南太平洋岛国库克群岛。此次突访意在表明美国对这一地区的长期战略承诺，遏止中国在南太平洋岛国影响力的增长。

就合作而言，两国更多的是“为合作而合作”，即消极合作多于积极合作。“消极合作”指双方通过刻意挖掘、寻找合作点来培育共同利益，以此来维持双边关系的大局稳定，因而合作的主要意图是为了减少纠纷和避免冲突。如中美两军交流合作即是为了防止误判或“擦枪走火”。由于缺乏战略互信，两国担心合作会产生不利于己的相对收益，因而在合作时提防对方，从而导致合作破裂（如叙利亚问题）或难以深入（如新能源领域）。而且美国还不放过利用合作的机会向中国施压，即实施“合作型施压”[③]，迫使中国对美方的要求让步或妥协，借合作塑造中国的行为模式和发展方向。

第三，敌大于友。与热战、冷战状态下国家之间互为现实敌人而非战略假想敌，热和状态下互为朋友相比，“亚冷战”状态下的国

---

① Simon Tisdall, “China syndrome dictates Barack Obama’s Asia Pacific strategy”, *The Guardian*, 6 January 2012.

② “Clinton says China seeks to outflank Exxon in Papua New Guinea”, *Reuters*, 2 March 2011.

③ 王帆：“不对称相互依存与合作型施压”，《世界经济与政治》，2010年第12期，第31—53页。

家视对方为主要战略假想敌，双边关系“敌大于友”。美国现已将中国视为其“主要假想敌”。① 自冷战结束以来，美国的战略假想敌不断变化。在20世纪90年代初期是日本、德国，90年代中期起则是中国、俄罗斯。“9·11”后美国对中国是其战略假想敌的身份有所淡化。但奥巴马上台后，美国重新评估其全球战略，将国力蒸蒸日上的中国视为其“主要假想敌”，主要标志是2012年美国新军事战略点名称中国和伊朗是美国安全面临的主要威胁。鉴于伊朗与美国国力相差甚远，中国自然成为美国首要的战略竞争对手或战略假想敌。美国海军陆战队决策参谋部主任、美国知名“中国通”马伟宁（Brendan S. Mulvanney）指出：“美国现在是唯一的最强国。我们最大的危险是实力第二的国家，这就是中国。”②

美国大张旗鼓地宣布“重返亚太”，并采取了许多针对中国的行动。如自2010年以来美国与其盟友或伙伴国在太平洋的军演，包括美日联合夺岛演习，美菲、美越联合军演等，除极少数针对朝鲜、海盗外，绝大多数是以中国为假想敌，其规模、程度和频率都前所未有。在南海和钓鱼岛问题上，美国放弃了先前“不介入”的立场，表面上称自己在中国与其邻国的岛屿争端上“不持立场”，实际上明显偏袒与中国对抗的菲律宾、越南和日本。在中菲黄岩岛对峙期间，美国又是通过与菲律宾联合军演为菲壮胆，又是向菲律宾提供汉密尔顿级巡洋舰。在中国设立三沙市后美国务院单独将中国拎出来进行指责。希拉里在其数次的亚太之行的讲话中含沙射影地指责中国对越、菲等南海主权声索国“胁迫、恐吓和威胁”，呼吁东盟国家团

① 朱锋：“奥巴马政府‘转身亚洲’战略与中美关系”，《现代国际关系》，2012年第4期，第1页。

② “Sino-US young guard officer gaining the upper hand：World War imminent”，Finance Online，August 16th，2012，http：//www.finance-ol.com/2012/08/sino-us-young-guard-officer-gaining-the-upper-hand-world-war-imminent/.（上网时间：2012年9月10日）

结一致对付中国，警告中国勿在南海问题上对东盟搞“各个击破”。美国还通过“华盛顿”号核动力航母访问越南金兰湾，美越联合军演等举措支持越南与中国对抗。在日本政府“购岛”闹剧引发中国强硬反制后，美国采取了一些使日本有恃无恐的措施，如紧急派遣两架 F－22 隐形战机进驻日本，宣布在日本部署第二个陆基 X 波段预警雷达用于防御弹道导弹，不顾冲绳居民的反对执意在日本普天间机场部署高性能鱼鹰飞机，还在关岛与日本举行联合登岛和夺岛军演、向东海派遣两艘航母等。这一连串动作让中国不时感受到美方的不友好或敌意。

其四，表里不一。热战、冷战状态下国家间交往比较直率，热和状态下则比较真诚，无需用美好的词汇来掩饰两国关系的实质，也无需用过多的外交辞令来解释针对对方的行为。但在中美“亚冷战”状态下，经常出现高层会晤时的所言与双边关系的实际不符的情形。每当中美领导人会晤时，双方总是用美好的外交辞令来描述两国之间的关系。这样的美好词汇经常出现在中美年度战略与经济对话、两国领导人会晤后发表的联合声明中，也出现在外交高官在特定场合的讲话中。如在 2011 年 1 月胡锦涛主席访美时，美方重申“欢迎一个强大、繁荣、成功、在国际事务中发挥更大作用的中国”，中方则表示“欢迎美国作为一个亚太国家为本地区和平、稳定与繁荣做出努力”。希拉里在 2012 年 3 月 7 日美国和平研究所纪念尼克松访华 40 周年的讲话中说道：“一个蒸蒸日上的中国对美国有利，一个蒸蒸日上的美国对中国有利。”① 除用美好辞令描绘双边关系外，中美高层见面时客气，对话时和气，但见面、对话后特别是美方针对中方的不友好动作不断，之后美方倾向于用好听的外交辞令来安抚中方。如美国防部长帕内塔在香格里拉对话会上坚决否认美

① “Remarks at the U. S. Institute of Peace China Conference”, http: //www. state. gov/secretary/rm/2012/03/185402. htm. （上网时间：2012 年 3 月 15 日）

国将把60%的战舰部署到太平洋是意在制衡中国；美国防部常务副部长卡特强调美国亚太“再平衡”战略不针对中国，不以遏制中国为目的；美国将中菲黄岩岛对峙敏感时期的美菲联合军演解释为年度例行军演；希拉里否认其亚洲之行对华施压，等等。上述美好词汇、对话时的友好气氛与频繁的外交解释虽然在一定程度上起到了缓和紧张的作用，但也给两国和国际社会造成中美“假装是朋友”的印象。①

其五，双边关系频现紧张。中美之间结构性矛盾的加深和战略互疑的增长，导致双方对彼此间的国力消长、竞争与合作从相对收益、甚至零和博弈的竞争角度来解读，由此采取相应的制衡、对冲或反制政策，这种互应逻辑导致两国之间的“安全困境”加剧，双边关系呈现不断震荡的态势。自奥巴马上台以来，在金融危机、美国“重返东亚”的背景下，中美关系较之冷战后其他几位美国总统执政时期更加不稳定，表现为摩擦、紧张时间延长，缓和时间减少，波动周期呈现缩短之势。老布什总统任期内中美关系是一波两折，即由“六四事件”和1992年美售台F-16战机事件带来的波动；克林顿8年任期内中美关系是一波三折，即由克林顿上台初誓言将人权与给予中国最惠国待遇挂钩、1996年的台海危机和1999年的炸馆事件引起的波澜；小布什两届总统任期内中美关系则是一波一折，即由撞机事件引发的动荡。而奥巴马上台后不到4年，中美关系即经历了三次起伏。奥巴马刚上台时，正值金融危机肆虐，美方有求于中方继续购买美国国债，并期待中国在气候问题、伊核问题上发挥建设性作用，中美关系呈现高开高走之势。然而到2010年，美国在西藏、台湾、互联网自由、人民币汇率、“天安号”事件、南海等问题上对中国全方位发难，中美关系风云突变。2011年初胡锦涛主

---

① 阎学通：“对中美关系不稳定性分析”，《世界经济与政治》，2010年第12期，第29页。

席访美，扭转了两国紧张对立的政治气氛。两国“致力于共同努力建设相互尊重、互利共赢的合作伙伴关系，确立建设性互惠合作关系”，从而使中美关系复归平静。随后，奥巴马总统访问亚洲并首次参加东亚峰会、国务卿希拉里访问缅甸、美国决定在澳大利亚达尔文港部署海军陆战队以及“跨太平洋战略经济伙伴关系协定”（TPP）谈判，中美关系在美国“重返亚太”的脚步中再度呈现紧张态势。在此背景下，2012 年 2 月习近平副主席对美展开深化“合作伙伴关系”之旅，提出中美要构建一种“前无古人，但后启来者”的新型合作伙伴关系，该提议得到希拉里国务卿的积极回应。随后双方共同决定第四轮中美战略与经济对话和第三轮中美人文交流高层磋商会议机制均以“构建中美新型大国关系”为题，这意味着中美关系再度缓和。然而，随着中国与菲律宾、越南、日本在南海、钓鱼岛问题上的争端加剧，美国选择偏袒菲、越、日，指责中国设三沙市恶化南海局势，明确宣布美日同盟条约适用于钓鱼岛。中国对美国国务院在南海问题上偏袒性的声明提出强烈抗议，在安理会再度与俄罗斯联手否决美国为首的西方推动的叙利亚问题决议案，反对美国将美日同盟条约适用于钓鱼岛，中美关系复归紧张。随后，希拉里在 2012 年 9 月 2 日参加太平洋岛国论坛时发表讲话，称“太平洋之大可容纳中美”，有意为处于紧张状态的中美关系降温，为其下一站访问中国创造和缓的气氛。继她访华后，美国防部长帕内塔也在中日钓鱼岛争端激化之际访问北京，向中国表示美国在钓鱼岛问题上“不持立场”，希望中日和平解决争端，至此，两国紧张关系又趋于缓和。但随着中日钓鱼岛之争僵持不下、中东新一轮反美浪潮平息和美国总统竞选进入最后冲刺阶段，中美关系很有可能再次趋于紧张。

其六，危机管控常态化。美国“重返亚太”战略的重要一环是“平衡”中国实力的增长。“平衡”的目的即是防范和牵制中国实力过快增长对美国亚太霸主地位的挑战。奥巴马政府在安全、外交、经济领域针对中国采取的一系列“平衡”举措不仅导致两国关系频现紧张，而且导致东亚地区危机四起。在克林顿、小布什总统时期，东亚地区的重大危机主要发生在中美两国之间，大多因美国对华直接施压而起，如台海危机、炸馆事件、撞机事件等。奥巴马实施“重返亚太”战略后，东亚地区的危机则大多由第三方因素引起，如“天安号”事件和朝鲜炮击延坪岛所引发的朝鲜半岛危机、由菲律宾军方抓捕中国渔船引发的中菲黄岩岛对峙、由日本政府“钓鱼岛国有化”引发的中日钓鱼岛危机，等等。上述危机虽然不是直接发生在中美之间，但却将两国关系卷入其中。此外，美国虽不是上述危机的直接“肇事者”，但却是引发危机的一个重要诱因。在美国“重返亚太”的“魔棒”搅动下，日、菲、越等中国周边邻国闻风而动，纷纷在领土争端问题上对中国示强、挑衅，随后中菲在黄岩岛紧张对峙、中日钓鱼岛主权之争激化，东亚局势因美国的“破坏性介入”而失去了往日的相对安宁。然而，中美双方均不愿意看到两国关系的紧张状态失控，不愿意看到南海和钓鱼岛的主权之争失控，在局势紧张时采取“预防性外交”措施，安排军方高层在敏感时期突访与沟通。例如在中日钓鱼岛危机可能失控之际，美国防部长在访问中国之前临时增加访日行程，一方面与日本沟通协调以履行同盟国的义务，一方面表示美国在领土问题上“不持立场”，希望中日冷静解决争议。美国务院发言人也表示美国对钓鱼岛问题“不持立场”，希望外界不要有美国在此问题上为日本“撑腰”的印象。[①] 在美国“重返东亚”导致东亚危机呈现并发、此起彼伏的态势下，危机管控越来越成为中美关系中的经常性内容。

① “China Express ‘Regret’ for Attack on Gary Lock’s Car”, September 18, 2012, http://www.bloomberg.com/...19/u-s-ambassador-s-vehicle.（上网时间：2012 年 9 月 19 日）

二、中美“亚冷战”形成的原因

中美走向当前的“亚冷战”是多种因素综合作用的结果。中美实力差距的明显缩小但仍严重不对称、美国“重返亚太”突出对华遏制的一面、两国利益深度相互交织的格局仍在进一步发展等因素相互作用，共同导致中美“亚冷战”的形成。

中美“亚冷战”主要源于两国实力差距明显缩小但仍严重不对称。自20世纪70年代末改革开放以来，中国经济以年均9.9%的增长率快速发展，GDP总量已跃居世界第二，且与美国的差距大大缩小。2000年，美国GDP是中国的8倍，2010年已不到中国的3倍。[①] 这使中美之间的关系模式由十年前的“超一强”关系变成了“老大”与“老二”的关系。

然而，中美实力差距明显缩小更多只表现在以GDP衡量的经济总量上，在综合国力的其他方面，中国与美国的实力差距并未明显缩小。无论在经济、军事、科技等硬实力，还是在制度创新力、文化吸引力、国际号召力等软实力方面，中美之间的差距依然很大，存在严重的不对称或不对等。在经济领域，自二战结束以来，美国经济总量一直占世界经济总量的1/3左右，具有绝对优势。世界经济论坛公布的《全球竞争力报告（2008—2009）》指出，美国经济竞争力优势明显，居于世界前列。[②] 美元作为主要国际储备货币的地

① 黄平、何兴强、王玮：“美国力量的变化：十年来的一些轨迹”，黄平、倪峰主编：《美国问题研究报告（2011）》，北京：社会科学文献出版社，2011年，第76页。

② World Economic Forum, “The Global Competitiveness Report, 2008 - 2009”, October 8, 2009, http://www.weforum.org/en/initiatives/gcp/Global%20Competitiveness%20Report/index.htm.（上网时间：2009年12月8日）

位便于美国对他国进行战略性投资和收购、在危机爆发后轻松发行国债刺激本国经济而同时能维持国内物价稳定、通过弱势美元政策稀释对他国的债务，等等。美国在军事领域的优势则更加明显。美国长期保持占世界军费支出总额近一半的巨额军费开支，拥有最先进的军事技术、不断更新换代的顶级武器装备、丰富的作战经验、遍及全球的军事基地网络，等等。美国强大的军事实力使其得以控制世界主要石油产地和国际能源运输的战略通道。从外交资源看，美国拥有遍及全球的联盟体系和伙伴关系网络，丰富的外交资源使美国经常对他国实施以多对一的多边施压。美国还凭借国际制度创始国的优势用“规则”来约束、塑造、引导后来融入国际体系的中国。美国的强大、富裕及活力吸引了世界其他国家的大批优秀人才移居美国创业。美国的制度鼓励创新，其大众文化对全世界特别是青少年颇具吸引力。美国东西两大洋、南北皆弱邻的优越地理位置更是让周边强邻环伺的中国“羡慕嫉妒恨”。美国年轻人占多数的人口活力也让面临老龄化的中国相形见绌。按照两国现有的经济增长速度，中国经济总量可能在未来若干年或十几年超过美国，但仅此而已，中国综合实力将在相当长时期内与美处于不对等地位。

中美实力差距的显著缩小但仍严重不对称，从以下三个方面影响了中美亚冷战的形成：

一是加深了两国原本因意识形态迥异而导致的战略互疑。从深层次根源来讲，中美在战略上互不信任源于两国在社会制度、政治体制和价值观上的截然不同。尽管中国早已放弃对外输出意识形态，主张不同文明、制度和发展模式的国家应和谐相处。但美国仍坚持按意识形态来决定国家间关系的亲疏，并一直试图“西化”中国。中美在意识形态上的根本差异除影响两国关系定位外，还影响了双方对国际事务的不同看法和外交主张。

表2　中美外交主张上的差异

	美国	中国
发展道路	自由民主一统天下	发展道路的多样性
和平、稳定的途径	民主和平、霸权稳定	发展和平、多极稳定
解决地区安全问题的方式	实力解决（制裁、武力威胁、动武）	合作解决（外交协调、谈判）
人权与主权关系	人权高于主权，干涉他国内政	主权高于人权，不干涉他国内政
结盟与否	结盟	不结盟
外援	附加民主、人权等政治条件	不附加政治条件

在两国原本因意识形态迥异导致互不信任的前提下，中国经济历经长达三十多年的快速增长、美国实力则因海外两场旷日持久的局部战争和金融危机的重创而相对下降。中美实力此消彼长所产生的“权力转移”效应，加剧了“守成大国”对“崛起大国”的不信任。随着中国迅速崛起为直逼自己的“老二”，美国越来越感到中国是唯一有能力挑战自己霸权的主要竞争对手，进而从战略安全的角度来审视中国的经济发展模式、对外投资、公共外交等对外行为，赋予中国发展模式和对外交往活动以与美竞争或对美挑战的含义。如将中国经济发展模式视为“国家资本主义”，认为中国的“国家资本主义”模式会给西方的自由竞争资本主义带来颠覆性破坏。①

① 例如在2012年2月15日美中经济与安全评估委员会关于“中国国有企业和国家资本主义”的听证会上，美国卫理法律事务所（Willey Rein LLP）合伙人、美国乔治敦大学兼职教授和“工业与贸易咨询委员会”（ITAC）委员蒂莫西·布莱特比尔（Timothy C. Brightbill）就抨击称，中国建立的国有或国家控股企业破坏了西方资本主义的自由市场竞争秩序。中国国企的海外投资和经营迫使美国公司直接与中国政府在美国国内和海外市场竞争，这种不公平竞争使美国工人和私人企业深受其害，呼吁政府加强施压迫使中国遵守国际规则。参见 Witten Statement of Timothy C. Brightbill Before the U. S. -China Economic and Security Review Commission Hearing on Chinese State-Owned and State-Controlled Enterprises, February 15, 2012, http: //www. steelnet. org/new/20120215. pdf.（上网时间：2012年3月15日）

与此同时，实力对比变化导致的美国防范和牵制中国的行为也使中国越来越怀疑美国有意要阻止中国的和平崛起，两国战略互疑的加剧使双方建立彼此信任的“热和”关系更加困难。

二是影响了两国对彼此的战略心态，激发了两国国内要求对对方强硬的政策取向。对于美国来讲，两国实力差距的缩小导致美国对中国的非理性恐慌油然而生，并由“霸权自信”转为“霸权焦虑”。很多美国人将想象当成事实，夸大中国实力增长及其对美国的威胁。例如2009年的皮尤调查报告显示，44%的美国受访者认为中国是全球最顶尖的经济大国，只有27%的美国人认为美国依然是全球经济的领航者。2010年芝加哥全球事务委员会报告显示，有43%的美国受访者认为，未来十年中国的发展将对美国的重大利益构成关键性的威胁。① 与此同时，两国实力对比的严重不对称使美国不愿正视双方实力对比变化的客观现实，将中国为维护国家主权和海外利益的正当诉求和行为（如发展海权、宣布南海事关中国核心利益等）斥为“傲慢”、“过于自信”、“不负责任”、甚至“威胁”。说到底是在中美综合国力差距并未实质性缩小的情形下，美国不愿放下“唯我独尊”的霸权架子，还没做好容纳中国崛起的心理准备。不仅如此，实力对比的严重失衡还使美国战略精英认为应趁中国尚未崛起到与自己平起平坐之前加强对中国的防范、牵制和引导，以防止崛起的中国挑美国霸权。例如，美国智库“新美国安全中心”（Center for a New American Security）的资深研究员、奥巴马政府防务政策委员会成员罗伯特·卡普兰不断撰文夸大中国崛起对美的威胁，主张美将全球战略重心

① “Global Views 2010, Constrained Internationalism: Adapting to New Realities”, The Chicago Council on Global Affairs, 2010.

东移亚太，防范中国崛起对美霸权的挑战。① 美国知名中国问题专家认为中国对奥巴马总统宣布对台军售、接见达赖的反应不符合中国外交“韬光养晦”、“低调内敛”的一贯风格，主张“丢掉改变中国的幻想”，“另起炉灶”。②

同样，中美实力差距明显缩小、中国国际影响力显著上升的同时，也催生了中国部分民众非理性的民族主义情绪和所谓“中国不高兴”、“中国必胜”的虚骄心态。这种非理性的民族主义情绪不仅干扰中国在周边领土主权问题上的理性决策，而且成为美国战略精英认为中国外交随着国力增长而变得日益自信、强硬、甚至“傲慢”，因而需要“平衡”的口实。例如先前比较务实看待中美关系的美国著名学者约瑟夫·奈就认为，金融危机后中国民众误认为美国处于终结性衰退中，中国应该更加自信，尤其是在南海声张主权上。中国政府也误将奥巴马在其执政第一年高度重视与中国合作的政策视为美国变弱的迹象。因此，奥巴马“转身”亚太对中国强硬，很大程度上是为了抑制中国因实力增长而滋生的“武断”性外交。③中美实力差距的显著缩小却严重不对称还在一定程度上引起了两国对彼此的不切实际的希望，而当对方不能满足自己的期望或要求时，就滋生对对方的不满、怨愤或对抗的心态。例如美国希望实力大增的中国在控制全球气候变化、恢复全球经济、阻止伊朗制造核武、带头遵守“国际贸易规则”等方面扮演“领导者”角色或尽“负责任的大国”义务。而中国则认为自己的实力不够，不应承担超出自

---

① Robert D. Kaplan, " How We Would Fight China", *Atlantic Monthly*, Vol. 295, No. 5, June 2005, pp. 49 – 64; "Fear of China", *Wall Street Journal* (Eastern edition), April 21, 2006, p. A14; "The Geography of Chinese Power", *Foreign Affairs*, Vol. 89, Issue 3, May/June, 2010, p. 22.

② James Mann, "Behold China", *The New Repubulic*, April 8, 2010.

③ 参见 Joseph S. Nye, "Obama's Pacific Pivot", December 6, 2011, http://www.project-syndicate.org/commentary/obama-s-pacific-pivot.（上网时间：2012 年 1 月 5 日）

己能力范围的义务。当中国在相关议题上的表现让美国的预期落空时，美国对中国由失望而生挫折感，由挫折感而生怨愤，由怨愤滋生对华强硬。例如奥巴马在2010年初宣布对台军售、在白宫接见达赖在某种程度上是对中国“不配合”的回击。同样，中国也期望美国接受中国的和平崛起，尊重崛起的中国在台湾、西藏、南海、朝鲜半岛等问题上的核心利益或重大利益关切（如停止对台售武和接见达赖）。但美国倚仗优势实力的所作所为让中国的期望落空，由此滋生对美国的愤懑、对抗心态，表现为部分国人要求放弃韬光养晦而转向对美强硬。

中美“亚冷战”还源于金融危机后美国全球战略和对华政策的调整。奥巴马上台后推出“重返亚太”战略和加强对华遏制是导致中美“亚冷战”形成的直接原因。中美综合国力对比的严重失衡决定了美国在双边关系中居于强势、主动、进攻的地位，中国则处于弱势、被动、防守的位置①。因此，在两国关系中，美国对华的战略或政策选择在很大程度上决定两国关系的面貌或状态。奥巴马上台后，鉴于反恐战争取得重大进展、亚太经济持续繁荣及中国在亚太的强势崛起，奥巴马政府调整美国全球战略部署，将战略重心东移亚太。奥巴马“重返亚太”战略虽然没有改变美对华“接触＋遏制”的总体战略，但更加突出对华遏制的一面，加大对华遏制力度，使“硬的更硬”。如在军事领域，美国推出并加紧落实针对中国的“空海一体战”计划，频繁举行以中国为假想敌的军演。在地缘政治方面则“破坏性介入”南海问题和中日钓鱼岛主权纠纷，明显偏袒

① 例如作为实力强大一方的美国拥有设置中美关系议程的能力，表现在中美互动中基本上是美方首先抛出议题，陷中方于被动；或主动挑起事端，给中方制造麻烦。前者如美国将自己的失业率上升归咎于中国的汇率政策，反复拿人民币汇率说事；后者如美国在2010年夏高调介入南海问题，让中国猝不及防。中美实力对比的严重失衡还导致美国近乎随时可以在人权、西藏、台湾等问题上向中方发难，中方只能被动应对。

与中国对抗的菲律宾、越南和日本。在强化对华遏制的同时，美国还利用与中国的“接触”和合作加大对中国施压，使“软的变硬”，表现为美国在两国最容易合作的经贸领域对华全面施压。在金融上，美国在人民币汇率问题上接二连三地对华施压。在贸易上，美国对原产于中国的乘用车和轻型货车轮胎、无缝钢管、钢制车轮、太阳能电池板等诸多输美产品发起了一波又一波的“双反”调查，这使奥巴马成为冷战后对华采取贸易保护主义措施最多的美国总统，也使中美经贸摩擦呈现高频度、反复性、高端化等特征。不能不指出的是，自奥巴马上台以来，美国将经贸问题安全化的倾向越来越明显，表现为：美有意挑起人民币汇率之争以“迫使中国经济减速，维持美国作为世界第一经济大国的地位”；[①] 以国家安全为由阻止中国企业投资美国战略性产业领域，如对华为、中兴公司进入美国通信市场设限，封杀三一重工子公司对美国风电站的并购案；力推TPP，借此搅局中、日、韩、东盟业已开展的“东亚共同体”建设，主导亚太经济合作，从经济源头上制衡中国；通过诋毁中国对非投资和援助、推动大中东“民主革命”、对伊朗石油出口施加金融制裁等手段来扰乱中国对外投资和贸易的外部环境，增加中国从海外市场获益的政治风险和不确定性。奥巴马政府对华全面施压导致中美竞争加剧，双边关系在震荡中运行。

然而，美国对华强硬升级虽然导致两国关系紧张频仍，将两国卷入的地区危机频发，但并没有引发中美之间的“新冷战”或热战。在美国加强对华遏制的同时，中美两国利益深度交织的相互依存还在进一步深化。尽管奥巴马上台后中美在人权、台湾、西藏、网络、汇率、南海、钓鱼岛等问题上龃龉不断，但两国在经

① ［英］约翰·罗斯：“人民币升值将导致全球通货膨胀，不利经济复苏”，http：//finance. ifeng. com/news/special/rmb/hqcj/20100401/1998274. shtml.　（上网时间：2010 年 4 月 8 日）

济、安全、文化等各个领域的合作与交流仍在进一步发展。经济上，目前美国已超过深陷债务危机的欧盟，成为中国最大的出口市场，① 中国则是美国第二大出口市场。金融危机发生后中国连续多年成为美国出口增长最快的市场，美国对中国市场的依赖性逐渐增大，中美在贸易上相互依存的不对称性呈缩小之势。金融上，中国在金融危机后继续增持美国国债。在安全上，中美在朝核、伊核、反恐、能源、环境等全球性、地区性问题上基于共同利益继续开展合作。中美两大国的合作“虽然不能解决世界上所有的问题，但如果没有我们（中美）的合作，就很难解决任何问题”。文化上，据美国国际教育学会年度报告，2010—2011 学年中国留美学生人数比上一学年增长 22%，总人数近 15.8 万人，中国连续第二年成为美国国际学生的最大来源国。同期，美国赴中国留学人数增长 2%，接近 1.4 万人。与此同时，在美国学习汉语的学生突破 20 万。奥巴马政府还出台了扩大对华签证业务的政策。中美在经济、安全、人文等领域的广泛合作和利益深度交织催生了两国全方位、多层次的交往或接触机制。如今中美已建立 60 多种磋商机制，涵盖外交、经贸、金融、能源、环境、执法、人文和安全各领域，特别是中美战略与经济对话、中美人文交流高层磋商两个高级别机制，对双方加强沟通、增加相互了解、避免双边关系恶化都发挥着重要作用。中美之间这种利益深度交织、彼此接触频繁的状况使中美关系有别于冷战时期只有少量经贸往来和社会接触的美苏关系，从而有助于避免两国关系因意识形态迥异和实力差距的缩小而走向冷战深渊。此外，中美均为核大国，中国

① “EU and Chinese leaders meet in bid to solve trade row and debt crisis”, *The Telegraph*, 20 Septerber, 2012.

对美核威慑能力近年来也取得了长足的发展[①]。两国间的相互核恐怖威慑从根本上制约了中美在台湾、钓鱼岛、南海等问题上爆发热战。

综上分析，中美实力差距的明显缩小加剧了两国原本因意识形态对立而产生的战略互疑，使两国更难建立起互为朋友、彼此信任的“热和”关系。实力差距的缩小但仍严重不对称还催生了两国对对方强硬、甚至对抗的心态。在此种情形下，在双边关系中处于强势一方的美国将意识形态与西方迥异、经济总量跃居世界第二的中国视为“主要假想敌”，毅然实施“重返亚太”战略，加紧对华防范与牵制。美国对华全面施压导致中美战略性竞争加剧，双边关系频现紧张，东亚地区危机四伏。然而在两国关系紧张加剧的同时，中美在经济、政治、人文、军事等领域的接触、合作、交流、对话仍在继续，双方在经贸领域的高度相互依存和多种接触机制使两国避免了全面对抗的“冷战”。同时两国在一定程度上业已形成的核威慑均衡也使“热战”不能为彼此接受。就这样，中美关系自美国实施“重返亚太”战略以来，演变成了一种既非“热和”、又非“热战”、也非“冷战”，而是一种“冷和”状态中竞多于合、敌大于友、接近于冷战的“亚冷战”状态。

---

① 近来外媒盛传中国二炮于2012年7月试射东风41型公路机动的多弹头洲际弹道。参见 Paul Friddian, “China Reports DF - 41 ICBM Test-Launch”, *Armed Forces International's Lead Reporter*, August 29, 2012, http://www.armedforces-int.com/news/china-reports-df-41-icbm-test-launch.html.（上网时间：2012年9月2日）

三、中美“亚冷战”的未来趋向

“亚冷战”意味着与自冷战结束到2010年之前的中美关系相比，两国关系的紧张程度有所升高，对抗性有所增加，但还没进入彼此互为敌手的全面对抗的冷战阶段。从未来十年的发展趋势看，当前中美“亚冷战”演变为“热和”和“热战”的可能性非常小，基本上可以排除，理由是中美在社会制度、政治体制、价值观上的差异根深蒂固，严重制约了两国发展一种互为朋友的“热和”关系，除非出现共同的、现实的、来自第三方的重大威胁（如冷战时间的苏联威胁），否则中美很难超越意识形态分歧而建立起彼此信任的“热和”关系。而且当共同威胁消失后，社会制度、意识形态上的巨大差异又会成为两国互不信任、关系动荡的根本动因。此外，虽然中美在意识形态上对立、在亚太权力角逐和在台湾、钓鱼岛、南海等热点问题上的矛盾加在一起，有可能引发两国常规力量之间发生有限的、低烈度的军事冲突，但随着未来十年中国对美军事威慑能力（包括核威慑能力）的进一步提升，中美两个有核大国间大规模军事摊牌（热战）的可能性几乎可以排除。

未来十年两国关系延续“亚冷战”状态的可能性比较大。首先从两国国内政治生态来看，关注亚太、对华加强防范与遏制已成为美国两党共识。奥巴马在2012年总统大选中连选连任后即访问泰国、缅甸和柬埔寨，向国际社会释放出强烈的美国将深化“重返亚太”战略、保持其第一任时期亚太战略连续性的信号。最近美国攻击中国对美“网络袭击”则开辟中美“亚冷战”的新战线。随着日本大选后上台的自民党要求进一步加强日美军事同盟合作、中日钓鱼岛争端危机仍在持续，美国国会及政府“偏袒性介入”中日东亚领土争端的立场不会改变，美国有意利用钓鱼岛危机强化美日同盟、加强对中国牵制的战略不会改变。在经贸领域，随着中国加快向“自主创新”国家转变，美国在高端制造领域对来自中国竞争的警惕上升，继续借“国家安全”审查来阻止中国企业对美国战略性产业的投资，并在贸易领域加大对中国输美高端产品的“双反”调查。尽管由美国挑起的两国经贸摩擦有可能加剧，但美国不大可能挑起与中国的贸易战或对华实施经济制裁，让阻止两国陷入冷战的经济相互依存防线崩溃。中国在中共十八大召开后也会延续先前发展中美“建设性合作、互利共赢”关系的方针，努力维持对美“和而不同”、“斗而不破”关系的大局。其次，从两国国力对比来看，虽然按照两国经济现有的增长速度，未来十年中国在经济总量上与美国的差距将进一步缩小甚至超过，但军事实力的差距依然很大。美国在军事实力上的优势不仅使其有能力增加太平洋军力部署，而且也使其亚太盟国和伙伴国继续相信美国的军事保护或支持是可靠的。在经济实力优势逐渐丧失的情形下，美国将更加依靠军事实力的领先优势加强对华遏制，中美军事竞争加剧的态势难以缓解。再次，从两国利益交织的情况来看，美国国内经济复苏不稳定决定了美仍需要扩大对华经贸合作，以此拉动对华出口和提振国内就业。两国在经贸、人文、社会领域和全球性、地区性问题上的继续合作与交流将阻止两国因安全、地缘政治上的激烈竞争走向冷战对抗。最后，在美国持续“重返亚太”、中美国力差距进一步缩小的背景下，中国周边一些邻国对中国国力增长的恐惧可能会有增无减，它们会在安全上继续倚靠美国的军事保护或支持，在领土、海洋权益争端中继续对华强硬，由此导致中美关系不时处于紧张状态，但领土争端危机基本上处于可控状态。

尽管“亚冷战”会成为未来十年中美关系的常态，但中美亚冷战也有可能向“冷战”演化或回归美国“重返亚太”之前的以稳定为主的“冷和”状态，尽管向两个方向演变的可能性不大。下列因素将影响到中美亚冷战是否转向“冷战”或和解：

一是双方国内政治经济状况。金融危机后美国经济民族主义高涨，并给中美关系带来消极影响。若未来美国经济持续低迷不振，在高位运行的失业率得不到实质性下降，则美国仍有可能将中国当作自己经济不景气的替罪羊，将美对华贸易逆差和工作机会流失继续归咎于中国政府对出口补贴、中国操控人民币汇率等“不守规则”的贸易实践。从导致中美和解的因素来看，若美国债务上限持续水涨船高，债务危机无法有效缓解，则美国民众在外交上的内敛倾向势必加重，这有可能影响美国在亚太的战略投入，促使美国缓和与中国在亚太竞争的紧张态势。从中国方面看，伴随经济持续快速发展导致综合国力更加强大，中国国内要求政府在外交上采取强硬立场的民意也会增长。强硬民意有可能进一步压缩政府在领土争端危机上转圜的余地。

二是两国实力对比，特别是军事实力对比状况。未来十年不仅是中国在经济总量上进一步缩小与美差距的十年，而且也是中国在军事实力上快速追赶美国的十年。鉴于中国周边安全形势恶化和美国要竭力维护在亚太地区的军事优势，未来十年中美（包括美国的东亚盟友）军备竞争很可能加剧。军备竞争加剧有可能导致中美在地区热点问题上出现类似1996年台海危机的军事对峙甚至小规模军事冲突，也可能导致两国在安全领域的战略性竞争波及到彼此相互依存的经济领域，如双方寻找替代出口市场，避免经济利益受双边政治关系恶化的影响。如果将预测的时间从未来10年延长至20年，则中美军事实力差距有可能实质性缩小，从而形成两国真正意义上的军力威慑平衡，这不仅有利于慑止两国之间的军事冲突或热战，让美方最终放弃对台军售，而且有利于抑制美国的盟友、伙伴在领

土争端上倚仗美势挑衅中国的冲动，从而有利于防止第三方因素对中美关系大局的冲击，

三是亚太地区热点问题。东亚现已进入领土争端型民族主义勃发的时代。东亚民族主义已激发并将继续激发领土争端危机。由于美国“重返亚太”战略框架中的对华政策存在悖论，即美国在财力不支的情况下希望通过给予其亚太盟友军事、外交支持以借助它们牵制中国，而美国的支持实际上鼓励了其盟友在领土问题上对中国有恃无恐的挑衅，从而有可能将美拖入其本想避免的与中国的军事冲突。因此，未来十年不排除发生将中美卷入其中的亚太重大危机，如日本在钓鱼岛上修建军事设施或驻军引发中日军事冲突。台湾、南海、钓鱼岛等热点问题的失控有可能招致美国直接军事介入或对华全面制裁。

四是欧亚大陆其他地缘板块的局势变化。尽管未来十年难以想象欧洲会重现科索沃战争前的地缘政治乱象，但若出现欧盟债务危机再度恶化及处理争议导致某个成员国（如英国）最终退出欧盟、俄罗斯随着实力增强重新恢复对其周边地区影响力的情景，则欧洲“和平区”的安宁有可能被打破。当然最让美国忧心的是中东地区的反犹、反美的伊斯兰原教旨主义、恐怖主义和伊朗核问题。尽管美国竭力减少在中东的“纠缠”，但与以色列的盟友关系以及伊朗的核武野心都可能把美国拉回中东。未来欧亚大陆欧洲和中东板块的重大事变或事件（尤其是伊核问题可能引发的战争）必然吸引美国的战略关注，影响美国在亚太的资源投入，进而导致美对中国的战略压力减轻，中美在亚太竞争的紧张态势将得以缓解。

四、对策与展望

中美关系的“亚冷战”状态意味着美国已将中国锁定为其战略假想敌，并调集主要战略资源来遏制或平衡中国，除非中国愿意忍受自己的核心利益受损、听任和平发展的战略空间被压缩，否则，中国不得不采取应对措施以化解、减少、对冲美“重返亚太”带来的消极后果。在美强我弱，美已将中国视为主要战略竞争对手的情形下，中国应采取内外兼修、软硬结合、善于利用国际局势于我有利之变化的战略，以避免两国关系因美对华强硬升级而滑向冷战，具体建议如下：

1. 从软的方面讲，中国应继续韬光养晦，立足国内的发展与稳定，在外交上保持战略克制，多与美国周旋，勿对美的遏制行为做过激反应，如向被美打压的“问题国家”提供外交声援或武器支持，避免以硬碰硬。继续与美国开展军事交流，夯实防止两国因误判而擦枪走火的预警防范机制。继续与美在涉及两国共同利益的问题（如反恐、防扩）上合作。继续深化两国在经贸领域的相互依赖、互利共赢的关系，以此加大中美关系破裂的经济代价。

2. 从硬的方面来讲，中国应在发展经济的同时，坚定不移地、适当加速提升对美战略威慑力。伴随美国紧锣密鼓地“重返东亚”，中国周边环境趋于恶化，中美冲突的可能性增大，美国又具有压倒中国常规及核力量的优势，近来还宣布要在东亚扩建反导系统，因此中国在提升军力上应有紧迫感。虽然中国不能跟着美国的步调与美展开军备竞赛，但应意识到在尽可能短的时间内大力提升对美战略威慑力的重要价值。对于中国来讲，发展稳定、可信、有效的核威慑是确保本国安全的最终保障。目前，中国有限的核弹头及其穿透能力对美难以产生“相互确保摧毁”的威慑力，中国相对于美国数量稀少的远程核弹道导弹无法对美构成有效的战略核威慑。从理论上讲，若两国之间的常规战争不幸升级为核战争，中国有限的远程核导弹很可能在美国第一波打击中所剩无几，剩下的能打到美国本土的核弹头也很可能被美国逐渐开发成熟的国家导弹防御系统（NMD）和战区导弹防御系统（TMD）拦截，即使有漏网核弹落到美国，美国所遭受的损失很可能是一些城市的毁灭，这与中国遭受全面毁灭的代价相比让美国觉得可以承受。因此，中国亟待加强陆基、海基、空基三位一体的核打击能力，今后一段时间应重点发展海基和空基发射远程导弹能力。与此同时，中国亟需增加远程核导弹的数量，将核武库的规模至少扩充到美国核武库 1/2 的水平（美国目前约有 2000 枚处于战备状态的可打到中国的核导弹）。只有远程核导弹数目达到一定的程度，才能建立起威慑美国的“第二次核打击能力”，才能在对方第一波打击后有足够幸存下来的核导弹来突破美国只能实施有限拦截的 TMD 和 NMD。在这方面可借鉴俄罗斯的核战略学说。美国及其西方盟友在俄罗斯对格鲁吉亚动武后之所以缺乏有力的反制措施，很大程度上并不是因为缺少武力介入的意图，而是忌惮或恐惧俄罗斯可观、可信的核威慑实力。俄罗斯在其国家安全战略中经常强调俄将不惜动用核力量来捍卫广袤的国家领土，令美国、西方及其周边国家胆寒。而且，若中国建立起可靠的核报复力量，美国也会减少利用其常规力量优势敲诈中国对其让步的筹码，也会增加美国的亚太盟友对美提供可靠核保护承诺的怀疑，进而减少它们倚仗美势挑衅中国的冲动。当然，大力提升核威慑能力并非放弃常规力量的现代化。在常规力量建设方面，中国应在尖端武器装备开发方面瞄准美国，在一些标志性武器项目领域（如第五代战机、超高音速导弹、核动力航母等）缩小与美国的武器代际差异。总之，只有培育起强大的军事威慑力才能让美国真正尊重中国的核心利益，使美国在援助其挑衅中国的盟友、伙伴时有所顾忌，而且还可减少其盟友或伙伴在领土主权问题上挑衅中国的冲动，增加它们在中美之间“选边站”的困难。

3. 在周边热点问题上戒急用忍，勿让争端失控。中国周边热点（朝核、钓鱼岛、台海、南海）问题的爆发往往为美国增加前沿军事存在、强化其东亚同盟体系、拓展对华施压的伙伴关系网提供契机。因此，中国应尽可能控制周边热点问题，避免其失控，以免招致美国的干预或介入导致中美关系紧张或恶化。为此，在中美关系中最重要的台湾问题上要戒急用忍，目前宜维持台海现状，继续走渐进统一的路线。在南海问题上，中国在继续发展与东盟经贸合作的同时，加大对柬埔寨、老挝、泰国与缅甸等非主权声索国的经济援助和政治友好往来，让它们在南海问题上保持中立，以此挫败越南、菲律宾等声索国绑架东盟集体对付中国的图谋。对越、菲的挑衅应主要运用有强大军事威慑力做后盾的准军事力量加以遏制。对日本强化钓鱼岛实际控制的冒险行为则综合运用外交、文宣、准军事执法、经济等手段予以反制，必要时不妨采取战争边缘政策倒逼美国出手约束日本，让其盟友勿得寸进尺。

4. 加强与俄罗斯在应对美国反导体系及中东、中亚地区事务上的战略合作。美国对俄罗斯总统大选横加指责、在东欧执意部署反导系统、支持叙利亚反对派武力推翻巴沙尔政权、支持非政府组织对俄“颜色渗透”，美上述这些打压俄罗斯的举措使其与遭受美“重返亚太”战略打压的中国走到一起，促成中俄在叙利亚问题上的联手合作。美国在东欧、东亚同时部署反导系统的行为有可能迫使中俄下一步在应对美国反导系统上开展战略性合作。同样，美国及其西方盟友对伊朗的进逼也可能导致中俄的反制。中国在中东、中亚事务上与俄在安理会的协调合作有助于牵制美国在亚太对中国的战略压力。

5. 善于利用重大意外事件，化解中国对美外交困境。从历史的经验看，每当中国处于被美紧逼、中国外交回旋余地大大缩小、双边关系几近摊牌之际，大都有重大意外事件、危机让中美关系转向或降温。如“9·11 事件”让小布什新保派放弃中国是美国“战略竞争对手”的定位，转而与中国发展“建设性合作关系”。2010 年美国图谋建立对人民币汇率进行多边施压的“国际统一战线”，然而欧洲债务危机的爆发为中国通过援助欧洲打破美国动员国际社会对人民币汇率政策集体施压提供了契机。2011 年正当美国在亚太对中国连出重拳、加紧构造对华战略合围之际，北约轰炸巴基斯坦检查站、西方对叙利亚、伊朗的步步紧逼和对俄罗斯选举的横加指责等招致巴基斯坦、俄罗斯的强硬反击，这些事件显然至少暂时分散了美国对亚太的战略关注和精力，减轻了对中国的战略压力，从而使陷入困境的中国在外交上获得了转圜的空间。因此，面对美国“重返亚太”给中国施加的战略压力，中国一方面要低调培育自己的国力，一方面应善于利用国际局势演变中的突发性事件摆脱被美紧逼的外交困境。随着全球化的更加深入，世界局势越来越复杂，重大突发性事件呈多发趋势，中东、欧洲地缘板块的突发性重大事件将会分散美国的战略资源和精力，有利于减少中国在亚太所遭受的美国战略压力。

6. 开展预防性外交，提升危机管控的能力。在争端趋于恶化时，为避免事态激化，中国有必要派政府、军队高官出访华盛顿，或试探美国的态度，摸清美国的底牌，或向美表达中国在相关问题上的不容妥协的坚定立场和政策底线，逼美国约束其盟国，或向美国阐明自己的相关应对措施，以打消美方的疑虑。如在中日钓鱼岛事件趋于激化时，一批解放军少壮派军官访问五角大楼，反对美国将钓鱼岛纳入美日同盟保护范围。虽然此次出访是应美方邀请，但中国应邀出访也不失为一种与美沟通、防止事态激化的预防性外交。

7. 加强对国内民族主义情绪的疏导和引导，增强对国民的国际关系知识教育，加强对网络舆情的科学引导，勿让非理性、偏激的舆论冲击、左右国家在相关问题上的理性外交决策。

五、结语

自美国“重返亚太”以来，越来越多的迹象显示中美关系正走向一种“亚冷战”状态。处于“亚冷战”状态下的中美关系呈现出战略互疑增长、竞多于合、敌大于友、表里不一、双边关系频现紧张、危机管控常态化等特征。中美实力差距明显缩小但仍严重不对称，美国“重返亚太”突出其对华“接触+遏制”总体战略中“遏制”的一面，两国利益深度交织的相互依存等因素驱动中美形成“亚冷战”关系。中国应积极应对未来中美“亚冷战”仍将持续的局面，力避中美“亚冷战”滑向新“冷战”。

第五章

霸权护持：奥巴马政府的国际经济战略[①]

2008 年 9 月，由次贷危机所引发的金融危机在美国全面爆发，它所带来的巨大冲击使美国的世界经济霸权地位遭遇了 20 世纪 70 年代以来最严峻的挑战。这种挑战突出表现在，美国在 20 世纪 90 年代兴起的信息革命中建立起来的先发优势随着泡沫破灭和赶超国家的崛起已不再明显之后，美国经济地位的另一个重要支柱——金融和货币霸权——也因为危机而遭到全面质疑。

在建国以来的 200 年里，美国经济实力一直处于上升态势，并在 19 世纪末 20 世纪初彻底奠定了全球的经济霸权地位，这种地位经过两次世界大战之后进一步巩固和强化。20 世纪 70 年代开始，美国在传统制造业领域，特别是钢铁、纺织、汽车和电子这四大产业，遭遇了来自日本、德国及其他新兴国家的强力挑战，这种态势一直延续到 20 世纪 80 年代。传统制造业的衰落直接引发了美国国内关于美国霸权衰落的大讨论，直到 20 世纪 90 年代，促成"克林顿繁荣"的信息革命在美国集中爆发，才遏制了这一波的衰

① 本文曾发表于《外交评论》2013 年第 3 期，转载时略有改动。

落浪潮。进入21世纪以来，美国信息经济的泡沫宣告破灭，布什任期里的两场反恐战争极大地削弱了美国的软实力，而2008年金融危机的爆发对美国的金融霸权又构成了比较沉重的打击。美国制造业霸权和金融业霸权在过去40年时间里，先后遭遇外来和内在的挑战，美国享有了一个多世纪的世界经济霸权地位，出现了强烈动摇的趋势。

为此，在危机中走马上任的奥巴马政府在国内和国际，通过一系列具有战略性和策略性的举措来应对经济霸权可能出现动摇的前景，以重现当年富兰克林·罗斯福总统在危机中“重新挽救美国”的辉煌。

本章从全球、区域和单边三个层面全面梳理奥巴马政府第一个四年任期内的国际经济战略，考察其对护持美国经济霸权地位的意义。笔者认为，奥巴马的国际经济战略与其国内经济举措相辅相成，共同构成了美国应对危机的战略双轴，并且确实在危机中稳定了美国经济霸权的阵脚。在此基础上，笔者认为，奥巴马在下一个四年里将会进一步突出经济问题在外交中的重要地位，美国为实现经济复苏而采取的国际行为将更富有自利主义色彩。

一、推动包容性的全球经济治理

布什政府的对外政策以强硬的单边主义著称，其国际战略的重点一直集中于反恐，并且给美国外交留下了诸多“负资产”。具体到经济方面，在布什任内，美国政府并没有在全球层面展开任何有建树的国际经济治理方面的合作，其对外经济政策内容总体上是相当

"沉闷而乏味"的。①

在2008年金融危机的压力下，奥巴马政府在对外政策上表现出更加鲜明的多边色彩，一度被冷落的全球经济治理再次成为热门词汇。由于在危机条件下并不是推动自由贸易的良好时机，奥巴马政府在贸易领域依然没能促使多哈谈判取得进展。但是，奥巴马政府却积极推动一个更具包容性的全球经济治理机制的形成，将传统上一直处于边缘地位的新兴国家纳入全球经济治理的框架中。二十国集团（G20）从部长级会议向首脑峰会的升级虽然是在布什政府任内实现的，但却是在奥巴马政府时期被正式确立为国际经济治理的核心平台。奥巴马政府对G20的支持，使得它逐渐取代G7/8平台，从而实现了国际经济治理机制的一次重大制度变迁。②

但是，奥巴马政府对G20的支持并不是无条件的，也并非怀着改革国际金融秩序的良好愿望来支持G20。美国真正的战略目的是试图通过G20这一新的更具包容性的制度框架，特别是承诺对国际货币基金组织（IMF）和世界银行的份额权进行改革，来安抚处于不满状态的新兴国家，并诱使它们支持美国领导的危机"反击战"。

这次危机本由美国次贷危机而起，即便是演变到2008年9月15日雷曼兄弟倒闭，也只是美国金融机构的危机。但是在G20框架下的集体讨论中，美国成功将"美国金融危机"在话语上转化为"全球金融危机"，其目的就是以经济全球化为幌子，促成其他国家特别是新兴国家随着美国的指挥棒而舞，共同出力出钱，来协助美国应

① 李巍：《制度变迁与美国国际经济政策》，上海：上海人民出版社，2010年，第257—281页。

② 崔志楠、邢悦：《从八国集团到二十国集团：国际金融治理机制的变迁》，《世界经济与政治》，2011年第1期。

对金融危机。[1] 因为奥巴马政府已经切实认识到，单靠 G7 的传统力量，已经无法有效阻遏金融危机的深度恶化。具体而言，美国希望利用 G20 这一框架来实现如下战略目的：

首先，促成 G20 主要经济体采取协同经济刺激计划，共同应对危机。奥巴马就任总统第一个月就签署了 7870 亿美元的刺激法案，为超过 95% 的美国工人减税，同时将资金大幅投入医疗、教育、能源、基础设施和援助“经济萧条”的受害者。这是典型的凯恩斯主义经济学，运用公共资金振兴私营部门。[2]

但是，在经济全球化背景下，如果仅仅只有美国一个国家采取经济刺激方案，效果将会大打折扣，因此，美国需要其他国家的支持和配合。2009 年 3 月，在奥巴马宣誓就职之后的首次 G20 财长和央行行长会议上，美国积极支持会议达成共识，认为政府的扩张财政政策对支持经济增长和增加就业至关重要；另外，在必要的情况下，各国央行将继续推行扩张的货币政策，动用一切货币政策手段，甚至是非传统的手段。[3] 此后，包括中国在内的各主要国家和地区都采取了刺激性的经济政策，包括财政政策和货币政策。在 2009 年的两次 G20 首脑峰会和多次财政和央行行长会议上，美国最主要的战略诉求就是维持经济刺激方案。[4] 2010 年，加拿大峰会之前，针对许多欧洲国家大幅削减开支以应付预算赤字的举措，奥巴马专门致

---

① 美国外交软实力中的一项很重要的内容就是这种话语转换能力，对于该问题的精彩分析，参见孙吉胜：《语言、意义与国际政治》，上海：上海人民出版社，2009 年版。

② Michael Grunwald，“Think Again：Obama's New Deal”，*Foreign Policy*，September/October 2012，http：//www.foreignpolicy.com/articles/2012/08/13/think_again_obamas_new_deal.

③ 《G20 财长会议：必要时用一切货币政策刺激经济》，中国新闻网，http：//money.163.com/09/0315/08/54EBREP500252G50.html。

④ 《二十国集团承诺保持经济刺激》，http：//news.xinhuanet.com/world/2009-11/09/content_12414063.htm。

函给二十国集团领导人，要求继续维持刺激计划，以促进经济增长。

美国借助 G20 框架劝说其他国家都采取“凯恩斯主义”的经济刺激方案，实际上是对美国从上世纪 80 年代以来一直在国际层面推销“华盛顿共识”的逆向而行。奥巴马政府在国际舞台上对经济意识形态大旗的改弦易辙充分表明，美国对经济理念的国际推广，很大程度上都是基于自身利益的需要，而并非对一种“科学理论”的坚守和信奉。

其次，说服 G20 成员国共同维持美元稳定，防止其他国家抛售美元，从而伤害美元霸权地位。金融危机全面爆发之后，美国政府不断注资拯救陷入困境的金融机构和大型企业，这些政策都将增加美元发行，从而使美元不断贬值。不仅如此，美国财政刺激计划加剧了美国政府的债务风险，进一步恶化了美元前景。而世界上许多国家都持有巨额的美元资产，美元贬值将会给持有美元资产的国家造成严重损失。世界主要美元持有国都对美元前景充满忧虑。

2009 年 3 月，中国央行行长周小川发表文章称，用“超主权货币”替代美元的霸权地位，如重磅炸弹在国际社会引起强烈反响。美国媒体纷纷将之视为中国在金融危机中要增加话语权的迹象，同时也担忧美元或将失去在国际货币体系中的主导地位。对此，奥巴马立即回应，3 月 24 日晚在白宫举行的其就职以来第二次黄金时间电视新闻发布会上如此表示：“我认为没必要设定一种世界货币”，“美元现在特别强劲”。①

在这种情况下，美国在 G20 峰会上另外一个重要目的就是，安抚其他美元持有国的忧虑，用“全球化”以及“共同利益”等话语，来劝说各国齐心协力拯救美国经济，继续支持美元，否则其他国家也会因为美元崩溃而遭受巨大损失。这集中体现在购买美国国

---

① 《G20 伦敦峰会关键词：美元霸权》，http://news.xinhuanet.com/world/2009-04/02/content_11119613.htm。

债上。美国财政若要在危机中发挥凯恩斯主义的角色，就需要世界各国购买美国国债，为美国政府的海量支出融资。因此，美国需要G20的其他成员步调一致，继续持有而不是大量抛售美国国债，只有这样才能保持美元地位的稳定，稳住美国经济。

再次，推动实现全球经济再平衡，为美国的出口倍增计划服务，从而加强保护美国的中产阶级。2010年1月，奥巴马在其发表的首次国情咨文中提出五年内将美国出口翻一番的目标，① 为了实施这一计划，奥巴马政府投入了大量的公共资源，除了大量双边商务外交手段，包括针对中国的商务外交手段之外（最明显的就是派遣原商务部长出任驻华大使），最重要的一个手段就是在G20框架下，呼吁主要贸易大国促进全球经济重新平衡，要求贸易伙伴国提高环保和劳工标准，确保和执行各项贸易协定，使美国企业公平地进入海外市场。

2010年韩国首尔峰会前夕，奥巴马致函呼吁G20领导人支持G20财长们上个月达成的一个立场，也即反对“货币争相贬值”和反对顺差国与逆差国之间“过度的不平衡”。他说：“如果我们通力合作，避免出现这场危机前夕那种削弱全球经济的不平衡情况，那么我们就可以帮助全球经济复苏。”奥巴马说：“要实现强大、实质性和平衡的经济复苏，大家就必须目标一致，因为任何单一的国家都做不到。”②

最后，美国希望利用G20，确立全球通用的金融监管框架。这次危机的根源之一是美国金融监管过度放松。作为金融全球化的主

---

① 当年3月，奥巴马政府正式提出“国家出口倡议”，并成立了总统出口委员会，由美国飞机制造业巨头波音公司首席执行官吉姆·麦克纳尼和施乐公司首席执行官乌尔苏拉·伯恩斯担任负责人。

② 《美国操纵美元惹众怒 奥巴马发函降温》，http：//finance. huanqiu. com/roll/2010－11/1245955. html。

要推动者，美国对金融机构和金融市场创新的监管越来越宽松，在这种宽松的环境下，其投资银行、商业银行和对冲基金等金融机构高杠杆运营，在全球其他国家进行各种投机操作，屡屡得手。由于这些机构在全球运行，可以通过内部交易或者跨国资本交易来逃避世界各国的金融监管，因此统一监管标准，规范国际金融活动则成为奥巴马政府在国内加强金融监管政策的重要国际条件。

美国希望在加强金融监管的同时，继续掌握监管规则制定的主动权。如果放弃主动权，美国在国际金融体系中的霸权地位将会被极大撼动，这是美国金融资本所不愿看到的，而这恰恰是 G20 其他成员国的金融资本的诉求所在。因此，通过 G20 在全球确立对自己有利的金融监管框架也是美国的重大战略目标。

上述四大战略都是为美国的利益服务的。美国希望借助经济全球化，说服其他国家基于所谓“共同利益”、“同舟共济”，一起为美国金融危机埋单。但是，在 G20 框架下，其他国家特别是新兴国家有着自己独立的利益诉求，尤其体现在改革既有国际金融机构，增强新兴国家发言权，以及改革既有国际货币体系，约束美元霸权地位这两大方面。对于前者，美国作出了改革许诺，并且迫使欧洲国家和日本对新兴国家进行了一定程度的份额权让步。2010 年 12 月，IMF 理事会就已经确定了出资份额的改革方案，准备将新兴经济体的出资份额从 3% 提高到 9% 。改革之后，中国将成为 IMF 第三大成员国，份额最大的十个成员国中将有四个新兴市场和发展中国家（巴西、中国、印度和俄罗斯）。但由于美国等西方成员国拖延履行其国内法律程序，改革方案的审批程序至今还没有完成。即便是改革得以完成，美国仍然以超过 15% 的第一大份额和投票权，控制着 IMF 的重大决策。①

① 相关分析，参见黄仁伟：《全球经济治理机制变革与金砖国家崛起的新机遇》，《国际关系研究》，2013 年第 1 期，第 58—59 页。

而对于后者，美国却是阳奉阴违，基本无所作为。在美国的主导下，IMF 和 G20 等全球经济治理机制没有对监督美元、国际货币多元化展开任何有效的讨论，美国反对提升 SDR 的国际货币功能，并且阻止将中国人民币纳入 SDR 的篮子货币中。

G20 对于稳定全球金融危机最大的贡献可能体现在它促使主要国家协同推出经济刺激计划，全球主要国家集体使用凯恩斯主义来应对危机。但随着美国度过了金融危机的危险关口，美国对 G20 的支持也开始下降。G20 的众多国际经济治理目标也没能实现，其前途走向颇令人担忧。

二、介入排他性的区域经济整合

在奥巴马第一个四年任期里，美国全球战略方向发生的一个重要调整就是抽身中东等动荡地区，重点加强对亚太特别是东亚这一新兴地区的关注；其战略重心由在中东反恐转变为在东亚制衡崛起大国。这就是所谓的美国“再平衡战略”。无论在政治上还是经济上，奥巴马都体现出“重返亚太”的战略特征。①

在政治层面，奥巴马政府一反布什政府对东亚峰会的冷漠，宣布接受邀请加入东亚峰会，成为其正式成员国，并且加强了与传统盟国的关系，频繁介入东亚国家的领土和领海争端，以引诱东亚小

① 近年来关于美国“重返亚太”的讨论层出不穷，参见陈雅莉：《美国的“再平衡”战略：现实评估和中国的应对》，《世界经济与政治》，2012 年第 11 期，第 64—82 页。

国重新追随美国。[①] 2012 年 11 月，奥巴马还首次访问了缅甸。

在经济层面，奥巴马政府则通过在亚太经合组织（APEC）的框架下积极推动跨太平洋战略经济伙伴关系协议（Trans-Pacific Partnership Agreement，TPP）的谈判，来重建美国在亚太区域经济合作中的领导地位，防止东亚地区出现排他性的经济集团。TPP 原是新加坡、智利、文莱和新西兰这四个 APEC 小国在 2006 年签订的一项多边自由贸易协定。伴随东亚地区的经济发展以及 10 + 3 框架下的东亚经济合作不断取得进展，特别是中国—东盟自由贸易区的建成，美国开始忧虑自己被排除在亚洲之外，尤其担心中国成为亚太经济版图上的“主宰者”。2009 年奥巴马在新加坡举行的 APEC 峰会上，宣布加入 TPP 谈判，并试图把它改造成一个实现零关税、零壁垒的高层次区域自由贸易架构。为了扩大声势，美国还拉拢了澳大利亚、秘鲁、越南和马来西亚加入集体谈判。2012 年 10 月，北美自贸区的另外两个成员国墨西哥和加拿大宣布加入 TPP 谈判，从而使该机制更加引人注目。不仅如此，美国从 2010 年开始力邀日本这个重量级的经济体加入谈判，日本最初犹疑不决，但在中日关系恶化的巨大战略压力之下，日本终于在 2013 年 3 月正式宣布加入 TPP 谈判。[②]

TPP 是美国通过 APEC 塑造亚太地区经济结构失败后的又一次卷土重来，是落实在经济上“重返亚太”战略的重要举措，它对美国有着多重战略意义。首先，它有利于扭转美国在亚太地区经济一体化中的被动局面，通过加大对该地区经济合作的深度介入，继续

① 2010 年，美国国务卿希拉里作为观察员国代表首次参加了东亚峰会；2011 年和 2012 年，美国总统奥巴马作为正式成员国代表先后参加了在印尼和柬埔寨举行的东亚峰会。

② 对于日本加入 TPP 谈判最初的犹豫不决，参见王广涛：《日本 TPP 政策之困》，《国际政治科学》，2012 年第 4 期，第 63—90 页。

保持美国对相关规则的主导权，并且防止在东亚出现一个将美国排除在外的经济集团；其次，亚太地区是世界上经济增速最快的地区，广阔的市场前景为美国出口倍增计划提供了实现的可能；再次，通过经济合作达到密切政治关系、强化既有联盟体系、争取潜在联盟国家的目的，通过对亚太地区权力关系进行重新分化组合，防止权力结构失衡而危及美国的利益。美国希望在上述基础上通过 TPP 继续保持美国对亚太地区经济、政治和安全事务的主导，使 TPP 成为美国“太平洋世纪”的重要制度基础。

尽管 TPP 谈判到目前为止并没有取得突破性的进展，但是美国通过这一战略性的行动，确实成功阻滞了东亚经济地区主义的步伐。①

除了大力推动 TPP 谈判之外，奥巴马第一任期的另外一项贸易成就是促成国会通过了和韩国的自由贸易协定（FTA），以配合美国的出口倍增计划和亚太经济战略。早在 2007 年，美国就已经和韩国签署了自贸协定，但一直没有得到国会的批准。2011 年 10 月，在奥巴马政府的积极推动下，美国国会终于批准了美韩自由贸易协定。2012 年 3 月 15 日，美韩 FTA 正式生效，这是美国近二十年来最具有商业价值的自贸协定。

美韩自贸协定的生效对美国的国际经济和政治战略都具有十分重要的意义。在经济上，它构成美国打入亚太经济核心地带的一枚重要棋子，为美国与其他亚太经济大国的 FTA 谈判提供了规则样板。同时由于韩国较大的经济规模，它也对美国贸易和经济增长产生实质意义。根据美国国际贸易委员会的预估，美韩自贸协定生效所带

① 相关评论，参见李巍：《东亚经济地区主义的终结?》，《当代亚太》，2011 年第 4 期，第 27—30 页。

来的关税削减和非关税壁垒降低，将为美国增加100—120亿美元的GDP。[①] 而在政治上，它有利于加强美韩同盟，巩固美国在亚太的战略性存在。[②]

除了贸易之外，美国对于东亚金融地区主义和东亚货币合作保持高度警惕。作为美元资产的最大海外持有者，美国一直十分担心中国和日本迈出具有实质性意义的货币合作步伐，在东亚建立一个独立于美元的东亚货币区，而东亚地区减少对美元的使用将是对美元全球霸权的重大威胁。美国对处于初步阶段的中日货币合作和中日韩自贸区谈判，都保持着高度的警惕状态。美国暗地里积极介入中日钓鱼岛之争，虽然没有确切证据表明美国图谋通过分化中日政治关系进而瓦解中日经济合作，但它在客观上拖延了中日金融合作、减少双方美元依赖的步伐。

在奥巴马政府第一任期内，美国一方面对东亚异常热络、积极作为；另一方面，却对欧盟保持了故意“冷漠”。这一热一冷折射出美国区域经济战略的基本格局。2010年底，由希腊引发的欧洲债务危机全面爆发，一时之间，围绕欧元命运的讨论甚嚣尘上。在欧洲饱受债务危机煎熬时，美国却对其传统盟友袖手旁观，并没有主动发起任何国际倡议来协助解决欧债危机。相反，美国的三大评级公司还不断下调部分欧洲国家的信用评级，客观上对欧债危机的蔓延和恶化起了推波助澜的作用。尽管我们目前还没有确切证据来说明美国评级公司与美国政府的关联性，但美国政府对驰援欧元的态度十分消极却是基本事实。美国不断强调欧债危机的解决应由德国等欧洲大国来负责，这与美国号召全球来共同应对美国自身的金融危

---

① 参见美国贸易代表办公室网站，http://www.ustr.gov/trade-agreements/free-trade-agreements/korus-fta。

② 参见崔荣伟：《联盟转型与<美韩自由贸易协定>》，《国际论坛》，2010年第3期，第19—24页。

机形成了鲜明对比。

冷战期间，美国出于对抗苏联威胁的需要，对欧洲的区域经济整合持积极态度。但随着欧盟在经济上逐渐走向内向化，美国商品和服务越来越在欧洲市场上遭遇歧视性待遇，美国的态度发生了重大变化。20 世纪 90 年代初，美国不惜发起 APEC 和北美自由贸易区来对欧盟的贸易主义施加压力。而进入 21 世纪，随着欧元的诞生并对美元构成潜在挑战，美国对欧洲一体化进程开始持有日益加深的负面态度。有中国学者认为，当欧洲人试图通过创建欧元来改变世界货币体系的基本格局，从而对美元的国际霸权构成挑战时，美国就再也无法容忍了，通过操纵各种货币杠杆来对欧元的国际地位进行打压。①

2010 年的欧债危机给美国提供了千载难逢的机遇。一方面，欧债危机分解了美国的压力，2009 年国际社会对美国的指责甚嚣尘上，而 2010 年随着欧洲也陷入危机，美国的舆论压力减轻了；另一方面，在当下阶段，能够对美国金融地位尤其是货币地位构成实质性威胁的就是欧元，2009 年美国十分担心其他国家抛弃美元资产转投欧元资产，从而造成美元的崩溃，而随着 2010 年欧债危机的爆发，这种对美元被彻底替代的担忧也完全解除了。② 欧债危机的爆发给了美国一根救命稻草。

但是，随着全球战略环境的变化，美国对欧洲的冷漠从 2013 年开始得到改变。在美国总统奥巴马成功获得连任之后仅几天内，包括德国总理默克尔、英国首相卡梅伦在内的许多欧洲领导人就开始

---

① 华民、刘佳、吴华丽：《美国基于美元霸权的金融“核战略”与中国的对策》，《复旦学报》（社会科学版），2010 年第 3 期，第 66 页。

② 最近一篇评论再次表达了这种对美元的乐观态度，认为美元终将被某种货币取代，但这种货币不会是欧元。参见 Matthew Lynn，“What Currency will Challenge the Dollar?” April 10，2013，http：//articles. marketwatch. com/2013 - 04 - 10/commentary/38415150_ 1_ euro - zone - bank - cyprus - crisis - u - s - dollar。

力促奥巴马推动双方自由贸易协定，希望通过消除美欧之间的贸易摩擦，提供某种急需的经济增长。[①] 2013 年 2 月 12 日，奥巴马在其第二个任期的首次国情咨文中宣布，美国将积极响应欧盟多年来寻求与美国建立自贸区的努力，正式与欧盟启动自贸区谈判。时隔两天之后的 14 日，美欧双方分别在华盛顿和布鲁塞尔发表联合声明，宣布在今年 6 月正式展开“跨大西洋贸易与投资伙伴协议”（Transatlantic Trade and Investment Partnership，TTIP）的谈判，以最终建立美欧自由贸易区。根据拟定的时间表，美欧 FTA 谈判如果在两年之内无法完成，将自动终止。这一行动是奥巴马政府继 TPP 之后又一重大的对外经济战略，它有可能深刻影响全球经济格局。

无论经历金融危机打击的美国还是被债务危机折磨的欧盟，都有动力和意愿通过取消关税或降低非关税壁垒来扩大市场准入，进而改变经济颓势。不仅如此，美欧推动自贸区谈判还存有全球性战略布局的共同诉求。二战以后，全球贸易体系基本上由美欧主导，但近十多年来国际贸易格局发生了许多重大的变化，新兴国家在国际贸易谈判中的地位上升，各种地区性的 FTA 不断涌现，多哈回合谈判十来年一直未见突破，美欧对于全球贸易的影响力日渐衰退。正如美国国家情报委员会发布的题为《2030 年全球趋势：可能的世界》的报告中所言，如果目前的趋势保持下去，亚洲的全球势力很快就将超越北美和欧洲。[②] 在这种情况下，美欧希望通过构建双边自由贸易关系，夺回在全球贸易体系中的领导者地位。世界上两个最大的经济体达成自由贸易协定，将继续确保他们在国际贸易规则制定中的主导角色。

---

① “Obama's Trade Pivot to Europe and Asia”, interview with Jeffrey Schott, http://www.iie.com/publications/interviews/pp20121112schott.pdf.

② National Intelligence Council, “Global Trends 2030: Alternative Worlds”, http://www.dni.gov/index.php/about/organization/national-intelligence-council-global-trends.

与TPP谈判成员国政治经济差异较大不同，TTIP谈判双方共享基本的民主价值观，而且经济水平、经济制度都大体相似，因此，TTIP的谈判很可能比TPP的谈判更加顺利，进展也更加迅速。[①]

总之，在亚太地区，美国积极推动TPP，以实现在经济上“回归亚洲”的战略意图；在大西洋地区，在美欧之间特殊的政治与军事联盟的关系上，美国通过TTIP进一步夯实和提升美欧的经济纽带。这样，美国就形成了以北美自由贸易区（NAFTA）为躯干，以TPP和TTIP为两翼的战略格局，它将继续稳固美国在全球贸易版图上的中心位置而不受经济崛起国的挑战。同时，在金融上，美国通过冷对欧债危机削弱欧元地位，对东亚和金砖框架下的区域金融和货币合作保持密切关注且设置障碍，来确保美国的金融优势特别是美元地位不受动摇。这两方面共同构成了美国区域经济战略的核心内容。

三、实施自利性的单边经济行为

除了在全球层面推动国际经济治理机制变革，以有效动员国际社会的集体力量共同应对危机，并在区域层面不断介入其他地区经济整合、加强美国的区域主导地位之外，美国还在单边层面以货币政策、贸易政策、投资政策和能源政策多管齐下，帮助美国经济度过难关。对于美国的有些政策主张不能在全球或区域等多边层面得到足够支持，美国从来不吝使用更加灵活的单边行动来达到自利的

---

① Stuart E. Eizenstat, “A New Transatlantic Partnership”, April 2013, http://esharp.eu/essay/23-a-new-transatlantic-partnership/.

目的。

首先，在单边层面，美国经济政策的最重要内容就是不断适时推出量化宽松政策（Quantitative Easing），借助美元作为国际主导货币之利，对外转嫁危机。2008 年 11 月 25 日，在布什即将离任之际，美联储宣布，将购买房利美、房地美等政府支持企业的直接债务及其他抵押债券，这标志着美国首轮量化宽松政策的开始。量化宽松政策虽然由相对独立的美联储直接做出，但是却一直得到奥巴马政府的积极支持，因为奥巴马政府是该政策最直接的受益者。在此后四年时间里，美国不顾其他国家反对，先后出台三轮量化宽松货币政策。

表 1　美国三轮量化宽松货币政策

	时间	内容
第一轮量化宽松	2008 年 11 月 25 日至 2010 年 4 月 28 日	美联储在首轮量化宽松政策的执行期间共购买了 1.725 万亿机构抵押贷款支持证券、机构债和较长期国债
第二轮量化宽松	2010 年 11 月 4 日至 2011 年 6 月底前	购买 6000 亿美元长期国债，每个月购买额为 750 亿
第三轮量化宽松	2012 年 9 月 15 日启动	每月购买 400 亿美元机构按揭证券（MBS），但未说明总购买规模和执行期限

尽管量化宽松政策的具体内容各不相同，但其实质就是变相地通过印钞来解决美国相关机构的债务问题。同时，它也旨在通过向市场注入资金来降低市场利率，刺激经济增长。由于美元具有无可匹敌的国际地位，新增的美钞只有约三成流通于美国市场内部，其余约七成将流通于国际市场，它是一种具有重要国际影响的单边经济政策。美国的量化宽松政策不仅推高了以美元计价的大宗商品（包括黄金、原油、成品油、白银、铜）的价格，而且还将推高全世

界的通货膨胀，尤其对新兴国家经济负面影响甚大。美国的这一行为受到国际社会的广泛批评。①

但对美国而言，量化宽松政策实际上稀释了美元储备持有国的购买力，是一种变相的财富转移。在欧债危机愈演愈烈之时，美国政府的债务也已经高达占 GDP 的 100%，但美国却没有发生欧洲那样严重的债务危机，一个重要原因就是美国采取通货膨胀和美元贬值“变相违约”方式，转嫁了美国债务危机风险。事实上，量化宽松的最大作用就是稀释美国真实的经济负债，让美元持有国共同承担了美国的经济调整成本。其运作机制就是先将“私人债务国家化”，然后将“国家债务国际化”，从而稳定了美国金融体系的阵脚，防止了美国私人金融机构的进一步恶化。不仅如此，量化宽松政策通过向市场注入流动性资金，压低市场利率，有利于刺激美国实体经济的复苏。

其次，贸易政策方面，美国频繁打着“公平贸易”的旗号来实施“双反”（反倾销、反补贴）措施，通过打击进口来为制造业复兴保驾护航；同时，大力实施“出口倍增”计划，助推美国制造业复兴。②

从总体上看，在贸易上，美国的民主党通常比共和党更具有保护主义色彩（克林顿政府时期是一个显著的例外）。奥巴马上台伊始的贸易政策是模糊的，体现了其试图在自由贸易和贸易保护主义之间寻求平衡，但在这个平衡的过程中，奥巴马政府贸易政策的保护主义色彩越来越浓厚。这表现在：消极对待多边贸易谈判，越来越

① 《二十国集团成员批评美国量化宽松政策》，新华网，2010 年 11 月 10 日，http://news.xinhuanet.com/world/2010-11/10/c_12759643.htm。

② 2009 年 4 月，奥巴马在乔治敦大学演讲，提出重振美国制造业，此后，美国逐渐形成了推行这一战略的政策路径。相关评论，参见张向晨：《美国重振制造业动向及影响》，《国际经济评论》，2012 年第 4 期，第 24—29 页。

偏向通过使用“双反”工具来遏制部分产业进口的激增。

尽管奥巴马在竞选中曾承诺上台后推动多边自由贸易谈判，并称达成多哈回合贸易协定有助于美国贸易出口和就业。但是事实证明，奥巴马政府并没有积极推动 WTO 多哈回合谈判达成实质性协议。[①] 正因为作为全球最大经济体的美国在推动多哈谈判问题上用力不够，有学者认为，“多边主义正在走向死亡”。[②]

在经济萧条时期，以创造就业为由祭起贸易保护主义大旗，是争取选民、打击对手的最为容易和迅速见效的手段。同时，美国还将中国作为主要外部目标，将金融危机的后续影响、国内的失业、贸易逆差等难题进行转嫁，以求得选民对美国国内现实社会问题的理解与容忍。在布什任内，中美经济关系的核心问题是人民币汇率问题，奥巴马政府对人民币问题的关注有所下降，但在贸易问题上，则更愿意使用“双反”工具来进行精确打击。

美国目前正在实施的对华贸易救济措施涉案产品共有 114 个，其中，有 39 个正在征收反倾销反补贴税产品是在奥巴马总统任上做出的，占比约 34.2%。[③] 除了自身发起单边行动，美国还联合其他发达国家利用 WTO 等多边平台对中国出口管理措施施压。2010 年 3 月初，奥巴马向国会递交了《2010 年贸易政策议程》，根据该报告，贸易代表办公室计划从以下三方面入手平衡双边贸易——继续使用贸易救济手段制裁中国输美产品、在人民币汇率问题上向中国施压、

---

① 宋玉华、李锋：《奥巴马政府的经济政策走向》，《国际经济评论》，2009 年第 4 期；C. Fred Bergsten，“US Trade Policy and the Doha Round：An Alternative View”，http：//www. iie. com/publications/opeds/oped. cfm？ResearchID = 1832。

② 扎基·拉伊迪：《多边主义正在走向死亡》，《金融时报》中文网，2013 年 4 月 7 日，http：//www. ftchinese. com/story/001049759。

③ 《美国目前正在实施的对华贸易救济措施涉案产品一览表》，http：//news. cnal. com/industry/2011/07 - 01/1309484322232959. shtml。

与中国谈判消除贸易壁垒。①

除了对进口采取更加严厉的措施之外，奥巴马政府还在增加美国出口方面做出了不懈努力。奥巴马在2010年1月的国情咨文中做出承诺：五年内将美国出口总额翻一倍，并创造200万个就业岗位。这就是所谓的“出口倍增”计划。

美国还努力增加对所谓“国货”的支持。最具代表性的是在美国钢铁工人联合会的要求下通过“买美国货”条款。该条款是2009年2月通过的经济刺激一揽子计划中的一项内容。按照该计划的规定，除非美国联邦政府认定购买美国生产的钢铁产品将损害公众利益，否则任何获得资金支持的基础设施项目所使用的钢铁投入品须为美国生产。

美国贸易政策的三大单边举措——加强“双反”调查阻遏进口激增、出口倍增计划、购买国货计划，都服务于一个总体目的：刺激国内制造业的复兴，增加美国就业。但是，在当前金融危机下，“出口倍增”计划的实现有赖于新兴经济体国家，美国明显的贸易保护政策会导致新兴经济体国家的强烈报复，不利于美国经济整体复苏，而奥巴马政府也没有滑入完全的贸易保护主义泥潭。

再次，奥巴马政府还以保障国家安全为旗号，对外来投资设置各种或明或暗的障碍，以保护国内相关产业。美国在奥巴马政府时期对外国直接投资开始采取保护主义的立场，频繁以国家安全为由，对外来投资设置各种障碍，尤其是一度不受人关注的机构——海外投资审查委员会，在奥巴马政府任内格外活跃。通过这些措施，美国一方面希望保护国内相关产业，支持国内制造业的复兴，另一方面防止国内高科技的流失。

信息领域和高端制造业领域的投资和兼并成为美国的主要关注

---

① “2010 Trade Policy Agenda and 2009 Annual Report”, http://www.ustr.gov/2010-trade-policy-agenda.

对象。从2010年开始，受大量外汇盈余的影响，中国企业加快了赴美投资的步伐。但中国的华为、中兴等通信企业都因为“安全方面”的原因，在对美投资的过程中遭遇各种障碍。而三一集团的美国风电项目被指“涉嫌威胁国家安全”，被勒令无条件退出。

尽管美国宣称仍然欢迎包括来自中国在内的海外投资，美国副国务卿罗伯特·霍马茨也曾强调，从目前的数据可以看到，仅有少数中国公司的投资最终被美国外国投资委员会（CFIUS）审查，大部分都没有走到这一步，[①] 但是，从总体上看，由于美国经济处于相对低谷，而中国经济处于上升趋势，美国对来自中国的投资表现出了更多敌意。

最后，除了货币政策、贸易政策和投资政策之外，美国的国际能源政策也发生了重大调整。加强国内能源生产和发展清洁能源是美国经济复苏计划中的两个重要内容，为此奥巴马政府调整了美国国际能源政策的基本方向。长期以来，美国国际能源战略的基本内容是优先使用国际能源，保存国内的能源储量。但自从金融危机以来，美国加大了开采本国石油的力度，并致力于减少石油进口，特别是对中东的石油依赖。2012年成为美国原油生产连续增长的第四个年头，也是1951年以来增速最高的一年，日均1090万桶，并有望迅速超过沙特阿拉伯成为全球最大石油生产国。国内产量增加推动了北达科他、俄克拉荷马、怀俄明、蒙大拿、得克萨斯等州的经济增长，这些州的失业率远低于7.8%的全国平均水平。到2012年年底，美国石油净进口量跌至每天598万桶，是1992年2月以来的

① 《中美探讨国家安全审查 中方呼吁美方提高透明度》，《第一财经日报》，2012年12月7日。

最低水平，占消费总量的41%。[①] 中国同期石油净进口量猛增至每日612万桶，超越美国成为世界最大的石油净进口国。不仅如此，美国炼油企业还在出口创纪录数量的成品油，以满足拉丁美洲与非洲对汽油、柴油和煤油的需求，美国正在朝着能源生产和出口大国的方向迈进。[②] 这一划时代的变化，将改写世界能源政治的地缘格局。[③]

不仅如此，作为奥巴马清洁能源计划的重要组成部分，美国的页岩气革命也让国际能源市场的面貌发生了翻天覆地的变化。在过去12个月里，美国天然气价格最低跌至2美元/百万英制热量单位（天然气基准价格）以下，虽然后来有所反弹，但仍远远低于石油价格。市场似乎正慢慢接受这样一个现实：两者将在可预见的未来继续保持巨大价差。[④] 在页岩气革命的推动下，美国进一步降低了原油进口的需要；而美国在新能源领域中的优势地位也得到进一步巩固。

尽管总体上讲，奥巴马的国际经济政策要比布什时期更加注重多边主义，更加依赖集体协商，但在一些至关重要的政策行为上，奥巴马政府也毫不吝惜使用单边手段，特别是越往危机的后期，这种单边主义色彩就越浓厚。

---

① 《美国有望很快成为全球最大石油生产国》，http：//www. zhgpl. com/crn-webapp/doc/docDetailCreate. jsp？ coluid = 148&kindid = 7551&docid = 102279596&mdate = 1024180334。

② 《中国超越美国成为全球最大石油净进口国》，http：//www. ftchinese. com/story/001049248。

③ 2013年，美国海军将减少在霍尔木兹海峡执行任务的航空母舰数量。霍尔木兹海峡连接海湾地区与国际石油市场。Sarah O. Ladislaw and Maren Leed，"Geostrategic Implications of Unconventional Oil and Natural Gas"，http：//csis. org/publication/geostrategic-implications-unconventional-oil-and-natural-gas。

④ 《世界石油需求下降》，http：//www. ftchinese. com/story/001049776。

四、奥巴马政府国际经济战略的成效与走向

面对20世纪70年代以来美国所遭遇的最大的经济危机，奥巴马政府在国际层面通过一系列政策和战略的组合拳，来防止美国的全球经济地位受到实质性冲击。此外，美国还在国内大力推动经济重塑，包括加强对金融业的监管、引导新能源革命、重振美国制造业，以及通过税制改革来缓解社会矛盾、刺激经济等等。这些政策共同构成了奥巴马经济战略的重要组成部分。

表2　奥巴马政府经济政策的主要内容

全球	金融战略	推动国际金融治理机制变迁，实现四大目的
	贸易战略	消极对待WTO多哈回合谈判
区域	亚洲战略	积极介入亚洲经济整合，TPP 通过与韩国的FTA
	欧洲战略	冷眼旁观欧债危机 致力于美欧贸易与投资谈判
单边	货币政策	三轮量化宽松
	贸易政策	双反加强、出口倍增、购买国货
	投资政策	加强对“敏感”投资的安全审查
	能源政策	减少能源进口，增加国内能源生产
国内	金融政策	去杠杆化，加强金融监管
	产业政策	再工业化、加强新能源开发
	社会政策	加强医疗等社会保险体系的建设

奥巴马政府的内外政策相互配合，互为补充，对于在危机时刻挽救美国经济霸权于既倒，发挥了较大的积极作用。正如美国经济

学家克鲁格曼的评价："尽管美国在奥巴马主政时期经受了种种痛苦，但他帮助国家度过了糟糕至极的一段时期，如今美国正开始摆脱困境。"①

首先，美国赖以雄霸全球的经济基础——美国的金融产业并没有在这次危机中遭受灭顶之灾，反而一步步稳住了阵脚，走上了复苏之路。受益于美国三轮量化宽松政策所带来的低利率、美元的世界货币储备地位及美元资产在全球动荡环境中的安全特征，美国国债收益率创下了210年来的新低。这说明，美国政府和企业能够以很低的成本融资，这加速了美国经济的复苏，而美国金融业首当受益。

根据美国有关报告，美国银行业在2012年四季度净利润总额达到347亿美元，较上年同期的254亿美元增加近37%，创下2006年以来同期最高水平；全年净利润达1413亿美元，同比增长19%，接近历史最高水平。② 这表明金融危机四年多以后，美国银行业已有明显复苏迹象。而与金融业密切联系的房地产业也出现了明显的复苏征兆。据标准普尔分析，美国房地产市场正释放出2006年泡沫破灭以来加速回暖的"最强音"。③ 这两个指标表明，金融危机的影响正在逐渐远去。

其次，美元储备地位没有发生实质性动摇。金融危机四年来，美元唯一的潜在对手欧元区也发生了债务危机，而日元的地位又远远逊于美元和欧元，且日本的经济形势也不被看好，而包括中国人民币在内的新兴国家货币仍然不是广受认可的国际货币，在这种垄断条件下，美元的国际地位表现出不可替代性。虽然近年来关于美元衰落甚至美元崩溃的舆论不绝于耳，但美元的国际地位并没有出

① Paul Krugman, "Spinning for Dollars", *The New York Times*, September 10, 2012.

② 转引自《美国银行业复苏迹象明显》，《中国证券报》，2013年2月28日。

③ 孙红娟：《美国领先发达市场复苏》，《第一财经日报》，2013年4月9日。

现实质性动摇。根据国际货币基金组织的统计，美元在全球外汇储备中所占的份额仍然高于60%，处于不可撼动的地位。①

再次，美国在高端制造业领域的竞争力仍然处于领先地位。在市场和技术创新方面，美国仍然具有最坚实的高等教育和科研体系，灵活的移民政策仍然吸引着全球的科技人才，同时成熟的资本市场形成了一套完整的从发现、培育直到壮大科技生产力的体系。正是这个原因，在世界经济论坛2013年的《全球竞争力报告》中，美国与生产力增长相关的指标排名世界前列。② 而且受多方面的政策刺激，以满足美国国内市场需求为主的制造业已经有明显回流的迹象，美国产业空心化的趋势得到逆转，未来美国在高端制造业方面的优势将更加突出。③ 2010 年、2011 年美国出口分别增长 16.6%、17%，其中，矿物燃料、汽车及零配件、发动机、通用机械、塑料、有机化工、光学仪器与医疗设备、钢铁等重要制造业出口比重超过70%。④

根据美国智库威尔逊中心在2012年3月发布的《全球先进制造业趋势报告》，美国研发投资量仍居世界第一位，其中3/4投向制造业，在航天、医药、军工等领域竞争优势突出，在合成生物、先进材料和快速成型制造等先进制造业领域优势明显。美国有可能出现以无线网络技术全覆盖、云计算大量运用和智能制造大规模发展的新一轮技术创新浪潮。⑤

---

① 当然，也有部分美国学者仍然对美元的未来地位保持忧虑，参见 http://www.piie.com/blogs/realtime/?p=2805。

② World Economic Forum, "The Global Competitiveness Report, 2012 - 2013", Genewa, Switzerland, 2012.

③ 参见 BCG, "Made in America, Again", August 2011; BCG, "U.S. Manufacturing Nears the Tipping Point"。

④ 数据来源于美国统计署。

⑤ 转引自张向晨：《美国重振制造业动向及影响》，第25页。

最后，美国在新能源产业领域继续处于领先地位。能源是支撑经济发展的基本动力。在世界能源供需版图上，北美的能源独立正在成为一个新的特征。美国在页岩气开发方面的成功大幅降低了美国国内天然气的价格，而页岩气产量爆发式的增长可能使美国未来五年停止从海上进口石油。从 2010 年底开始，美国已经从油品的净进口国转为油品的净出口国。而且美国页岩油产量的爆发将加速这一进程，页岩油有可能经历如页岩气一样的革命。这一能源格局的变化将有可能从根本上改变世界政治和经济格局。

总之，尽管在过去四年时间里，美国经济遭遇到金融危机和新兴国家经济崛起的双重打击，但奥巴马政府的这些措施确实稳定了美国经济的阵脚，至少确保自二战以来确立的美国独霸的国际经济结构在短期内不会发生根本性动摇。2012 年，美国经济增长接近 2%，2013 年的经济增长有望超过 2%。此外，2012 年的就业同比增长保持扩张，在发达国家的经济板块中，美国经济表现要明显好于欧洲和日本。① 奥巴马的胜选连任，从根本上证明了美国民众对于奥巴马一系列内外经济政策的基本认可，这为奥巴马在下一个四年里出台更为有力的经济政策铺平了道路。

2012 年 11 月 17 日，在奥巴马刚刚获选连任不久，希拉里·克林顿在新加坡发表了有关美国外交政策将出现战略性转型的演说，称美国将更新外交政策的优先顺序，改变以往聚焦反恐的军事优先政策，改为以服务经济为中心，以巩固其战略领导地位。在解释这一转型的原因时，希拉里表示，“经济逐渐在影响战略环境。那些正在崛起的强国都把经济放在外交政策的中心位置”，“过去 10 年美国投入大量的资源和时间对抗安全威胁，但现在伊拉克战争已经过去，阿富汗战争也即将结束，目前最迫切及最根本的任务就是更新美国

① 黄海洲、李志勇、王慧：《全球再平衡新特点》，《国际经济评论》，2012 年第 5 期，第 19—26 页。

的外交政策，以应对一个不断改变的世界。”①

尽管希拉里已经卸任国务卿一职，但可以肯定的是，希拉里这个表态的权威性不容置疑，可以看作为奥巴马政府下一个四年的外交指明了方向。这也意味着，美国自“9·11”事件以来的以军事和安全为先的外交战略，将改为经济优先，经济外交将成为奥巴马政府国际战略的支轴，而这种经济外交的利己主义色彩也会更加浓厚。

在下一个四年任期里，奥巴马政府会延续其过去四年国际经济战略的基本方向，服务于其国内经济的复苏，以重塑美国经济的全球领导地位，但由于国际政治和经济环境都和四年前有很大区别，奥巴马在第二任期的具体国际经济政策内容会有一些调整和变化。

在全球层面，奥巴马政府可能会将G20改造成一个施压新兴国家承担国际经济责任的多边外交舞台，并且防止金砖国家做大做强，同时减少美国自身的国际承诺。鉴于美国、欧洲以及新兴国家在很多全球经济治理问题上有根本矛盾，以及G20在治理效率上有天然缺陷，奥巴马将有可能进一步冷淡G20，G20将因此进一步沦落为一个新的空谈俱乐部。由于2013年金砖机制的德班峰会取得了重大成果，美国将会加大对这一组织的关注。不过，随着美国制造业的复苏，美国有可能加大推动多哈回合谈判的力度，以打开新兴国家的市场。

在区域层面，奥巴马政府将会进一步介入东亚经济整合，防止东亚地区出现一个排除美国的封闭性经济集团。这种担忧越来越会从防止东亚出现一个贸易集团转向防止东亚出现一个金融货币集团，进而威胁美元在该地区的本位货币地位。美国将继续将战略重心放在自由贸易协定上，美国推动美欧自由贸易的承诺有可能是严肃的，双方的谈判有可能取得显著进展。美国希望通过两洋区域贸易战略，

① Hillary Rodham Clinton，“Delivering on the Promise of Economic Statecraft”，http：//www.state.gov/secretary/rm/2012/11/200664.htm.

重建其在国际贸易体系中的领导地位和规则制定权。

而在单边层面，鉴于奥巴马的党派属性以及支持力量，奥巴马将不会放弃通过贸易和投资政策工具来防止外来进口和外来资本对国内制造业复兴的影响。而随着中国经济的崛起，特别是中国在高端制造业领域的迎头赶上以及人民币国际化的开始，中美在贸易和金融领域的摩擦和纷争将只会更加尖锐而不是更加缓和。美国将会施加更大的压力迫使中国在扭转国际经济失衡、消除国内贸易壁垒等方面承担责任。同时，美国也会在很多经济问题上寻求与中国的合作，特别是通过金融工具加大利用中国的资金为美国的技术革命服务，以及通过贸易工具加大利用中国的市场为美国的制造业复兴服务，这将成为美国对华经济政策的两大利器。

总之，奥巴马政府未来的国际经济政策内容将会更加丰富和更加灵活，它将成为美国总体对外政策的核心支撑点。

第六章

“藏独”活动美国化：达赖集团在美活动的延续、变迁与对策

2011年3月至9月这半年时间里，达赖集团经历了一系列错综复杂的政治变革。变革肇始于3月11日达赖喇嘛向伪“人民议会”提交一封公开信，正式提出退休的要求。5月，在达赖喇嘛的强力推动下，伪“人民议会”做出了两项决议，即修改了作为“流亡政府宪法”的《流亡藏人宪章》，并将其中原属于达赖喇嘛的政治权力赋予以首席噶伦为代表的“流亡政府”相关官员，以及将“流亡政府”的正式名称更改为“藏人行政中央”。8月，带有浓厚美国背景的洛桑孙根就任新一届首席噶伦，并正式接过了达赖喇嘛移交的行政权力。9月，达赖喇嘛发表了“转世声明”，宣布转世的主导权牢牢掌握在自己手中。这一系列“退休、修宪、更名、换人、发表声明”的举动昭示着达赖流亡集团自成立起前所未有的剧变，而这种剧变也反映了达赖集团在活动方式上的重大变化。这些政治变革从长远看，无疑是出于对这一政治集团长期存续的考虑，即“在没有达赖喇嘛的情况下，流亡政府依然能维持”①；而从短期的战术考

① “Message of His Holiness the Dalai Lama to the Fourteenth Assembly of the Tibetan People's Deputies”, Office of HH Dalai Lama, http://www.dalailama.com/messages/tibet/retirement/message-to-14th-assembly.

虑看，则是为了提高国际活动能量，进一步获取国际支持，特别是获取来自美国的各项支持。在达赖集团的近期活动安排中，加强国际公关活动，拓展在美活动空间无疑是关键一环。这一目标能否实现、在多大程度上得以实现，将直接影响着未来后达赖时期流亡集团能否维持现有的国际援助格局和与中央政府长期对抗的力量保障。因此我们很有必要对政治变革以来的达赖集团在美活动态势的变化进行梳理和分析，以研判"藏独活动美国化"的未来趋势走向。

一、考察达赖集团在美活动空间的五个维度

达赖集团流亡海外后，一直在努力推动"西藏问题"国际化，特别是70年代后期开始，更是以此为活动重点。经过长期的公关活动，达赖集团在美国政府和社会各个层面构筑了一个庞大的援藏组织网络，影响面囊括了政府、商界、学界、媒体、娱乐圈等美国各界握有充分话语权的人群。而在这个网络的中心，则是十四世达赖喇嘛本人。借助这一援藏网络，达赖集团在美国的活动空间一步步得以拓展。

但是国际活动空间并不能简单与援藏网络划等号，因为援藏网络中的几乎每一个单元都有自己的影响群体（有些影响群体相互重合），这些影响群体并不一定会被纳入到援藏组织的具体活动中，但在必要时会为达赖集团国际活动提供便利。比如从老布什开始的历届美国总统肯定不能算援藏分子，但他们周期性地在白宫会见达赖喇嘛，无疑构成了达赖集团在美活动的重要一环。因此达赖集团在美国的活动空间本身大于援藏网络的触角所及范围。

达赖集团在美活动空间难以量化考察，我们通常只能从一个个

较为孤立的国际事件中得以一窥，所以比有形的援藏网络更加难以把握。但是根据达赖集团在美国进行活动的目的和美国政府公开的政策表述，我们依然可以从五个维度，即美国政府的涉藏政策立场、中国政府的涉藏外交政策、“西藏话题”在美曝光度、达赖集团主要首脑的访美活动、美国政府对达赖集团的实际支持，对达赖集团在美活动空间进行一定的考察。在五个维度中，美国政府的涉藏政策立场和中国政府的涉藏外交政策是达赖集团在美活动空间的硬性边界，只要国际政治格局和中美关系大局不发生重大变化，这些硬性边界就无法逾越；“西藏话题”在美曝光度是达赖集团推动“西藏问题”美国化的第一步，如果缺乏必要的国际关注，达赖集团一切国际化努力都无从谈起；达赖集团主要首脑的访美活动是达赖集团拓展在美活动空间的关键步骤，只有本人亲自到场并借助当地媒体制造话题，才能保证“西藏话题”在当地被炒热，而经常性的到访能促使这一话题常保热度；美国政府对达赖集团的实际支持是检验达赖集团在美活动空间质量的真正指标，如果“西藏问题”在美国社会受到持续关注，但达赖集团得不到实际的支持，说明其在美活动空间只是虚假地得到拓展。借助这五个维度，我们可以对达赖集团在美活动空间有一个大致的认识。

二、达赖政治退休后达赖集团在美活动空间的变与不变

2011 年达赖喇嘛宣布政治退休，伴随《流亡藏人宪章》的修改、“流亡政府”的更名、洛桑孙根上台等一系列政治变革，在美国社会中可以说产生了不小的影响，“西藏问题”很快成为部分美国政

要和民间人士关注的话题。在这种背景下，达赖集团借助自我变革拓展在美活动空间的努力也有了一定成效。我们可以借助上述五个维度对达赖政治退休以来达赖集团在美活动空间的状况进行一定的观察和分析。

第一，美国政府的涉藏政策表述。作为最主要的涉藏大国，美国对西藏的政策可以说完全植根于其《西藏政策法》这一政策纲领。根据《西藏政策法》，美国对西藏的政策主要可以概括为承认西藏是中国一部分、关注西藏人权和传统文化保护、支持达赖喇嘛与中国政府谈判、向境内外藏人提供经济文化援助和拓展涉藏工作手段等几方面①，其中承认西藏是中国一部分并在此基础上干预西藏相关事务是整个政策的基点。这一点在达赖退休等政治变革发生以来也没有改变。2011 年 7 月，在达赖喇嘛宣布退休 4 个月后、洛桑孙根就职前夕，达赖喇嘛带领洛桑孙根、边巴次仁等“流亡政府”高层人士高调访美，并于 16 日在白宫地图室与奥巴马总统会面。会面结束后，白宫新闻处发表了一份声明，表示“重申美国的政策是承认西藏是中国的一部分，不支持西藏独立”，但“支持达赖喇嘛致力于非暴力、寻求与中国对话和‘中间道路’的努力”②。这一表态甚至比一年多以前奥巴马第一次在白宫会见达赖喇嘛后的声明更加温和，当时奥巴马并没有专门重申关于西藏是中国一部分的政策主张③。洛桑孙根就职后第二天，美国国务院发言人纽兰（Victoria Nuland）在例行记者会上表示，美国对西藏的立场不变，支持西藏为中国一部

---

① 肖杰：《涉藏议题：美国的政策与操作》，载于孙哲主编：《亚太战略变局与中美新型大国关系》，北京：时事出版社，2012 年版，第 103—104 页。

② “The President’s Meeting with His Holiness the XIV Dalai Lama”, The White House, http: //www. whitehouse. gov/blog/2011/07/17/president-s-meeting-his-holiness-xiv-dalai-lama.

③ “His Holiness the XIV Dalai Lama at the White House”, The White House, http: //www. whitehouse. gov/blog/2010/02/18/his-holiness-xiv-dalai-lama-white-house.

分，同时也支持藏人的人权及言论自由①。这表明，在达赖喇嘛退休前后，美国对西藏的基本政策并没有发生变化。应该说，目前为止没有任何一届美国政府公开支持西藏独立、承认“流亡政府”的合法性，无论如何公关，达赖集团各级人员都只能以民间人士的身份行动。这是达赖集团在美活动的硬性边界，这一点没有随着达赖喇嘛的政治退休而有任何改变。

第二，中国政府的涉藏外交政策。中国始终强调，西藏事关中国主权与领土完整，是中国的核心利益②，因此在外交场合从来都是通过坚定而明确的语言向各国政府传递中国的涉藏政策信号。中国政府在国际关系领域处理涉藏事务大致基于三方面原则，其中虽不乏灵活性，但主要包含了强烈的坚定性。其一，一再重申西藏是中国不可分割的一部分，所谓“西藏流亡政府”并不具有任何合法性。承认这一事实是外国政府与中国发展外交关系的前提条件。正是由于中国政府在该问题上不容妥协的态度，促使越来越多国家政府实现了从不承认西藏独立到公开承认西藏属于中国的转变。但是，由于考虑到与一些国家外交的大局，中国在双边多边关系中只是自己坚持“流亡政府”是一个“背叛祖国的分裂主义政治集团”③，而没有要求其他国家政府做类似的表态，或由于国家实力的局限，无法要求其他国家这样做，从而导致在挤压达赖集团国际活动空间的努力中留下一条巨大的缝隙，使包括美国在内的一些国家政府可以公然将“流亡政府”当成非政府组

① 《美国只认达赖喇嘛不认洛桑森格?》，多维新闻网，http：//china. dwnews. com/news/2011－08－09/57995155. html.

② 《台媒：胡锦涛强调台湾西藏是中国核心利益》，中国西藏网，http://www. tibet. cn/hwsj/jd/201101/t20110124_874481. html.

③ 《中国政府绝不会让达赖分裂国家的图谋得逞——朱维群在柏林与德国媒体座谈实录》，中国西藏网，http：//www. tibet. cn/news/index/xzyw/201202/t20120209_1585978. htm.

织加以援助。其二，坚持“西藏问题”和达赖喇嘛问题都是中国的内政。基于对西藏不可褫夺的主权，中国政府坚持西藏事务是中国的内政，反对任何国家政府、组织或个人以任何形式干预中国内政，即使是言论上操弄西藏话题一样会被视为干涉中国内政①。同时，中国主张达赖喇嘛及“流亡政府”的问题是西藏反分裂斗争的遗留问题，同样属于中国的内政，任何会见达赖喇嘛或其他“流亡政府”官员的举动都会被看作对中国内政的干涉。其三，对于外国领导人接见达赖喇嘛等干涉中国内政的举动给予必要的外交反制。这其中比较著名的案例就是2008年法国时任总统萨科齐在会见达赖喇嘛后，中国政府推迟了中欧峰会的召开，事实上也等于推迟了上亿欧元的采购项目②。对于达赖退休等政治变革事件，中国在外交场合同样保持了政策的坚定性和延续性。一方面，中央政府不因达赖喇嘛宣布退休就改变对其的定性，认为达赖喇嘛所谓的退休“是他欺骗国际社会的把戏”③，也不改变反对达赖喇嘛国际活动的立场，坚持认为“达赖是披着宗教外衣，在国际上长期从事分裂中国活动的政治流亡者。我们坚决反对任何国家、任何人以任何方式为达赖反华分裂活动提供支持”④。另一方面，对于新上台的首席噶伦洛桑孙根给予外交上的全面封堵，对于任何为洛桑孙根国际活

① 《外交部：坚决反对美议员借涉藏问题干涉中国内政》，人民网西藏频道，http：//xz. people. com. cn/n/2012/0329/c138901－16891320. html.

② 《中欧峰会推迟，中方对欧百亿采购大单押后》，网易财经，http：//money. 163. com/08/1208/07/4SKGU8KG00252G50. html.

③ 《达赖又说要“退休”，外交部斥骗人把戏》，西藏文化网，http：//www. tibetculture. net/gzxz/hwlf/201103/t20110314_ 958303. htm.

④ 《外交部就达赖在日本参议院议员会馆演讲等答问》，中国政府网，http：//www. gov. cn/xwfb/2012－11/13/conten_ 2264511. htm.

动提供帮助的行为给予强烈反对①。与对待达赖喇嘛不同的是，中国对于洛桑孙根采取的是更进一步的“不承认主义”，不但彻底否定其合法性，对其各项动议置之不理，甚至不屑于提及他的姓名，只以“流亡政府新头目”加以称呼。中央对于达赖集团首脑国际活动的坚决反对立场构成了达赖集团拓展在美活动空间最大的约束条件，这一约束没有随着达赖退休等事件的发生而有所松懈。

第三，“西藏话题”在美曝光度。达赖集团推进“西藏问题”国际化的首要工作就是制造西藏存在“人权灾难”等话题，并保持这些话题经常在国际话语体系中被提及，而美国部分政要在这方面对达赖集团给予积极配合。美国《西藏政策法》规定总统和国务卿必须关注西藏文化保护、人权状况等问题并鼓励中国政府与达赖喇嘛及其代表进行对话，国会和国务院每年应发布四份涉藏报告②。这都是在变相提高所谓“西藏存在的问题”的国际曝光度。如果说之前美国炒作“西藏话题”都集中在莫须有的限制宗教自由、限制语言使用自由、政治犯、“真正的”十一世班禅喇嘛去向等问题，那么达赖退休等政治变革事件后“西藏话题”至少在三方面获得了新的动力：其一，达赖喇嘛推动民主化的“高风亮节”。2011 年 3 月，就在达赖喇嘛表达退休愿望后不久，三位重量级美国议员佩洛西（Nancy Pelosi）、鲍德温（Tammy Baldwin）、费因斯坦（Dianne Feinstein）各自发表声明或演说，“赞扬达赖喇嘛政治上的‘无私’，称赞达赖喇嘛‘在全世界的独裁者拼命抓紧权力的时候选择放弃权力的举动，是对西藏人民自由事业愿景的伟大贡献，也必将激励世界

① 《朱维群与欧盟官员、学者、记者谈达赖等问题》，中国西藏网，http://www.tibet.cn/news/index/xzyw/201112/t20111229_1428996.htm；《驻日内瓦代表何亚非大使接受瑞士 <时报> 采访》，中华人民共和国外交部网站，http://www.fmprc.gov.cn/chn/gxh/wzb/zwbd/dszlsjt/t856076.htm。

② 肖杰：《涉藏议题：美国的政策与操作》，载于孙哲主编：《亚太战略变局与中美新型大国关系》，北京：时事出版社，2012 年版，第 103 页。

上的其他民族'"①。2012 年 12 月，在洛桑孙根执政一年多以后，美国参议员利伯曼（Joseph Lieberman）再次发表声明重申对达赖喇嘛移交权力的敬意，表示“达赖喇嘛移交政治权力的历史性决定有益于民主的发展，也将加强西藏事业在国际社会中的合法性”②。其二，洛桑孙根逐渐提高的国际知名度。上台前后，洛桑孙根在国际舞台上还是个不知名的角色，需要达赖喇嘛带着到华盛顿国会山“拜码头”；甫一上任，还遭遇了美国国务院发言人忘记其姓名，而称之为“这位人士”（this individual）的尴尬③。但一年以后，当洛桑孙根再度访美时，他会见的名单中不仅有参议员克里（John Kerry）、麦凯恩（John McCain）、利伯曼、众议院议长博纳（John Boehner）等重要国会议员，还有奥巴马当局的两位高官：国家安全委员会亚洲事务主任拉塞尔（Daniel Russel）和副国务卿奥特罗（Maria Otero）④。参议员利伯曼专门称赞他“充满智慧和才能，是一位有勇气和坚定信仰的领导人，西藏人民选举他为总理非常明智。⑤”其三，频发的自焚事件。自 2011 年 3 月以来，在达赖集团或直接或间接的鼓动下，境内藏区发生了多起自焚事件。这些事件有的业已查

---

① 肖杰：《涉藏议题：美国的政策与操作》，载于孙哲主编：《亚太战略变局与中美新型大国关系》，北京：时事出版社，2012 年版，第 112 页。

② “Allow foreign media and diplomats access to Tibet：US Senator”，Tibet Post International, http：//www. thetibetpost. com/en/news/international/3090-allow-foreign-media-and-diplomats-access-to-tibet-us-senator.

③ 《美国只认达赖喇嘛不认洛桑森格?》，多维新闻网，http：//china. dwnews. com/news/2011 – 08 – 09/57995155. html.

④ “Tibetan prime minister：Tibet is the key to democratizing China”，Foreign Policy, http：//thecable. foreignpolicy. com/posts/2012/07/23/tibetan_ prime_ minister_ tibet_ is _ the_ key_ to_ china_ s_ salvation.

⑤ “Allow foreign media and diplomats access to Tibet：US Senator”，Tibet Post International, http：//www. thetibetpost. com/en/news/international/3090-allow-foreign-media-and-diplomats-access-to-tibet-us-senator.

明是境外组织策划煽动的旨在破坏社会秩序的恐怖事件①，但是经过达赖集团和一些西方反华势力的渲染，成为了中国政府治藏失败的“罪证”。随着自焚事件一再发生，美国一些政要对“自焚话题”的炒作也逐渐升级，从外交官、议员的偶然提及到高层人员先后介入，特别是在2012年12月10日“国际人权日”前后，美国副国务卿、西藏问题特别协调员奥特罗与德国、英国、加拿大、瑞士、捷克、波兰、欧盟、联合国等国家和国际组织政要一起发表声明，抨击所谓“西藏日趋恶化的人权状况”②。可以说，伴随达赖喇嘛退休、洛桑孙根上台等一系列事件，“西藏话题”在国际话语体系中也被人为地推到了一个新的高度。当然，美国政府最高层领导在操作“西藏话题”上还算表现谨慎。比如2012年美国总统大选期间，尽管洛桑孙根等人非常努力运作，希望“西藏问题”出现在竞选的宣传议题中，但无论奥巴马还是罗姆尼都没有对此公开评论。国际援藏组织呼吁在中美战略经济对话中加入涉藏议题的举动也无果而终。正是由于美国政府首脑的谨慎，才使得“西藏话题”在逐渐被炒热的同时没有走向失控，从而避免中美关系出现重大倒退。

第四，达赖集团主要首脑的访美活动。达赖集团推行“西藏问题”国际化以及“藏独活动美国化”的实践中，达赖喇嘛本人频频出访美国是其中至关重要的一环。自1979年首次访美以来，达赖喇嘛将访美当成了在国际舞台上传播政治理念、树立宗教和政治形象的主要渠道之一。1987年10月，达赖喇嘛正是借助美国国会的平台

---

① 《阿坝县自焚事件图片，年轻僧人自焚事件始末》，华讯财经，http://finance.591hx.com/article/2011-12-01/0000098043s.shtml；《四川警方：达赖集团策划煽动胁迫8人自焚致3死》，中国西藏新闻网，http://www.chinatibetnews.com/fazhi/2012-12/10/content_1127280.htm。

② "US State Department supports US/EU strategic engagement in Asia", *Tibet Post International*, http://www.thetibetpost.com/en/news/international/3100-us-state-department-supports-useu-strategic-engagement-in-asia.

向世界宣布其“中间道路”政策。达赖集团推行“西藏问题”国际化和“藏独活动美国化”本质上是为了不断获取美国各界的支持，形成对中国的压力，从而迫使中国政府与之谈判并做出符合其意愿的让步。这一举动一定程度上有助于其自我延续和影响力的扩展，但也使其彻底失去了中国的信任，使得双方的接触商谈从一开始就缺乏战略基础。在始终等不到中国政府让步的情况下，达赖集团不对自身立场和态度进行检讨，却加大了在美公关和“妖魔化”中国的步伐。据统计，达赖喇嘛在80年代共访美7次，90年代17次，本世纪最初十年15次，平均一年1.3次①。如此密集的外访除了必要的“化缘”以外，主要的工作就是渲染西藏人民的“悲惨”，抹黑中国政府，兜售其“中间道路”主张。2011年3月宣布退休以来，达赖喇嘛并没有真正做到悠游岁月，而是一如既往频繁出访。2011年、2012年达赖喇嘛共出访4次，平均一年2次②。从数字上可以看出，达赖喇嘛访美频率似乎还有所上升。即使将一些偶然性因素考虑在内，比如2011年7月访美的主要目的是带即将就任首席噶伦的洛桑孙根“亮相”，但至少说明，达赖喇嘛并没有因所谓的“退休”而减少访美活动。综合判断，达赖喇嘛在宣布退休后依然通过各种方式在发挥影响。除达赖喇嘛外，“流亡政府”的其他高官特别是洛桑孙根也多次在美国政界舞台上亮相。洛桑孙根在上任之初就将推进“西藏问题”国际化作为一项重要政策，上台仅仅百天，他就访问了美国、瑞士、法国、德国、挪威、丹麦、比利时和英国八个国家③，而上任一周年后，已经访问了“四个大洲的17座不同

① 根据达赖喇嘛办公室官方网站数据整理，参见 http：//www.dalailama.com/biography/travels.

② 同上。

③ “Reviewing the First 100 Days of the New Tibetan Administration”，Phayul，http：//www.phayul.com/news/article.aspx？id = 30586&article = Reviewing + the + First + 100 + Days + of + the + New + Tibetan + Administration&t = 1&c = 4.

城市”①。2011 年 11 月，洛桑孙根首次独立访美，在广泛会见国会议员之外还受邀在美国国会人权委员会作证，标志着美国政界开始接纳洛桑孙根作为所谓“西藏事业”的代表。截至 2012 年底，洛桑孙根共出访 21 次，其中仅访问美国就有 5 次②，每次都能会见一些国会议员、政府官员、媒体人员和社会活动家。可以说，洛桑孙根正逐渐成长为达赖集团内部除达赖喇嘛外另一个国际化代言人和形象符号。

第五，美国政府对达赖集团的实际支持。作为达赖集团的核心人物，达赖喇嘛同时也是达赖集团在美活动的中心环节。以美国为首的西方国家一直以来都将向达赖喇嘛提供政治支持、敦促中国政府与达赖喇嘛谈判当成利用“西藏问题”向中国施压的主要抓手③。即使在达赖喇嘛宣布“退出政治事务”以后，美国一些政治领导人仍然通过发表声明、通过决议等方式对达赖喇嘛及其所倡导的“中间道路”、“对话解决”的主张进行政治上的支持。2011 年 7 月，奥巴马在白宫第二次会见达赖喇嘛后，白宫新闻处在发表的声明中依然表示鼓励中国与已经表示退休的达赖喇嘛进行“直接的对话，以解决长期的分歧，创造有利于中国和藏人的结果”④。洛桑孙根就职以来，美国参议院于 2012 年 3 月通过一项涉藏决议，其中在所谓“中藏谈判”部分仍然沿用“支持中国政府与达赖喇嘛进行谈判”的传统表述。这种表述的沿用固然算是相关政要在“流亡政府”变

---

① “Kalon Tripa Completes One Year in Office”, CTA website, http://tibet.net/2012/08/08/kalon-tripa-completes-one-year-in-office.

② 根据“流亡政府”官方网站信息整理，http://tibet.net。

③ 肖杰：《涉藏议题：美国的政策与操作》，载于孙哲主编：《亚太战略变局与中美新型大国关系》，时事出版社，2012 年版，第 98 页。

④ “The President's Meeting with His Holiness the XIV Dalai Lama”, The White House, http://www.whitehouse.gov/blog/2011/07/17/president-s-meeting-his-holiness-xiv-dalai-lama.

革进程中的一种政策延续，但这种政治上的坚持归根结底还是由于达赖喇嘛在达赖集团中的“旗帜”作用。如果说达赖喇嘛作为“灵魂人物”依然享受着美国政治立场上的支持，那么洛桑孙根作为“流亡政府”日常行政事务的负责人则在行政资源方面收获了来自美国的实际支持。洛桑孙根一直将发展流亡藏人的教育事业当成其施政的首要任务①，而对此美国都给予了大力的支持，以至于洛桑孙根将争取来自美国的教育援助列为自己施政一年以来的重要政绩②。2012 年 10 月，美国国际开发署宣布将向西藏基金会（Tibet Fund）提供两年期共 200 万美元的教育资助③。一个月以后，“流亡政府”宣布利用这笔资金与西藏基金会、美国国际开发署合作设立西藏教育项目（Tibet Education Project），以加强流亡藏人教育体系改进、提高藏人学校师资力量并为藏人学生特别是有志于学习科技知识的学生提供奖学金资助④。除教育外，推进“西藏问题”国际化、加强国际公关是洛桑孙根的另一项重要政策⑤。对此，美国部分政要除了为其提供国际活动的具体场所外，还积极调动媒体为“流亡政府”的活动进行传播拓展。2012 年 7 月，洛桑孙根在访美期间会见了美国广播理事会（Broadcasting Board of Governors）理事迈克尔·米汉

① “New Political Leader of Tibet Outlines Plans and Political Policy”, Tibet Post International, http://www.thetibetpost.com/en/news/exile/1946-new-political-leader-of-tibet-outlines-plans-and-political-policy.

② “Kalon Tripa Completes One Year in Office”, CTA website, http://tibet.net/2012/08/08/kalon-tripa-completes-one-year-in-office.

③ “US helps Tibetan students in India, Nepal”, IANS, http://twocircles.net/2012oct12/us_helps_tibetan_students_india_nepal.html.

④ “Two Major Initiatives Propel The 14th Kashag's Education Agenda”, CTA website, http://tibet.net/2012/11/27/two-major-initiatives-propel-the-14th-kashags-education-agenda.

⑤ “Tibet's new elected leader looks ahead”, Radio Netherland Worldwide, http://www.rnw.nl/english/article/tibets-new-elected-leader-looks-ahead.

（Michael Meehan）和国际广播局（International Broadcasting Bureau）局长理查德·罗伯（Richard Lobo）[①]，二人承诺将加强对涉藏事务的宣传报道力度，包括建立全天候的短波覆盖和卫星电视、互联网传播平台[②]。这一支持对于达赖集团加强在国际话语体系中的地位无疑具有至关重要的作用。总的来说，达赖喇嘛在宣布退休后依然享有美国广泛的政治支持，而洛桑孙根随着执政时间的积累也正逐步获取美国更多的行政资源支持。

根据对以上五个维度的综合判断，一方面，由于美国和中国政府的涉藏基本立场、政策和表态没有出现根本的变化，特别是由于中国政府对于达赖集团国际活动的坚决反对和压制，达赖集团虽多方努力，但其在美活动空间的边界并没有突破。不但美国仍然秉持西藏是中国一部分的政策立场，而且达赖集团念兹在兹的将“西藏问题”纳入联合国大会等主要多边国际组织的议题或美国最高领导层直接就“西藏问题”攻击中国等等都没有实现。换句话说，达赖集团立足于草根层面发起的在美公关运动始终难以将影响力全部投射进政治领域顶层。此外，达赖喇嘛虽然号称从政治事务中退出，但无论是其国际影响力还是具体的访美活动，与之前相比都没有明显的变化，达赖喇嘛本人依然是达赖集团在美国各界进行活动的中坚力量。这些都构成达赖集团在美活动空间中不变的因素。

另一方面，由于达赖喇嘛退休本身带来的心理冲击效应、洛桑孙根新“政府”上台以来进行的国际公关活动以及境内藏区一些事

---

① 美国广播理事会是美国负责对外传播的主要机构，负责监督美国政府下属或资助的所有对外传媒组织，包括美国之音、自由亚洲电台等。该理事会由9名理事组成，其中8名由总统提名，参议院批准，第9名理事由国务卿兼任。国际广播局是广播理事会的执行机构，局长由总统直接提名，参议院批准。

② “Kalon Tripa Meets Broadcasting Board of Governors in Washington”, Tibet Post International, http://www.thetibetpost.com/en/news/international/2713-kalon-tripa-meets-broadcasting-board-of-governors-in-washington.

件，如自焚、游行等在国际场合的发酵，也由于一些美国政要把涉藏问题当作阻遏中国国际影响力发展的手段，“西藏话题”在美国得到了比以往更多的关注，达赖集团在政治上和资源上得到的支持也更为明显。达赖集团在美活动空间也存在着很大的扩张动力。

总的来说，由于达赖喇嘛退休等一些政治变革事件的发生，达赖集团在美国的活动更为频繁，影响也更加深远，达赖集团在美活动空间短时期内有稳步扩张的趋势。

三、达赖集团在美活动空间拓展机制考察

达赖集团流亡海外，特别是70年代加快推动“西藏问题”国际化以来，其开展国际公关活动，拓展在美国活动空间的努力可以概括为三种模式：1. 达赖集团直接对美国政府施加影响，并获取反馈。比如达赖喇嘛访美期间与国会议员、政府官员进行互动，甲日·洛迪等人通过游说议员和出席国会听证会等方式影响国会立法活动等①。2. 达赖集团对美国社会施加影响，进而影响美国政府，并从政府获取反馈。比如达赖集团利用藏传佛教的吸引力和达赖喇嘛的个人感召力影响了以理查·基尔、罗伯特·瑟曼等为代表的美国文艺界、学术界精英，使之成为美国援藏组织的核心骨干和对美国政府进行游说公关的中坚力量。3. 达赖集团对境内藏区施加影响，通过制造事件的方式吸引国际眼球，并进而影响美国政府，获取政治反馈。比如1987—1989年，在达赖集团影响下，西藏发生多

① 孙哲等：《美国国会与中美关系：案例与分析》，北京：时事出版社，2004年版，第358—361页。

次骚乱。这些骚乱事件经过当时国际大环境的渲染，成为达赖集团获取国际支持的重要诱因。1989 年，达赖喇嘛获得诺贝尔和平奖，从而得到通往更大国际活动空间的“入场券”。也是从 1989 年开始，美国通过一系列《对外关系授权法》、《统一拨款法》等法案，重新向“流亡政府”提供经济、文化上的支持，包括提供奖学金、建立教育和文化交流项目、向“经济援助基金”和“全国民主基金会”拨款用于“西藏事业”的发展等①。

达赖喇嘛宣布政治退休以来，达赖集团经历了一系列纷繁复杂的变革，但其中最具深刻影响并且对其他变化起着统领作用的是三个变量：1. 达赖喇嘛的退休（包括随后发表转世声明）。退休后的达赖喇嘛有了一种凌驾于“流亡政府”之上又超脱于“流亡政府”之外的身份，使其既可以利用“流亡政府”的资源又不必受政治身份所累，在国际舞台上赢得更多自由腾挪的空间。2. 洛桑孙根成为首席噶伦（根据修改后的《流亡藏人宪章》，该职位后更名为“司政”）。洛桑孙根上台既有受达赖喇嘛退休影响的属性，也有独立发挥作用的属性，因为有着美国教育和工作背景的洛桑孙根不同于之前的历届首席噶伦，他更懂得如何利用国际话语资源，为“流亡政府”在美国的活动铺路。3. “流亡政府”更名。“流亡政府”更名为“藏人行政中央”是为了软化“流亡政府”的政治属性，使其看起来更像一个非政府组织，从而便利其在国际领域的活动。

2011 年 3 月达赖喇嘛宣布政治退休以来，达赖集团政治变革的三个变量正是通过长期以来形成的三种国际活动模式发挥作用。有的情况下一个变量借助一种模式起作用，有的情况下则是几个变量借助一种模式或一个变量同时借助几种模式起作用，从而构成达赖集团拓展国际活动空间的一整套复杂机制。

① 肖杰：《涉藏议题：美国的政策与操作》，载于孙哲主编：《亚太战略变局与中美新型大国关系》，北京：时事出版社，2012 年版，第 100—101 页。

第一，变量1加模式1、2，达赖喇嘛退休影响直接作用于美国政府，并通过美国社会进一步将影响力传递给美国政府。达赖喇嘛宣布退休以来，在国际活动方面获得的两个最大的收益就是“高风亮节”的名声和更加自由的身份。一方面，达赖喇嘛被美国频频誉为推动“西藏民主事业”的“伟人”。从2011年3月美国众议院前议长佩洛西发表“3·10”声明开始，越来越多美国政要通过各种方式，包括发表声明、推动议会通过决议案等，支持达赖喇嘛的“义举”，对“流亡政府民主化”进行大力褒奖。2011年7月达赖喇嘛访美期间，美国国会专门通过一项题为“欢迎十四世达赖喇嘛尊者访问华盛顿特区，并对其致力于世界和平、非暴力、人权、宗教自由和民主表示敬意”的决议案①。2012年3月，美国参议院通过相关决议，其中也包含对达赖喇嘛推动“民主化”运动的赞扬。可见，达赖喇嘛退休本身产生的影响已足够使达赖喇嘛本人及其政治事业在一个不短的时间内成为美国政治领域内被关注的焦点，客观上为达赖集团在美活动提供便利。另一方面，在名义上退出政治事务后，达赖喇嘛更有理由宣传自己是纯宗教人物，在进行国际活动时身份也更加自由。由于身份更加超脱，达赖喇嘛在退休后得以通过打擦边球的方式，借助宗教的外衣，避开政治的阻碍，开拓国际活动新的空间。

第二，变量2加模式1，洛桑孙根上台影响直接作用于美国政府。作为在哈佛大学获得法学博士学位的世俗知识精英，洛桑孙根比“流亡政府”之前的历届首席噶伦都更熟悉美国政府的运作方式、政治规则、战略谋划和外交政策考虑，也更懂得通过与媒体合作、国会听证会作证、立法咨询、私下游说等方式影响美国政府的议程

① “Welcoming His Holiness the 14th Dalai Lama to Washington, DC, and recognizing his commitment to world peace, nonviolence, human rights, religious freedom, and democracy”, H. RES. 338, http://thomas.loc.gov/cgi-bin/query/z? c112: H. RES. 338.

设置。上台以来，洛桑孙根利用自己对于美国社会语言规范、心理状况的熟稔，频频向主流媒体借力，宣传自己的政治主张。他在《纽约时报》、《华盛顿邮报》、《华尔街日报》等一线主流媒体上先后撰文4篇[①]，接受媒体采访更是难以计算，说明他对美国媒体话语的把握和与传媒人员的关系已达到其他流亡藏人精英难以望其项背的地步，某种程度上甚至比达赖喇嘛更善于利用西方传媒的力量。2011年11月，在上台后不久，洛桑孙根就获邀在美国众议院人权委员会的听证会上就“流亡政府”变革、“中间道路”、西藏的人权状况等六大问题进行作证[②]，其发言内容和形式充分体现了他对于国会政治的良好掌握。美联社曾刊发一篇文章称，洛桑孙根在哈佛从一个法学院学生到研究员的16年时间里，逐渐成长为一个“有野心的、政治风格趋向克林顿式（Clintonian）、注重修辞学、能够自我推销的美式政客”，他熟谙西方政客的行事风格，“能够在摄像头、照相机前应对自如，展现个人魅力，能够赢得和他有不同见解的人的支持”。[③] 正是这种非常西方化、美国化的政治风格，使得洛桑孙

---

① Lobsang Sangay, “The Myth of Socialist Paradise”, New York Times, http://www.nytimes.com/2011/08/17/opinion/the-myth-of-socialist-paradise-in-tibet.html; “Chinese repression to blame for immolations in Tibet”, The Washington Post, http://www.washingtonpost.com/opinions/chinese-repression-to-blame-for-immolations-in-tibet/2011/11/03/gIQAYBXzjM_story.html; “For Tibetans, no other way to protest”, The Washington Post, http://www.washingtonpost.com/opinions/for-tibetans-no-other-way-to-protest/2012/07/13/gJQA13wniW_story.html; “Tibet is the Test of China's Rise”, Wall Street Journal, http://online.wsj.com/article/SB100014241278873245563045781186218190346 9 6.html.

② “Testimony of Dr. Lobsang Sangay, Kalon Tripa, Central Tibetan Administration before the Tom Lantos Human Rights Commission”, US House of Representative Official Website, http://tlhrc.house.gov/docs/transcripst/2011_11_03_Human_Rights_in_Tibet/Lobsang_Sangay_Testimony.pdf.

③ 《洛桑森格华府积极游说 为民为己?》，多维新闻网，http://china.dwnews.com/news/2012-07-25/58790521-all.html#page1。

根很快在美国政要中间建立起自己的社交圈和政治声援团[①]。但洛桑孙根西方化、世俗化、精英化的风格同时也是他的一种软肋，使得他难以在美国民众中建立起如达赖喇嘛般的个人形象。洛桑孙根在美国的影响力目前看主要还是集中在精英层面，对于草根阶层的影响力相对不足。

第三，变量1、变量2加模式3，达赖喇嘛退休的影响作用于境内藏区并产生政治事件，这些事件通过洛桑孙根领导下的“流亡政府”的公关和宣传影响到美国政府。达赖喇嘛2011年3月宣布退休和9月发表转世声明的相关消息传回中国境内藏区后，在当地一些秉持极端狂热宗教情感的人群中间产生了极大的心理震撼。借助这两个举动，达赖喇嘛至少是客观上向境内藏族群众传递了一个“达赖末日”的心理暗示，即十四世达赖喇嘛步入人生晚年，依然回国无望，而十五世达赖喇嘛仍将在国外转世，远离境内信徒。在这种心理暗示影响下，一些信仰比较极端的人感到一种“达赖回国”希望的幻灭，而采取极端自焚的形式表达自己的不满。对于不断增加的自焚案件，达赖喇嘛虽一方面表示不支持，但同时也提出不反对，甚至认为自焚“可以理解”[②]，这等于变相以达赖喇嘛之尊默认了自焚的合理性。自焚事件的频发，给了以美国为首的西方国家借助“西藏问题”干预中国内政的绝好借口，而洛桑孙根和“流亡政府”的公关和游说活动推动了这些事件的影响力在美国各界的持续发酵。

---

① 除了洛桑孙根本人外，“流亡政府”的许多高官都有着深厚的美国背景，这种背景为他们在美国和其他西方国家进行公关活动提供了许多便利。相关信息参见 Varinder Bhatia，“Tibet govt-in-exile：The US link”，Indian Express Website，http：//www. indianexpress. com/news/tibet-govinexile-the-us-link/1003659/0。

② “Don’t encourage，but self-immolations understandable and very sad，says the Dalai Lama”，Phayul，http：//www. phayul. com/news/article. aspx？ id = 32019&article = %e2%80%98Don%e2%80%99t + encourage%2c + but + self-immolations + understandable + and + very + sad%2c%e2%80%99 + says + the + Dalai + Lama&t = 1&c = 1.

2011 年 11 月，洛桑孙根曾公开表示，他敬佩自焚藏人的勇气，并说这些人是为了西藏事业，选择将肉身作为火炬点燃。2012 年 7 月在访美期间，他再次表示自焚是西藏人民以非暴力的方式反抗中国政府的压迫①。可以看出，洛桑孙根实质上是在变相鼓励自焚，并且他将自焚当成一种引起国际社会注意和鼓动国际社会介入“西藏问题”的工具。除“流亡政府”外，许多散居各地的流亡藏人也参与到利用自焚事件引起国际舆论的活动中，在 2012 年 12 月国际人权日当天，约有十几个国家的流亡藏人以不同形式举行集会，向所在国政府提出向中国政府施压的要求，以此引起国际舆论的关注。在达赖喇嘛退休的影响下和“流亡政府”借助自焚事件进行的国际公关活动引导下，才有了上文提到的美国国会和行政当局对于“西藏话题”的频频关注和持续发声。

第四，变量 3 加模式 1、模式 2，“流亡政府”更名为“藏人行政中央”的影响直接作用于美国政府，并通过美国社会进一步将影响力传递给美国政府。“流亡政府”在名称上努力“去政治化”，从政策目标上有着规避合法性困境、争取国际舆论支持、方便自身国际活动、树立境内外藏人代表人形象和拓宽与中国政府接触谈判空间等一系列打算。从国际活动的角度看，这一更名是为了突破各国政府对于“流亡政府”不承认政策的硬性杠杆、摆脱合法身份的困扰，方便国际公关和获取国际援助。“流亡政府”的更名从短期看产生了一些符合最初期望的结果。但“流亡政府”更名在目前看是三个变量中发挥作用相对最小的一个。这很大程度上是由于“藏人行政中央”在内涵上的模糊性。从之前的正式名称看，无论是藏文中的“甘丹颇章”还是汉文中经常使用的“西藏流亡政府”，指代意义都极为明确，而且两者之间存在清晰的法理传承，尽管这种法理

① 《洛桑森格华府积极游说 为民为己?》，多维新闻网，http：//china. dwnews. com/news/2012 - 07 - 25/58790521 - all. html#page1。

依据在国际法上站不住脚。但“藏人行政中央”在规避了“流亡政府”合法性困扰的同时，也将自身定位的明确性一并抹去，以致“流亡政府”和“藏人行政中央”这两个概念在国际话语体系中仍被交替使用。

四、达赖集团在美活动空间拓展的深层次原因分析

借助达赖喇嘛退休、洛桑孙根上台、“流亡政府”更名等一系列政治动作，达赖集团短时间内稳步拓展了其在美活动空间。个中原因，除了达赖集团高层人员积极主动的国际公关以外，很大程度上还由于近年来世界政治发生的一些显著变化，以及达赖集团的某些变革恰恰踩中了世界政治变化的“节拍”。2008 年爆发的国际金融危机从国际格局（国家间实力对比）、政治文化等方面极大塑造了世界政治的新面貌，而这种世界政治的变化也为达赖集团的国际活动提供了一些便利条件。

第一，美国“重返亚太”为达赖集团国际活动提供了战略基础。2008 年国际金融危机后，国际结构发生了较为明显的调整。中国在危机环境中的持续发展与欧美国家经济复苏的缓慢形成鲜明的对比，很大程度上刺激了“中国威胁论”的进一步提升。2009 年美国高调宣布“重返亚太”，这一相对模糊的立场经过几轮表述上的调整，基本形成了以政治和战略上的“转向亚洲”（pivot to Asia）、安全政策上的“再平衡”和经济上“跨太平洋战略经济伙伴关系”（TPP）为支点的整体性亚太战略，其中对华政策无疑是最重要部分。在美国战略重心东移并释放了强烈针对中国信号的背景下，达赖集团借

机加大了炒作藏区“人权灾难”的力度。对于许多本就在千方百计寻找中国“威胁”证据的美国政客来说，达赖集团炒作的“西藏问题”正好可以作为说服国内其他政治力量的有效话题。

第二，包括美国在内的许多国家政治领域出现求新求变的政治心理和文化现象，为达赖集团在美活动提供了思想基础。国际金融危机在令许多国家经济上深陷低迷状态的同时，也改变了这些国家民众对于治理方式和领导人类型的期待。2008 年奥巴马以“变革”为口号赢得美国总统大选，某种程度上开启了一种政治变革的风气。一批年轻、形象清新、精力充沛、以反对之前的政治运转方式为口号的政治家逐渐开始在政治领域崭露头角或直接掌握政权，除奥巴马之外，还有之前上台的台湾地区领导人马英九、之后的英国首相卡梅伦、领导“日本维新会”走向全国政治舞台的桥下彻等人。在这样的背景下，达赖集团适时推出洛桑孙根出任“流亡政府”领导人，正是希望借助其年轻、外表清新、受过良好教育、口才好等特点对内团结广大中生代和新生代藏人，对外迎合美国广大民众的审美旨趣。与达赖喇嘛在西方营造的庄严、神秘、充满道德性、雅俗共赏的宗教形象不同，洛桑孙根代表的是西方人欢迎的另一种形象，即世俗的、理性的、开放的精英形象。洛桑孙根的上台不仅使达赖集团有了除达赖喇嘛之外另一个受众广泛的“名片”，更契合了国际政治领域求新变革的文化特点，从而有利于达赖集团在美国不同层面进行国际公关活动。

第三，许多国家出现了新一轮“民主化”浪潮为达赖集团在美活动提供了舆论基础。国际金融危机虽然发生在西方国家，但在全球化背景下逐渐扩散到了中东等第三世界国家，并严重影响了当地的经济状况。在奉行世俗威权体制的国家中，之前良好的经济状况支撑了政治体制的平稳运行，而当经济恶化后，人们对威权体制开始不满。2010 年底一名突尼斯小贩的自焚开启了“阿拉伯之春”的序幕，也引发了世界舆论对新一轮“民主化”的关注。在这种情况下，达赖集团以策划煽动境内藏族自焚为手段，引诱世界舆论将“西藏问题”与新一轮“民主化”联系在一起，从而人为造就了一个“中国政府与西藏人民对立”的假象，并将自己打造成“苦难中”的西藏人民代言人，便利自己从美国民众和政府那里获取道义支持、政治支持甚至具体资源的支持。

五、结语

如前所述，由于达赖喇嘛退休等政治变革带来的影响和国际格局深层次原因的共同作用，达赖集团在美活动空间在短时间内有稳步拓展的趋势。而美国一些政治和社会精英出于阻滞中国发展和崛起的考虑，也会对这一趋势施以推波助澜的力量。更为重要的是，以藏传佛教为代表的西藏文化在美国社会各界的影响力愈加呈现不断扩大的态势，这种文化影响的提升虽然不能与分裂势力活动能力的加强直接划等号，但客观上有利于以达赖喇嘛为首的“流亡政府”“僧官”团体借助宗教渠道传播其政治理念。因此，“藏独活动美国化”的进程在可预见的将来不会出现重大逆转。

但在“藏独活动美国化”这一过程逐渐深化的同时，由于推动力量部分出现变化，“藏独”势力特别是“流亡政府”在影响美国政治、社会各界的具体手段和途径上将呈现更为多样化的改变。一方面，“流亡政府”传统上通过在境内藏区制造事端吸引国际注意特别是“美国眼球”的手法将得到强化。随着时间的推移，达赖喇嘛退休和洛桑孙根上台带来的即时冲击效应将逐步减弱。达赖喇嘛在国际旅行、公开活动上的“退而不休”将使国际社会因其宣布退休而产生的心理冲击逐渐降低，洛桑孙根以求变形象出现而产生的新鲜感也会因为他提不出与达赖喇嘛明显不同的政策以及他缺乏在国外草根民众中的影响力而慢慢消失。这将迫使“流亡政府”寻找更为持久的“吸引眼球”手段。而由于封建神权政治在藏区遗留的影响，达赖集团通过宗教途径对境内藏区进行渗透的社会文化土壤依然存在，这将使得在境内藏区制造个体极端事件甚至大规模群体事件，借此引起美国各界广泛注意的策略更加得到达赖集团的倚重。另一方面，“流亡政府”将更多运用“民主、人权、民族压迫”等西方政治术语对美国各界进行“公关”。由于目前达赖集团借以对境内藏区进行影响渗透的手段主要是宗教，而这使得以洛桑孙根为代表的新生代世俗藏人精英难以在其中发挥主导作用。这批逐渐掌权的藏人既然无法主导，必然要寻求新的途径影响境内藏区。除宗教手段外，所谓的民族主义和民主主义是进行社会动员的主要手段，也很可能是他们寻求扩大影响力的主要工具。

针对“藏独活动美国化”不断深化的趋势，中国应当广泛运用内政、外交手段和资源进行整体应对，特别是应当加强对美国的涉藏公关外交。达赖集团和“流亡政府”推动“西藏问题”国际化和“藏独活动美国化”的重要途径就是利用美国民众广为接受的宗教自由、文化权利、环境保护等话语，对其各项政治主张进行包装，并有针对性地向美国民众和精英阶层进行灌输。为此，中国应加大对其“公关话语”的解构力度，还原各种绚丽的“公关话语”背后丑陋的政治图谋，同时广泛宣传西藏的发展成就和民生改善成就，特别是从藏族参与中华民族整体伟大复兴历程的角度介绍中国的民族整体性和利益一致性。此外，应当加强西藏发展稳定和民生改善的力度，从根本上消除达赖集团借以制造“西藏话题”的国内基础。

第七章

能源独立：美国“页岩气革命”的现状与前景

近年来，由于相关关键技术突破，美国页岩气产量飙升，带动了美国能源产量迅速增长。根据美国能源部能源信息管理局（U. S. Energy Information Administration，以下简称 EIA）及国际能源署（International Energy Agency，以下简称 IEA）的最新预估，美国将有能力在 2022 年成为天然气净出口国，并在 2035 年实现“能源独立”。

对页岩气生产繁荣的预期显然对美国和全球而言都具有长期的战略意义，然而现阶段页岩气开发的前景及其影响仍处在评估与探讨之中，一系列的问题有待回答。美国“页岩气革命”得以发生的背景和独特条件是什么？页岩油气资源开采的现状如何？美国油气产量的大幅增长又将带来哪些影响？对于“页岩气革命”前景的争论主要集中于哪些问题？本文将以美国“页岩气革命”的现况和前景为主题，尝试一一回答上述问题。

一、美国“页岩气革命”的背景

（一）“能源独立”对于美国能源安全的意义

能源安全作为国家安全的重要组成部分，直接关乎国家利益。1973 年第一次中东石油危机之后，美国开始提出实现“能源安全”的目标，随后很快上升为美国能源政策的核心目标①。正如曾任奥巴马政府第一任期国家安全事务助理的詹姆斯·琼斯所言，所谓“能源安全”，意味着“足够的、可获取的、支付得起的”能源供给②。

美国对能源安全特别是石油供给安全的忧虑由来已久。二战前，美国曾是原油净出口国，原油产量居世界首位。二战期间，石油成为一种重要的战略物资，美国一度面临石油短缺的境况。上世纪 50—70 年代，尽管美国国内石油消费量和进口量不断增长，但由于美国国内石油产量上升，国际油价持续下降，石油供给安全并非急迫的政策问题。然而，1973 年美国日益增长的石油进口受到石油危机的重创，面临供给骤减和油价飙升的双重困境。1979 年伊朗革命和 1990 年两伊战争导致的石油供应短缺进一步使美国意识到保障石油供给的重要性。“9·11”事件后，美国发动伊拉克战争。与此同时，2003 年以来国际油价也一路攀升，最高时涨幅超过 500%。

正是在对外石油进口依赖增长、国际油价上涨的大背景下，追

① 周琪等著：《美国能源安全政策与美国对外战略》，北京：中国社会科学出版社，2012 年 12 月版，第 76 页。

② American Energy Independence，http：//www. americanenergyindependence. com/security. aspx.

求“能源独立”成为了美国历届政府的重要政策议程。无论是1974年尼克松的《独立运动计划》、1975年福特的《能源独立法案》、1977年卡特的《国家能源计划》、1987年里根的《能源安全报告》、1991年老布什的《国家能源战略》，还是1997年克林顿的《联邦政府为迎接21世纪挑战的能源研发报告》和2001年小布什的《国家能源政策报告》，历届政府都将“能源独立”作为孜孜以求的理想和目标①。概括而言，历届政府增强能源供给安全的重要政策目标主要包括两个方面：一是减少对进口石油的依赖，增加本土油气产量、战略储备，努力扩大能源自给程度；二是减少对石油的依赖，寻找、扩大替代能源（核能、风能、太阳能等）产量，促进能源消费结构多元化。

奥巴马将美国对石油的依赖视作“国家面临的最严重威胁”，认为这种依赖将“为独裁者和恐怖分子提供资金，为核扩散买单”，使美国“任由变动的油价摆布、扼杀创新、阻碍国家竞争力”②。奥巴马政府通过颁布包括“确保能源未来蓝图”在内的一系列政策和法律，将减少进口石油依赖、实现能源安全的目标与减少温室气体排放、促进可再生能源开发结合起来，使能源政策和气候变化政策更紧密地联系在一起。

（二）作为非常规天然气的页岩气在美国能源格局中的发展历程

二战以后，天然气在全球能源消费的比重不断上升，由50年代

① 张茉楠著：《美国“能源独立”战略及影响分析》，《中外能源》，2012年第17卷。

② Washington Post, *Obama Announces Plans to Achieve Energy Independence*, Jan. 26th 2009, http://articles.washingtonpost.com/2009-01-26/politics/36897771_1_prices-nation-energy-urgent-action.

的近15%逐渐攀升至2010年的约20%[①]。与此同时，天然气在美国能源结构中也越来越占据重要地位，在美国国内的消费量逐渐攀升，所占消费比例仅次于石油。截至2008年，石油、煤炭和天然气总共占据美国能源总供给的85%，而天然气的供给量已达到22%[②]。同时，美国本土的天然气生产能够满足90%左右的国内消费[③]。

作为从页岩岩层中开采出来的非常规天然气，页岩气的大规模开发提高了美国天然气产量，并有望逐步满足美国国内日益增长的能源需求。这一过程并非一蹴而就，而是经过了长达几十年的积累。

20世纪80年代前，源于政策限制等一系列原因，美国天然气生产规模长期处在较低水平。二战结束后到20世纪70年代中期，由于存在1938年美国国会通过的《天然气法案》、1954年美国联邦最高法院做出的《菲利普斯决定》等一系列政策法规，美国天然气开发一直面临井口价格管制的局面。这直接导致美国天然气价格长期徘徊在较低水平，生产商在扩大产量规模上缺少积极性，天然气生产在80年代甚至出现产量下降的情况。此外，在里根政府时期，由于采取减少政府干预、信奉市场主导的能源政策，对天然气产业支持力度有限。旨在减少进口石油、支持国内替代能源生产的人造燃料公司（Synthetic Fuels Corporation）计划被最终取消，包括埃克森公司在内的大能源公司也放弃了最初的页岩气开采投资计划。

冷战结束后，天然气作为替代能源的地位和重要性逐渐凸显，美国历届政府纷纷出台政策鼓励天然气的生产和广泛应用。面临日

---

① 来源：英国石油公司（2010），转引自 Chatham House，*The Shale Gas Revolution*：*Hype and Reality*，Sep. 2010。

② U. S. Department of Energy，Office of Fossil Energy & National Energy Technology Laboratory，*Model Shale Gas Development in the United States*：*A Primer*，April 2009.

③ Stephen P. A. Brown，Steven A. Gabriel，and Ruud Egging，*Abundant Shale Gas Resources*：*Some Implications for Energy Policy*，Resources for the Future/ National Energy Policy Institute，April 2010.

益增长的能源需求和能源对外依赖状况，老布什、克林顿和小布什政府任内先后颁布包括《1992 年能源政策法规》、《1993 年国内天然气和石油倡议》、《2007 年能源独立与安全法》在内的一系列法案和政策，旨在降低国内天然气开采的成本，通过增加作为石油替代能源的天然气的产量和消费量，保障能源供给的稳定性及能源安全。

（三）关键技术进步

美国能够低成本、大规模地开发页岩气，其关键源于掌握了迄今为止最先进的开采技术。水平钻井和水力压裂两项关键技术使页岩气开发在商业上实现低成本、在产量上实现大规模。水平钻井技术使得从水平井而非传统的直井中获得页岩气成为可能。从水平井中开采页岩气，其最终采收率是直井的 3 倍，而费用只相当于直井的 2 倍①。此外，与 20 世纪 90 年代使用的凝胶压裂技术相比，水力压裂法可节约 50%—60% 的成本②。

开采页岩气的关键技术经过了几十年发展最终取得了突破，其最初的实验努力可以追溯到 19 世纪。20 世纪 50 年代，压裂技术便开始应用于石油和天然气的开采中。70 年代中期，美国能源部与天然气研究所（Gas Research Institute）就开始共同研发从美国东部的页岩区块中开采天然气③，并在获取低成本天然气的技术上取得初步进展，使得商业开采天然气的成本大大降低。伴随相关勘探设备的升级改造，这一技术在 80 年代初开始逐渐推广④。80 年代开始，米

① 崔青：《美国页岩气压裂增产技术》，《石油化工应用》，2010 年第 10 期。

② 同上。

③ U. S. Energy Information Administration, *World Shale Gas Resources: An Initial Assessment of 14 Regions Outside the United States*, April 2011.

④ 同上。

切尔能源发展公司（Mitchell Energy and Development Corporation）在得克萨斯州巴涅特页岩区（Barnett）应用了相关技术，并逐渐引发了位于传统油气资源地的海内斯维尔（Haynesville）、马尔塞鲁斯（Marcellus）、伍德福德（Woodford）、伊格福特（Eagle Ford）等页岩区的勘探，使得页岩油气资源开始迈向大规模商业开采时代。

（四）其他相关条件的成熟

除了在关键技术条件上实现突破，美国“页岩气革命”的繁荣还得益于配套设施、产权制度、市场机制、政策支持等一系列条件的发展和成熟，其作用主要体现在以下几个方面：

一是天然气管道输送系统的完善。自20世纪三四十年代以来，经过多年的发展，同时得益于发展成熟的天然气市场，美国建成了总长度超过30万英里的天然气管道及210多个供气网络系统。这些都为上游生产的页岩气并网进入下游消费市场提供了便捷条件，使得页岩气开采能够快速迈入商业化和市场化的阶段。

二是土地使用权交易的流动性高。由于美国的土地使用权私有化程度高、交易便利，页岩油气资源开发企业能够以较快速度定位和转移工作区块、找到开采资源的最佳区块，同时在土地上面临较小的法律障碍。

三是市场自由化程度及开放度较高，企业进入门槛较低。各种规模的页岩气生产商在相关市场能够充分竞争，促使生产效率和效益不断提高。同时，清晰的市场监管框架又为天然气市场的健康发展提供了必要保障。

四是对天然气产业的管制逐渐解除，政策支持和保障力度加大。1978年通过的《天然气政策法案》部分消除了天然井口价格的管制，1989年美国国会通过了《天然气井口废除管制法案》，最终取消了这一管制。这些措施为解除天然气产业发展的禁锢、激励产业发展铺平了道路。多年来，美国历届政府通过增加研发投入、设立研究基金、实施税收优惠、增加补贴等措施为非常规天然气的开发提供了一系列优惠条件，扶持和鼓励相关产业的发展。

二、美国“页岩气革命”的现状

（一）美国页岩气的储量、分布及产量

就储量而言，美国现阶段探明页岩气储量巨大。根据美国能源部2009年发布的《年度能源展望》估计，美国探明天然气储量1759.5万亿立方英尺，其中页岩气储量达269.3万亿立方英尺[①]。此外，页岩气湿气探明储量在2009年末达到60.64万亿立方英尺，占全美天然气储量的21%，达到1971年以来的最高值[②]。相比于美国政府，一些市场机构的预测更加乐观。法维翰咨询公司（Navigant Consulting）2008年预测美国页岩气储量高达842万亿立方英尺。非营利组织潜在天然气委员会（Potential Gas Committee）在2009年的预测值为615.9万亿立方英尺[③]。

就分布而言，美国页岩气资源分布广泛。根据能源部2011年发

① EIA, *Annual Energy Outlook* 2009, March 2009.

② EIA, http://www.eia.doe.gov/oil_gas/natural_gas/data_publications/crude_oil_natural_gas_reserves/cr.html.

③ Stephen P. A. Brown, Steven A. Gabriel, and Ruud Egging, *Abundant Shale Gas Resources: Some Implications for Energy Policy*, Resources for the Future/ National Energy Policy Institute, April 2010.

布的报告，美国“下48州”页岩气储量丰富，其中排名前三的地区分别为东北部（63%）、墨西哥湾岸区（13%）、西南地区（10%），排名前三的页岩区块分别为马尔塞鲁斯（Marcellus，141万亿立方英尺）、海内斯维尔（Haynesville，74.7万亿立方英尺）及巴涅特（Barnett，43.4万亿立方英尺）①。

就产量而言，近10年来美国页岩气产量增长超过10倍，逐渐成为美国天然气生产的最主要来源之一，同时也带动了美国天然气产量的大幅增长。根据美国能源部2012年发布的数据，2000年美国页岩气干气的产量尚不足4000亿立方英尺，占当年美国天然气干气总产量的比例不足1%。然而，仅仅10年之后，这一数字在2010年飙升至4.8万亿立方英尺，占当年美国天然气干气生产的23%②。长期来看，美国政府等机构对页岩气的长期可持续生产持积极看法。美国能源部2009年估计，未来20年美国的天然气产量将继续保持稳定③。代表美国石油及天然气行业的咨询组织国家石油委员会（National Petroleum Council）在2011年的预期更加乐观，认为在未来50年甚至更长时间内美国页岩气及天然气的供给都将保持稳定④。

---

① EIA, *Review of Emerging Resources*: *U.S. Shale Gas and Shale Oil Plays*, July 2011.

② EIA, http://www.eia.doe.gov/oil_gas/natural_gas/data_publications/crude_oil_natural_gas_reserves/cr.html.

③ U.S. Department of Energy, Office of Fossil Energy & National Energy Technology Laboratory, *Model Shale Gas Development in the United States*: *A Primer*, April 2009.

④ National Petroleum Council 2011, *Prudent Development*: *Realizing the Potential of North America's Abundant Natural Gas and Oil Resources*, 2011.

2000—2011 年美国天然气干气产量（单位：万亿立方英尺）①

年份	产量
2000	19. 182
2001	19. 616
2002	18. 928
2003	19. 099
2004	18. 591
2005	18. 051
2006	18. 504
2007	19. 266
2008	20. 159
2009	20. 624
2010	21. 332
2011	23. 000

（二）美国页岩气开发带动美国石油产量的增长

近 10 年来美国页岩气产量的飙升基本使美国本土的天然气消费实现了自给自足。根据美国能源部的数据，2011 年美国国内消费天然气总量的 95% 都能由本土生产满足②。然而，与此同时，近 10 年来美国国内的天然气消费量增幅却不足 1 万亿立方英尺。自 2008 年金融危机以来，全美天然气的年度消费量并未获得大幅提升，仅由 2008 年的 23. 28 万亿立方英尺上升到 2011 年的 24. 38 万亿立方英尺③，直至 2012 年才上升至 25. 5 万亿立方英尺④。

① EIA, *Annual Energy Review* 2011, Sep. 2012.

② EIA, http: //www. eia. gov/energy_ in_ brief/article/about_ shale_ gas. cfm.

③ EIA, *Annual Energy Review* 2011, Sep. 2012.

④《美国 2012 年天然气消费量创新高》，新浪网，http: //finance. sina. com. cn/stock/usstock/c/20130301/161414692237. shtml.

2000—2011 年美国国内天然气消费量（单位：万亿立方英尺）①

年份	消费量
2000	23. 333
2001	22. 239
2002	23. 027
2003	22. 277
2004	22. 403
2005	22. 014
2006	21. 699
2007	23. 104
2008	23. 277
2009	22. 910
2010	23. 755
2011	24. 369

在消费端并未大幅增长的情况下，同时受到北美基于市场供给关系的天然气定价机制的作用，美国页岩气增产面临着天然气市场价格的挤压。自 2008 年至 2012 年，根据亨利枢纽指数（Henry Hub Index）显示，美国天然气现货价格从高于 10 美元/百万英热单位的高位快速下降至不足 3 美元/百万英热单位，触及 1999 年以来的最低点②。尽管价格走势在 2012 年后期出现小幅回升，但直至 2012 年末也不足 3. 5 美元/百万英热单位。

如此低的天然气价格已经濒临美国页岩气开采的成本价，在一定程度上压制了天然气产量的进一步增长。根据著名能源研究机构剑桥能源咨询公司的估计，全美页岩气平均成本约为 4 美元/百万英热单位。由于开采和生产页岩气的收益率大大下降、甚至出现“一开采即亏损”的状况，生产商扩大页岩气生产规模的积极性受挫。

① EIA，*Annual Energy Review* 2011，Sep. 2012.

② EIA，http：//www. eia. gov/todayinenergy/detail. cfm？ id =9490.

从2011年年末到2012年，美国天然气产量的增量逐渐趋缓，与此前产量持续走高的趋势形成鲜明对比。

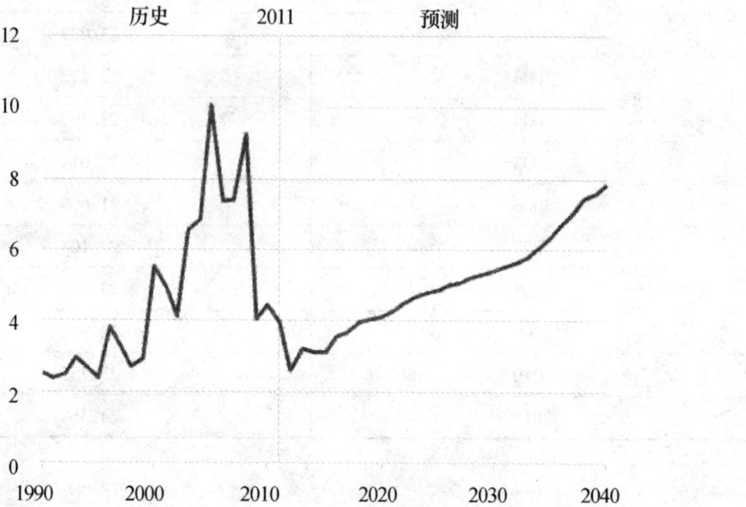

图1　1990年—2040年亨利枢纽天然气价格走势及预测①

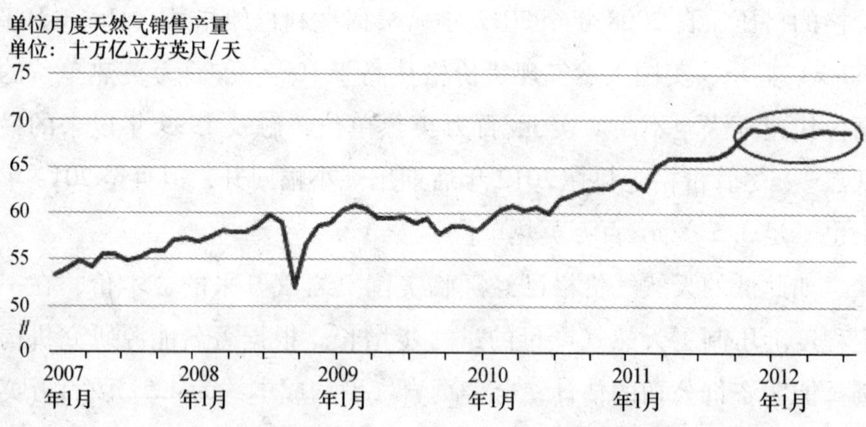

图2　2007年—2012年6月美国天然气季度产量走势②

① EIA，http：//www. eia. gov/forecasts/aeo/MT_ naturalgas. cfm#natgas_ prices.

② EIA，http：//www. eia. gov/todayinenergy/detail. cfm？id＝81907. 626.

源于天然气和石油在市场价格上的巨大差异，为谋求利润并实现转型，不少页岩气开发商逐渐转向开采商业价值更高的页岩油及天然气凝析液。这一转向进一步带动了美国石油产量的迅速增长。根据能源咨询公司 Purvin & Gertz 的估计，2012 年美国页岩区的钻井开发计划快速地由干气转向富含天然气液体产品和石油的地区，美国干气钻机数量所占的比例已从 2009 年初时的近 80% 大幅削减至约 40%①。根据美国能源部的数据，2008 年美国每天原油生产能力为 500 万桶，这一数字在 2010 年升至约 550 万桶。2012 年，美国每天原油生产能力较上年增长 76 万桶，创下自 1859 年美国开始商业开采原油以来的最大增幅②。

2000—2011 年美国原油产量（单位：百万桶/每日）③

年份	产量
2000	5. 822
2001	5. 801
2002	5. 746
2003	5. 681
2004	5. 419
2005	5. 178
2006	5. 102
2007	5. 064
2008	4. 950
2009	5. 361
2010	5. 476
2011	5. 622

① 《美国页岩气开发计划从干气转向液体》，《石油化工腐蚀与防护》，2012 年第 4 期。

② ABC News，*US Oil Production*：*Record Rise in* 2012，Dec. 11th 2012，http：//abcnews. go. com/blogs/business/2012/12/us-oil-production-record-rise-in-2012/.

③ EIA，*Annual Energy Review* 2011，Sep. 2012.

2000—2011 年美国石油制品产量（单位：百万桶/每日）①

年份	产量
2000	7.733
2001	7.670
2002	7.400
2003	7.228
2004	6.895
2005	6.841
2006	6.841
2007	6.847
2008	6.734
2009	7.270
2010	7.550
2011	7.844

三、争论中的“页岩气革命”：影响及可能前景

（一）影响

1. 经济影响

面对金融危机以来经济增长疲软、失业率居高不下的阴影，“页岩气革命”无疑为美国经济注入了一剂“强心针”。在这场革命的支持者看来，作为美国经济的新一轮强劲增长点，页岩气产业繁荣带来供应充足和价格低廉的天然气，这将有效降低工业生产中的能

① EIA，*Annual Energy Review* 2011，Sep. 2012.

源成本，进而带动美国制造业的复苏、拉动相关产业比较优势。美国相关产业振兴不仅能够创造源源不断的就业岗位，而且可以逐渐减少美国对外石油进口、稳步促进美国本土的油气资源出口，进而有效平衡贸易赤字。

根据剑桥能源咨询公司的研究报告①，迄今为止页岩气革命为美国创造的经济效益主要体现在以下方面：第一，促进经济增长，增加就业。仅在2010年，页岩气相关产业创造了760万亿美元的GDP和60多万个新增工作岗位，并将在未来继续增长。第二，创造新税基，提高政府收入。2010年页岩气相关产业为联邦、州及地方政府带来了180多亿的新增税收，并有望继续增长。第三，降低能源开发和应用成本，提升相关产业竞争力。2011年，非常规天然气井的开采成本比常规天然气井的开采成本降低40%—50%，同时较低的天然气价在可预期范围内将使电价降低10%，并提升2.9%的工业产值。这有利于促进制造业回归美国本土，并创造更多的工作机会。第四，实现天然气自给，降低天然气价格。据预测，得益于较低的天然气价格，2005年以来美国家庭平均每户每年在能源上节省的开销超过800美元，然而如果大量依靠进口天然气，美国国内天然气价格至少将攀升至现有价格的2倍。

2. 环境后果

页岩气开采可能导致的负面环境后果一直是困扰这场革命前景的重要因素之一。2011年，时任美国能源部长朱棣文指定能源部长咨询委员会页岩气分委员会研究水力压裂法的环境影响并提供政策建议。虽然该委员会已于2011年就相关技术导致的环境影响发布最终报告，但政府、科研界、行业团体、普通民众等对于这一问题的看法仍然莫衷一是。总结而言，页岩气开发可能带来的负面环境影

① IHS, *Economic and Employment Contributions of Shale Gas in the United States*, Dec. 2011.

响主要包括：

一是耗费和污染水资源。开采页岩气井需要耗费大量水资源，对水资源稀缺的地区造成巨大的环境压力。国际能源署2011年的报告也指出，页岩气开采过程中产生的有害物质将渗透到地下或者溢出地表污染水层。此外，开采出来的天然气也可能直接进入饮用水源，造成巨大的环境隐患①。然而，2011年麻省理工学院发布的报告②显示，过去10年全美开采的超过20000多个页岩气井，仅有43起水污染事件，总体而言页岩气开发对地下水造成的风险可控。

二是美国气候政策面临倒退的风险。根据国际能源署预测，页岩气的广泛使用将加速全球变暖的趋势③。页岩气产量的增加逐渐挤压绿色可再生能源的产业空间和市场份额，进而为美国控制和减少温室气体排放的努力带来新的压力和挑战。

三是存在诱发小型地震的可能性。尽管水力压裂法与地震之间的关联度一直处在争论之中，2012年4月美国内政部下属地质调查局（United States Geological Survey）发布的报告显示，石油和天然气钻井开采活动是近年来美国中西部地区地震频发的主要原因之一④。

3. 对全球及美国能源供需结构的影响

伴随美国页岩气资源的大规模开发，全球能源供需格局也在悄然发生变化。从供需格局来看，全球能源供不应求的状况有所趋缓并逐渐走向平衡；从能源结构来看，天然气生产和消费比重逐渐增大，逐渐改变了石油独大的局面；从生产和消费的中心来看，北美油气资源产量正在逐步升高。

---

① IEA, *Are we entering a golden age of gas?*, May 2011.

② MIT Energy Initiative, *The Future of Natural Gas*, June 2011.

③ IEA, *Golden Rules for a Golden Age of Gas*, May 2012.

④ Financial Times, *Fracking water linked to earthquakes*, April 14th 2012.

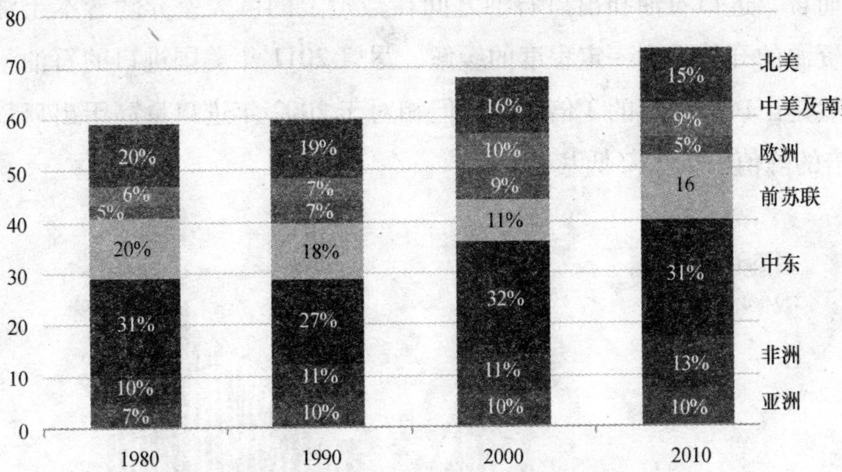

图3　1980—2010 年全球主要地区原油产量及份额①

就美国石油产量而言，过去30年北美原油产量在全球所占比例呈下降趋势，从1980年的20%减少到2010年的15%。然而，自2008年起，北美原油日均产量逐渐增加，从1040万桶上升到2012年的1220万桶，这一显著增长的绝大部分来源于北美页岩油产量的飙升②。

就美国能源进出口格局而言，近年来随着美国本土原油及石油产量的增长，相关产品进口逐渐减少、出口逐渐增多。二战结束以来，美国石油净进口量逐渐攀升，占美国国内消费量的比例也不断提升。2011年美国每日进口原油和石油制品量约为每日1140万桶，相较于2005年的峰值已下降17%；2011年美国石油出口达到每日290万桶，而这一数字在2005年时仅为每日120万桶。因此，2011年美国石油净进口较二战结束后的峰值点2005年下降33%③。对美

① IEA，http：//www. eia. gov/todayinenergy/detail. cfm? id = 4710.

② IEA，http：//www. eia. gov/todayinenergy/detail. cfm? id = 11711.

③ Neelesh Nerurkar，*U. S. Oil Imports and Exports*，*Congressional Research Service*，April 2012.

国而言，进口石油和出口石油之间在数量上的巨大差异随着本土油气资源的开采得到一定程度的缓解。尽管2011年美国进口的石油量依然是出口石油量的3倍左右，但相对于2002年进口量高于出口量7倍的峰值已大大降低①。

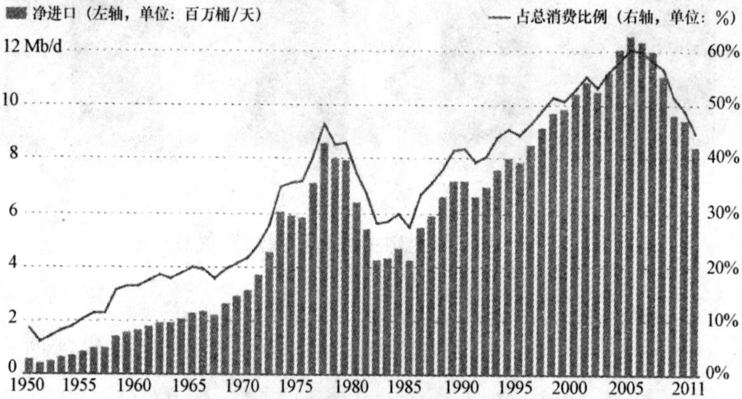

图4　二战后美国原油净进口走势图②

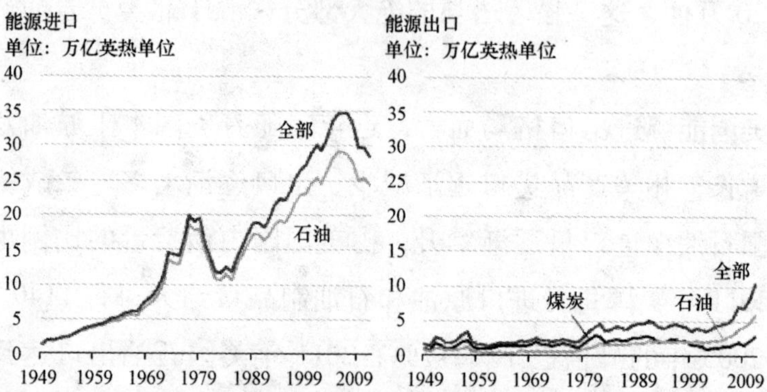

图5　二战后美国能源进出口对比走势图③

---

① IEA，http：//www. eia. gov/todayinenergy/detail. cfm？ id =9230.

② Neelesh Nerurkar，*U. S. Oil Imports and Exports*，*Congressional Research Service*，April 2012.

③ EIA，http：//www. eia. gov/todayinenergy/detail. cfm？ id =9230.

2000—2011 年美国原油和石油制品进口量（单位：百万桶/每天）①

年份	2000	2005	2010	2011
原油	9.1	10.1	9.2	8.9
石油制品	2.4	3.6	3.6	2.4

2000—2011 年美国石油制品出口量（单位：百万桶/每天）②

年份	2000	2005	2010	2011
石油制品	1.0	1.1	2.3	2.9

（二）可能前景的探讨

1. 页岩油气资源储量及产量的持续性？

美国能源部2012年发布报告称，2035年美国页岩气产量将达到20.5万亿立方英尺，天然气产量总共将达到26.1万亿立方英尺，从而使美国实现“能源独立”。然而，这些乐观前景大多建立在预测的基础上，处在不断调整和变化中。尽管美国政府对“页岩气革命”前景的预测较为乐观，然而页岩气在储量和产量上都存在诸多不确定性。造成这一不确定性的原因主要包括：已知的页岩区块规模较大，其中仅有一小部分的实际产量被勘探过；多年来许多气井已高度开发，长期开采的可持续性尚待探明；支撑页岩气区块继续增产的技术力量尚不明朗③。

页岩气储量及产量的不确定性也在近两年来的一系列研究成果和事实中有所体现。2012年1月，美国能源部降低了对国内最成熟

① Neelesh Nerurkar, *U.S. Oil Imports and Exports*, *Congressional Research Service*, April 2012.

② 同上。

③ EIA, http://www.eia.gov/energy_in_brief/article/about_shale_gas.cfm.

页岩区块之一马尔塞鲁斯（Marcellus）的产量估计，降幅高达66%①。对页岩气繁荣持反对态度的加拿大著名地质学家戴维·休斯对美国31个页岩区块的6.5万个页岩井分析后认为，自2011年12月以来美国页岩气产量增长几乎处于停滞状态，占总产量80%的五大页岩区块中有不少区块的产量已呈下降趋势②。以巴肯（Bakken）页岩区块为例，产量在前三年内由69%下降到26%③。

持续开采页岩油也面临类似的不确定性及疑虑。美国能源部2012年预测，2035年美国日均原油产量将达到780万桶，其中页岩油将占280万桶④。然而，相反的观点却认为，虽然勘探和开发中的页岩油井不断增多，但是页岩油产量并没有随之大幅增长。2012年全美25000多个新油井产油总量与2000年全美5000个新油井的产量持平⑤。现阶段，超过80%的探明页岩油储量集中于北达科他州的巴肯（Bakken）和得克萨斯州的伊格福特（Eagle Ford），高产量的优质油田资源相对稀缺⑥，开采的可持续性存疑。

2. 页岩产业商业回报的增长性？

尽管“页岩气革命”带来了相关产业和市场的繁荣，然而反对者却认为这场“繁荣”仅仅是炒作起来的新一轮经济泡沫，并将矛

① Bloomberg, *US cuts estimate for Marcellus Shale gas reserves by 66%*, Jan. 23rd 2012, http://www.bloomberg.com/news/2012-01-23/u-s-reduces-marcellus-shale-gas-reserve-estimate-by-66-on-revised-data.html.

② David Hughes, *Drill Baby Drill: Can unconventional fuels usher in a new era of energy abundance?*, Post Carbon Institute, Feb. 2013.

③ Robert U. Ayres, *Shale Oil And Gas: The Contrarian View*, http://www.forbes.com/sites/insead/2013/05/08/shale-oil-and-gas-the-contrarian-view/, May 8th 2013.

④ EIA, *Annual Energy Outlook* 2012, June 2012.

⑤ Robert U. Ayres, *Shale Oil And Gas: The Contrarian View*, http://www.forbes.com/sites/insead/2013/05/08/shale-oil-and-gas-the-contrarian-view/, May 8th 2013.

⑥ David Hughes, *Drill Baby Drill: Can unconventional fuels usher in a new era of energy abundance?*, Post Carbon Institute, Feb. 2013.

头直指华尔街。页岩气开采是资金密集型行业，需要持续不断的资金注入。然而，由于页岩气产量供大于求、价格持续走低，2012 年整个页岩气产值仅能达到 325 亿美元，然而维持行业生产的资金却需要 420 亿美元。因此，华尔街投行急于出售或者重组页岩气资产，从中赚得高额利润及中介费用。2011 年，页岩产业并购案总额超过 465 亿美元，成为了华尔街投行赚钱最多的业务之一①。

与此同时，“页岩气繁荣”使得大型能源企业看好未来美国和全球的油气市场，纷纷斥资收购页岩区块和页岩生产商作为战略储备，其中包括埃克森美孚 2010 年并购 XTO、必和必拓 2011 年并购 Petrohawk 及 Chesapeake 部分区块、中石化并购 Devon 部分区块、中海油并购 Chesapeake 部分区块等。然而，现阶段大多数企业并购的页岩区块在经营中尚处于亏损状态。2012 年埃森克美孚首席执行官指出整个页岩产业所面临的困境②，现阶段整个页岩产业的商业回报并不乐观。中国国家能源局前局长张国宝也表示，美国“所有页岩气生产商普遍亏损，这是现实”③。长远来看，天然气价格在未来是否会回升，将在很大程度上决定页岩产业的商业回报和长期发展前景。

3. 美国实现“能源独立”并从中东抽身的可能性?

2005 年以来，美国能源部不断降低对未来进口石油量的估计，并指出油气产量的持续增长将使美国逐渐实现能源自给，同时改变美国在国际能源市场的地位，进而改写全球能源政治版图。

---

① Energy Policy Forum, *Shale and Wall Street: Was the decline in natural gas prices orchestrated?*, Feb. 2013.

② The New York Times, *After the Boom in Natural Gas*, Oct. 20th 2012.

③ 张国宝在“第三届全球智库峰会”上的发言，2013 年 6 月 29 日，http://news.gtxh.com/news/20130701/gangjiegoucaigang_443705524.html。

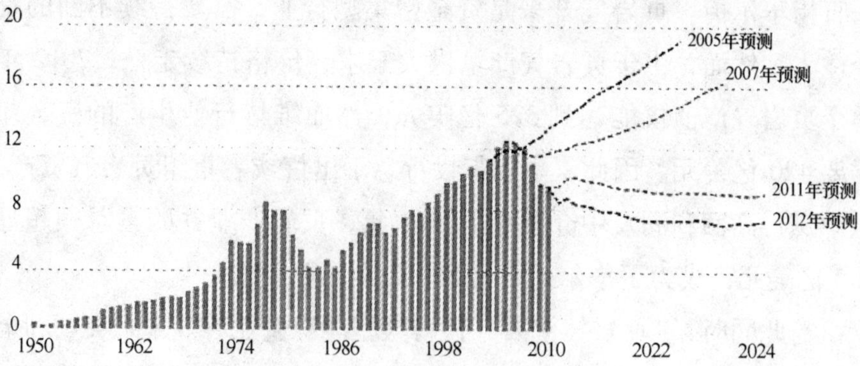

图6　2005—2012 年 EIA 对美国未来石油进口的估计①

一种流行的观点是，美国从海湾及中东地区进口石油的需求将大大减少，国际能源署也预测，到本世纪 30 年代前半期，美国在石油上将不再依赖中东，实现“能源独立”。根据这一逻辑，这一变革将对美国在中东的国家利益及政策产生重要影响，美国可能将大大降低在中东地区的外交和军事介入力度，从中东“抽身”。

对于美国实现“能源独立”的论断，沙特石油大臣直接予以反驳：“2012 年下半年美国从中东进口石油量超过 20 世纪 90 年代的任何时候，美国在将来仍依靠包括中东在内的能源供给，结束能源依赖的论点过于天真。”② 根据美国能源部的数据，尽管美国对于进口原油的总需求在下降，然而从中东进口的原油不降反升。截至 2012 年 11 月，美国当年从沙特阿拉伯进口的原油总量超过了 2009—2011 年每年的总量，这也是自 2003 年以来美国从沙特阿拉伯的石油进口首次超过总量的 15%，从海湾地区的石油进口也在 9 年以来首次超

① EIA，http：//www. eia. gov/todayinenergy/detail. cfm？id = 9230.

② Al Jareeza English，*Saudi minister*：*US to remain energy dependent*，April 30th 2013，http：//www. aljazeera. com/news/americas/2013/04/2013430181940134457. html.

过25%①。

美国在中东地区的利益和政策受到政治、安全、宗教、军事等一系列因素交织影响，并非仅仅出于获取石油的考虑。现阶段而言，维护全球石油供应稳定和石油价格平稳、保障主要能源及贸易运输线安全等利益对美国仍然至关重要，而这些利益无一不包含中东因素。短期来看，叙利亚伊核、巴以冲突等议题决定了美国不愿意也不可能从中东完全“抽身”。中长期来看，中东在政治、经济、地缘等层面的战略意义及美国在该地区错综复杂形势中实现自身利益的需要也难以使美国完全超脱于中东事务，断言从中东“抽身”为时过早。

四、页岩气合作是中美能源合作的新亮点

经过30多年的发展，中美能源合作已逐渐成为双方开展务实合作的重要内容，在扩大双方共同利益、夯实双边互利共赢基础等方面占有越来越重要的地位。双边能源合作肇始于1979年中美正式建交之前，由不定期、零星、个人层面的交流逐渐拓展为双边和多边层面定期、机制化、部门间的合作。在双边政府层面，中美能源合作有代表性的项目包括中美能源政策对话、中美石油及天然气行业论坛、中美能源合作项目、中美战略与经济对话中就能源议题的对话等。此外，中美能源企业、能源研究机构等主体间也开展了范围广、层次多、内容丰富的合作项目。

---

① Ajay Makan, *US oil imports from Middle East increase*, Financial Times, Feb. 25th 2013, http://www.ft.com/intl/cms/s/0/d792c648-7f46-11e2-89ed-00144feabdc0.html.

随着美国“页岩气革命”的迅速推进，探索页岩气领域的合作逐渐成为中美能源合作的重要领域和新亮点。开展这一合作的大背景在于，中国和美国已经成为世界上最大的能源消费国和温室气体排放国，两国在提高能源自给率、促进能源生产消费结构升级、减排温室气体方面都面临较大压力。相对于煤炭和石油，现阶段对于中美而言，作为非常规天然气的页岩气是自给率更高、更为清洁的一种能源，同时也契合了近年来两国天然气需求量持续上升的要求。

在美国页岩气开发成功实现商业化的同时，中国也有条件成为页岩气开发的大国。2012 年 3 月，国土资源部发布的《全国页岩气资源潜力调查评价及有利区优选》显示，中国页岩气可采资源潜力巨大，约为 25.08 万亿立方米①。同月，由发改委、财政部、国土资源部、国家能源局共同发布的《页岩气发展规划（2011—2015 年）》为该行业的发展提出了具体目标，中国力争 2015 年页岩气产量达到 65 亿立方米，2020 年产量达到 600—1000 亿立方米②。尽管中国页岩气产业的发展尚受到地质条件复杂、水资源短缺、开采技术瓶颈、管道及其他配套设施落后、负面环境影响、政策机制困境等一系列因素的制约，但从 2011 年及 2012 年已经完成的两轮页岩气勘探权招标来看，这一产业的发展已进入试水阶段。

虽然“页岩气革命”蓬勃发展的时间并不长，但是中美在双边层面已开展了一系列务实合作，具体可分为以下两个方面：

一是中美政府间合作，内容包括联合科研、政策交流、开展培训等。2009 年 11 月奥巴马访华期间，国家能源局与美国国务院签署《关于页岩气合作的谅解备忘录》。根据该备忘录，双方于 2010 年 5

---

① 国土资源部：《全国页岩气资源潜力调查评价及有利区优选成果发布会》，2012 年 3 月 1 日，http：//www. mlr. gov. cn/wszb/2012/yyqzy/。

② 发改委：《关于印发页岩气发展规划（2011—2015 年）的通知》，2012 年 3 月 13 日，http：//www. sdpc. gov. cn/zcfb/zcfbtz/2012tz/t20120316_ 467518. htm。

月又签署《中美页岩气资源工作组工作计划》，双方各自成立了资源工作组，美方派出工作组专家到中国就页岩气开发和资源评估技术进行交流，辽河东部凹陷区的资源评价研究工作成为中美政府间首个页岩气合作项目[①]。2012 年 9 月，中美两国政府间页岩气监管研讨会在美国召开，美方重点介绍了天然气行业监管的发展历程、政府在促进页岩气开发方面发挥的作用、页岩气区块矿权管理、天然气基础设施建设、联邦政府及州政府执行与页岩气相关的生产、环境和安全监管、页岩气开发对交通设施的影响等，对页岩气发展尚处于起步阶段的中国具有重要的参考价值[②]。2013 年 4 月，国家能源局和美国贸易发展署在四川联合举办第一次中美页岩气培训班。培训内容包括页岩气地质选区评价、地球物理、储层评价等技术[③]。2013 年 7 月，在美国华盛顿第五轮中美战略与经济对话期间，双方就继续扩大页岩气合作、支持两国企业开展天然气投资和贸易等达成基本共识[④]。

二是中美企业间合作。根据中美 2009 年签订的《中美能源合作项目（ECP）的谅解备忘录》，ECP 作为中美企业间能源领域合作平台正式成立。根据 2013 年的最新数据，CEP 成员公司已从最初的 17 家增加到 44 家，下设的工作小组也已经扩展到 10 个，其中包括页岩气合作[⑤]。此外，中国公司收购美国部分页岩油气区块也成为了双

① 国家能源局：《中美政府间首个页岩气合作项目完成》，2012 年 3 月 12 日，http：//www. nea. gov. cn/2012 –03/02/c_ 131442794. htm。

② 国家能源局：《中美两国页岩气监管研讨会成功举行》，2012 年 9 月 17 日，http：//www. nea. gov. cn/2012 –09/17/c_ 131854462. htm。

③ 国家能源局：《中美联合举办第一次页岩气培训班》，2013 年 5 月 13 日，http：//www. nea. gov. cn/2013 –05/03/c_ 132357621. htm。

④ 国家能源局：《张玉清参加第五轮中美战略与经济对话中美能源安全小范围会议》，2013 年 7 月 16 日，http：//www. nea. gov. cn/2013 –07/16/c_ 132546766. htm

⑤ 《中国能源报》，《中美就能源合作“对话”》，2013 年 4 月 25 日，http：//www. nea. gov. cn/2013 –04/25/c_ 132339301. htm。

边合作的重要内容之一。由于美国天然气价格较低，美国不少中小页岩气公司获利空间受到挤压，寻求出售页岩气资产，而与此同时中国公司也将其视作回报乐观的投资机会。2010 年 11 月，中海油收购美国切萨皮克能源公司在得克萨斯州的 Eagle Ford 页岩区块 33.3% 权益[①]；2012 年，中石化收购德文公司在美国阿拉巴马和密西西比州的 Tuscaloosa Marine Shale、Mississippian，科罗拉多州的 Niobrara，俄亥俄州的 Utica Shale、密歇根州的 Mississippian Basin 等 5 个页岩区块 33.3% 的资产权益[②]。

五、结语

总而言之，美国"页岩气革命"迄今所取得的成果得益于它在长达几十年时间内累积的技术优势、政策保障及其他领域的成熟条件。美国在页岩油气资源开发中的成功经验对包括我国在内的其他国家开发非常规油气资源有着重要的借鉴意义。当前，美国不仅在页岩气技术和规模开发上处在全球领先地位，而且将进一步抓住这一机会，加大能源自给、扩大能源出口、提高能源安全，为进一步提升综合国力和国际竞争力创造条件，进而维持自身在世界范围内的领导地位。

当然，这场革命的前景尚待进一步密切跟踪和系统研究。现阶段而言，页岩油气资源在产量和商业回报上能否持续增长尚存较大

① 中国经济网：《中海油 21.6 亿美元收购美德州页岩气项目顺利获批》，2010 年 11 月 16 日，http：//intl. ce. cn/specials/zxxx/201011/16/t20101116_ 21973148. shtml。

② 路透社：《中石化、道达尔共投资 45 亿美元收购美国页岩气资源》，2012 年 1 月 4 日，http：//cn. reuters. com/article/wtNews/idCNCNE80300520120104。

变数，带来的金融障碍和负面环境后果有可能阻碍下一步产业化进程。即使事实证明“页岩气革命”的繁荣并非新一轮经济泡沫，美国能源供需市场的变化对地区和全球能源市场格局的影响也有待继续观察，随之可能带来的地缘政治格局及国际关系的调整恐怕并非一蹴而就。

第三部分　亚太局势与中美关系

“中美在一些问题上有不同看法，双方应该恪守中美三个联合公报原则，尊重彼此核心利益，尊重对方自主选择的发展道路，妥善处理有关分歧，避免两国关系受到大的干扰。……宽广的太平洋两岸有足够空间容纳中美两个大国。双方应该致力于在亚太地区实现良性互动，加强在地区和国际问题上的沟通协调，共同维护地区和世界的和平、稳定与繁荣。”

2013 年 4 月 13 日，中国国家主席习近平会见来访的美国国务卿克里时再次强调中美两国在亚太地区与国际问题上沟通与合作的重要性。

第八章

跨越白令海峡：美国战略东移与美俄关系互动[①]

奥巴马第一任期期间，战略重心的亚太东移是美国国家安全战略的首要议程和重要特征。这一过程最早始于奥巴马就任之初，上台伊始，奥巴马即表示“美国是一个太平洋国家，自己是美国第一位太平洋总统”。[②] 之后奥巴马多次表示，“重新部署必要资源，保持美国在亚洲和太平洋地区的存在是首要议程。美国军费的降低不会减少在亚太地区的资源投入。”[③] 此外，奥巴马政府在2010年5月发布的美国《国家安全战略》报告中称：“亚洲富有活力的经济增长与美国未来的繁荣密切相关，我们已经采取了一些实质措施，通

① 原文曾发表于《美国研究》2013年第1期，转载时略有改动。

② The White House, Remarks by President Barack Obama at Suntory Hall, November 14, 2009, available at: http://www.whitehouse.gov/the-press-office/remarks-president-barack-obama-suntory-hall.

③ The White House, Remarks By President Obama to the Australian Parliament, November 17, 2011, available at: http://www.whitehouse.gov/the-press-office/2011/11/17/remarks-president-obama-australian-parliament.

过区域性组织、新的对话，以及高层外交增加对该地区事物的参与。”① 而对这一进程同样发挥重要作用的国务卿希拉里则将就职后国外访问的第一站放在了亚洲，② 并且在《外交政策》杂志以“美国的太平洋世纪”为题撰文，明确指出，“国际政治的未来并不取决于阿富汗或者伊拉克，而取决于亚洲”，将美国重返亚太战略的重要性，与二战后美国帮助欧洲重建并建立跨大西洋伙伴关系和机制的重要性相提并论。③

一、奥巴马政府战略重心东移的背景

冷战时代，美国的全球战略重心一直在欧洲，把苏联作为首要的战略竞争对手。20 世纪 90 年代初，苏联解体冷战结束，但美国的全球战略并未及时作出重大调整，克林顿政府的战略重心仍然放在欧洲，主要目标是巩固冷战胜利的成果，通过推动北约东扩和建立欧洲反导系统，对苏联的继任者俄罗斯进行规制。2001 年是美国全球战略调整的转折点，“9·11” 事件的发生使小布什政府将反恐作为美国国家安全战略的首要目标，阿富汗等美国认为的恐怖分子藏匿国家和地区成为小布什政府安全战略的关注重心。奥巴马上台时，美国所谓的全球反恐战争已经告一段落，小布什政府时期的安全战

---

① The White House, National Security Strategy, May 2010, available at: www.whitehouse.gov/.../national_ security_ strategy.pdf.

② 希拉里 2009 年 2 月的亚洲之行是之前近五十年间，美国国务卿首次把国外出访的第一站放在亚洲。U.S. Department of State, Remarks by Secretary Clinton En Route to Tokyo, Japan, available at: http://www.state.gov/secretary/rm/2009a/02/117345.htm.

③ Hillary Rodham Clinton, America's Pacific Century, October 11, 2011, available at: http://www.state.gov/secretary/rm/2011/10/175215.htm.

略目标基本完成，而新政府的上台，为美国战略目标和重心的重新调整提供了契机。

奥巴马早在就任前后，就多次提出要将美国安全战略的主要目标从小布什政府时期的反恐，转变为“重塑美国的领导地位”。[①] 而在奥巴马第一任期内，随着希拉里等外交团队主要成员对美国在后反恐时期战略目标的日益清晰和明确，美国的全球战略重心也随之从之前的伊拉克和阿富汗，转移到了经济持续快速发展的亚洲—太平洋地区。奥巴马政府之所以会做出这种转变，主要出于几方面原因：

首先，经济方面。经济状况是反映世界格局变化的重要指标之一，自20世纪八九十年代开始，日本、韩国、新加坡、中国等亚洲主要国家相继实现了经济的快速发展，世界经济中心逐渐从大西洋地区向太平洋地区转移。根据国际货币基金组织的数据，目前全球前三大经济体均位于亚太地区，[②] 该地区占据了全球超过一半的产出份额和将近一半的全球贸易。[③] 亚太地区的外汇储备占据了全球外汇储备的重要份额，外商直接投资流入规模和对外投资规模均快速增长，主要经济体持有相当数量的美国政府债券。[④] 2010年美国向亚

① Barack Obama, “Renewing American Leadership”, Foreign Affairs, July/August 2007, available at: http: //www. foreignaffairs. com/articles/62636/barack-obama/renewing-american-leadership? page = show. The White House, Remarks by President Barack Obama at Suntory Hall, November 14, 2009, available at: http: //www. whitehouse. gov/the-press-office/remarks-president-barack-obama-suntory-hall.

② 2011年，全球前三大经济体分别为美国（名义GDP为150757亿美元）、中国（名义GDP为72981亿美元）、日本（名义GDP为58665亿美元）。数据来源：国际货币基金组织。http: //www. imf. org/external/pubs/ft/weo/2012/02/weodata/index. aspx.

③ Hillary Rodham Clinton, America’s Pacific Century, October 11, 2011, available at: http: // www. state. gov/secretary/rm/2011/10/175215. htm.

④ 根据美国财政部数据，截止到2012年10月，美国国库券的前十大持有国中，有四个亚太国家：中国、日本、俄罗斯、新加坡。其中中国和日本分列第一和第二。available at: http: //www. treasury. gov/resource-center/data-chart-center/tic/Documents/ mfh. txt.

太地区的出口总额达到 3200 亿美元，为美国创造了 85 万个就业岗位。[①] 亚太地区经济的快速增长与欧洲国家深陷债务泥沼的情况形成鲜明对比，正是在此背景下，奥巴马政府开始将战略重心重新放到亚太地区，期望通过增加在该地区的贸易和投资，为美国创造更多的出口市场和就业机会，拉动美国经济复苏。为此，奥巴马政府采取了一系列具体措施，除了增强与中国、日本、韩国、印度等亚太主要经济体双边层面的经济合作以外，还倡导成立亚太自由贸易区，在夏威夷主办了 2011 年亚太经合组织领导人会议，并提出建立“跨太平洋伙伴关系”的倡议。

其次，地缘政治方面。除了经济因素以外，应对中国崛起也是美国战略重心亚太东移的另外一个重要原因。对于中国崛起，奥巴马政府的态度有两个方面：一方面，美国对于中国国际经济影响力和国际政治影响力的日益上升持欢迎态度。奥巴马和希拉里曾经多次表示，中国的繁荣和稳定有利于美国利益，美国欢迎中国在国际事务中发挥更大作用。但另一方面，美国同时强调，中国必须做一个负责任的大国，希望中国遵守既有的国际规则。言外之意，即希望中国在现有的国际规则框架内，以和平方式、以不挑战美国全球领导地位的方式崛起。[②] 为了规制中国的崛起，除了与中国双边层面的接触外，奥巴马政府更多通过参与亚太地区多边机制的方式，希望联合其他亚太国家一起对中国进行制衡。例如，除了更多参与亚

---

① Hillary Rodham Clinton, America's Pacific Century, October 11, 2011, available at: http: // www. state. gov/secretary/rm/2011/10/175215. htm.

② 杰弗里·贝德（2009 年 1 月至 2011 年 4 月担任奥巴马政府国家安全委员会东亚事务高级主任）在其著作《Obama and China's Rise: An Insider's Account of America's Asia Strategy》中，指出奥巴马政府对华战略有三个“支柱”：1. 欢迎中国的崛起和影响力的增强，欢迎中国正当地扩大其作用；2. 使中国的崛起符合国际规范和规律；3. 塑造亚太地区的环境，以确保崛起的中国成为该地区的一个稳定因素而非破坏因素。Jeffrey A. Bader, Obama and China's Rise: An Insider's Account of America's Asia Strategy, pp. 69 – 70.

太经合组织的事务外，奥巴马还首次参加东盟国家主办的东亚峰会，并迎合印度的“向东看”战略，积极推动美日印三边对话。除了中国以外，印度和印尼也是奥巴马政府在亚太地区地缘政治中的关注重点。印度和印尼地处印度洋经马六甲海峡进入太平洋的战略要道，两个国家拥有全世界将近四分之一的人口，也同是 G20 成员国。此外，印尼还是世界上穆斯林人口最多的国家，不论从安全层面，还是经济层面，这两个国家对于美国都具有重要意义。如果说奥巴马政府对于中国的政策是接触和防范，而对于印度和印尼，更多则是争取获得这两个亚太新兴经济体的支持和配合，以构建美国主导的亚太地缘框架。

第三，安全方面。亚太地区涉及美国的多重安全利益，这也是奥巴马政府决定“重返亚太”的重要考虑之一。从大的方面说，美国在亚太地区的安全利益主要有五点：一是通过既有的军事同盟框架，继续对日本、韩国、菲律宾、泰国、澳大利亚等传统盟友进行领导和行为规制；二是继续通过六方会谈和东亚峰会等，解决朝核问题；三是通过参与解决钓鱼岛和南海等领土争端，形成对中国的牵制；四是巩固在阿富汗和巴基斯坦等地的反恐成果，解决当地的反恐遗留问题，同时继续关注周边地区及中亚的恐怖主义活动、宗教极端势力，以及毒品问题；五是保证马六甲海峡和南海等战略航道的畅通和安全。出于以上考虑，奥巴马政府采取了诸多措施。2012 年 1 月，奥巴马公布美国的新军事战略，正式宣布美国的国防安全重心向亚太转移。① 2012 年 3 月，美国国防部副部长艾什顿·卡特表示，未来几年，美国海军 60% 的军舰将部署在太平洋地区，其中包括增加一艘航母，使美国部署在亚太地区的航母数量达到六

---

① U. S. Department of Defense, Sustaining U. S. Global Leadership: Priorities for 21st Century Defense, January 2012, available at: www. defense. gov/. . . /Defense_ Strategic_ Guidance. pdf.

艘。此外，美国陆军和海军陆战队也将加强轮换，部署在亚太地区的美军数量将“只增不减”。此外，美国助理国防部长克里登表示，美国将寻求通过与日本、韩国、澳大利亚等国的合作，在亚洲建立一个类似欧洲导弹防御系统的防御体系。根据计划，美国将在日本南部部署一个新的预警雷达，并有可能在东南亚部署另一个与导弹防御舰船和陆基拦截装置绑定的雷达。奥巴马政府的以上重大举措，都意在维护美国在亚太地区的安全利益。

最后，价值观和意识形态方面。价值观的推广和意识形态的竞争在美国的外交战略中一直同时具有两方面含义：一是美国认为自由民主和市场经济具有普世价值，把自身价值观的推广本身作为目的；二是把其作为维持美国国际影响力、保持美国世界领导地位的手段。因此，在奥巴马政府的外交战略中，自由民主价值观被视为美国最重要的资产和外交政策的核心。① 然而，在亚太地区，美国对自身价值观和意识形态的推广却有另外一个重要内容：随着中国经济的高速增长和国际经济、政治影响力的上升，所谓华盛顿模式与北京模式的争论和竞争开始浮出水面。中国之前三十余年的经济发展成就向世界指出了不同于华盛顿模式的另外一条发展道路，即通过中央集权的政治领导，对社会和经济事务进行直接和有效的管理。这种对美国核心价值观的挑战在一定程度上，也构成了对美国国际领导地位的挑战。因此，奥巴马在第一任期内，一方面与中国深化经济关系，另一方面则一直呼吁中国保护人权，推进政治体制改革。除此之外，美国还通过各种途径，向倾向和追随中国发展模式的亚太国家，如越南、缅甸、朝鲜等施加压力，呼吁这些国家进行自由民主和市场经济改革。

---

① Hillary Rodham Clinton, America's Pacific Century, October 11, 2011, available at: http: // www. state. gov/secretary/rm/2011/10/175215. htm.

二、战略重心东移对美俄关系的影响

奥巴马政府的亚太东移战略是二战后美国首次将其战略重心从大西洋地区转移到太平洋地区。与美国相同的是，从国土区域看，俄罗斯同样既是大西洋国家，也是太平洋国家。因此，美国的战略重心东移对于俄罗斯来说，会同时影响到其西部和东部的战略环境，美俄两国的重点外交议程，也会由之前的欧洲，转移一部分到亚太地区，以上两方面变化都会对美俄关系产生不同程度的影响。

首先，俄罗斯的西部压力相对减轻，美俄两国围绕该地区地缘斗争的紧张关系会得到一定程度的缓解，从而为俄罗斯提供一个新的战略喘息期。由于俄罗斯国内经济发达地区绝大部分位于西部，并且由于西部邻国众多，天然的地缘环境、与欧洲国家悠久复杂的历史渊源，再加上俄罗斯历史上大部分时期一直自我标榜“欧洲国家”和“向欧洲看”的传统，使俄罗斯与中东欧和西欧国家的联系紧密，西部历来、并且将来也会一直是俄罗斯的战略重心。

从地理区域看，后冷战时期，美俄两国地缘争夺和安全斗争的焦点同样主要集中在俄罗斯西线。首先是北约东扩。美国及西方盟国通过1999年和2004年的两轮北约东扩，分别将波兰、捷克、匈牙利等中东欧国家和波罗的海三国纳入西方阵营，从西线对俄罗斯进行战略挤压，蚕食俄罗斯的战略空间。

其次，是欧洲导弹防御系统。虽然美国一直声称，欧洲反导系统的主要目标是针对伊朗，[①] 但是，这样一个预期可以覆盖欧洲全境的导弹防御体系对于俄罗斯来说，无疑是一个重要的遏制和威慑手段。而欧洲导弹防御系统的部署同样是在俄罗斯西线的中东欧。

第三，是“颜色革命”。俄罗斯独立后，虽然一直把独联体地区视做自身传统的势力范围，并且通过建立俄白哈关税同盟、欧亚联盟等措施，逐步推进独联体地区的一体化，希望以此增强对独联体地区的影响力。但是，美国一直没有放弃与俄罗斯在该地区的地缘争夺，2003 年至 2005 年期间发生在格鲁吉亚、乌克兰、吉尔吉斯斯坦三国的“颜色革命”即是突出体现之一。其中，紧邻俄罗斯西境的乌克兰一直是美国及西方盟国力图争取的重点目标，希望通过乌克兰的转变，从俄罗斯西线打开一个缺口。2004 年乌克兰“橙色革命”的发生，曾经一度使俄罗斯西部的地缘形势趋于紧张。随着奥巴马政府将其战略重心向亚太地区转移，俄罗斯西线的上述几点压力均有可能得到不同程度的缓解，美国与俄罗斯在该地区围绕北约东扩、欧洲反导以及“颜色革命”的紧张关系会得到一定程度的改善。

关于北约东扩。2010 年 5 月，乌克兰正式宣布放弃加入北约，而格鲁吉亚因为存在尚未解决的领土争端，尚不符合加入北约的条件，北约在俄罗斯西线的东扩暂时受阻。并且，2010 年 11 月，北约通过“新军事战略”，提出所谓“危机处理”的概念，即成员国可以借助北约这一平台，通过军事手段对外施加影响，北约的军事指挥体系和结构将做出调整，以适应未来“域外行动”的需要。北约的这一新军事战略，可以使其避开作战区域的制约，即使东扩受阻，北约也可以通过该战略扩大作战区域和威慑范围。此外，除了中东欧以外，北约近些年开始借反恐之机，加强与阿富汗和中亚国家的

---

① U. S. Department of State, U. S. Ballistic Missile Defense, May 3, 2012, available at: http: //www. state. gov/t/avc/rls/189285. htm.

军事联系，将部分注意力从中东欧转移到了阿富汗、中亚以及蒙古国等地区。[①] 以上两点都在一定程度上降低了北约在中东欧扩员的迫切性，从而减缓了俄罗斯在西线面临的北约东扩压力。

关于导弹防御。面对俄罗斯对于欧洲导弹防御计划的强烈抵触，奥巴马政府为了减轻俄罗斯的防范心理，在2009年9月宣布放弃在波兰和捷克部署导弹防御系统的计划，转而决定部署针对中短程导弹的“阶段性、更有适应能力的”防御系统。[②] 此外，美国还从技术角度向俄罗斯详细说明欧洲反导系统尚不具备拦截俄罗斯洲际弹道导弹的能力，不会改变美俄之间的战略平衡。[③] 而且，还积极邀请俄罗斯与美国合作建立欧洲反导系统，希望以此消除俄罗斯的顾虑和戒心。[④] 美国的全球反导系统由本土反导系统和地区反导系统两大部分构成，其中，地区反导系统包括欧洲反导系统、亚太反导系统以及中东反导系统三大块，随着战略重心的东移，奥巴马政府对亚太反导系统的重视和投入，会在一定程度上分散对欧洲反导系统的注意力和资源，随之，俄罗斯在欧洲反导问题上的压力会有所减缓。[⑤]

关于“颜色革命”。如果说导弹防御和北约东扩是美俄两国在军

---

① 2012年3月，北约与蒙古正式签署了合作伙伴协议。2012年5月，蒙古首次以和平伙伴关系国身份参加了在美国召开的北约峰会。

② Philip H. Gordon, U. S. Perspectives on Central and Eastern Europe, November 4, 2009, available at: http://www.state.gov/p/eur/rls/rm/2009/131634.htm.

③ RDML Randall M. Hendrickson, European Phased Adaptive Approach (EPAA) Ballistic Missile Defense—A Technical Overview, available at: http://www.state.gov/t/avc/rls/189283.htm.

④ U. S. Department of State, U. S. Ballistic Missile Defense, May 3, 2012, available at: http://www.state.gov/t/avc/rls/189285.htm.

⑤ 在欧洲建立反导系统是美国的既定目标，从当前情况看，这一目标不太可能改变。但是美国及其西方盟国在欧洲部署反导系统的方式和时间有可能随着欧洲在美国全球战略中的地位、俄罗斯的态度以及欧洲的地缘形势等情况进行调整。

事安全领域内的斗争，那么，“颜色革命”则是两国意识形态和价值观竞争的集中体现。奥巴马第一任期内，美俄两国在此领域的斗争有所缓和。突出表现有两点：一是2009年底2010年初乌克兰总统大选期间，奥巴马政府采取了中立和旁观立场，与2004年“橙色革命”时期的做法相去甚远；二是对独联体地区的经济援助大幅度降低，从2008年的2.4亿美元减少到2010年0.5亿美元左右。相比之下，美国对亚洲的经济援助则开始大幅度增加，从2008年的51亿美元左右，增加到2010年的86亿美元。[①] 随着奥巴马政府战略重心的调整，这一趋势有望延续，俄罗斯在独联体地区的压力有可能随之降低。

从地理区域看，俄罗斯东线在亚太地区主要有两部分：一是位于亚洲大陆东北部的东西伯利亚；二是在欧亚大陆与中亚地区接壤的内陆。与西线相比，俄罗斯东线的地缘形势相对轻松，美俄两国在该地区的战略利益冲突较少，对中国的重点关注有利于分散美国对俄罗斯在该地区影响力上升的防范。

第一，本地区所涉及的地缘相关国家相对单一，并且美俄两国在该地区并没有直接的战略利益冲突。在西部，俄罗斯与众多中东欧国家直接接壤或者邻近。这些国家或者是前苏联加盟共和国，如乌克兰、白俄罗斯、波罗的海三国；或者是历史上与俄罗斯关系复杂的前苏联社会主义阵营国家，如波兰、捷克、匈牙利等。俄罗斯独立后，这些国家一直是美国和西方盟国与俄罗斯争夺势力范围的前沿阵地。为了争夺这些国家和地区，美国及西方盟国通过北约多扩、欧洲导弹防御，以及“颜色革命”等对俄罗斯步步紧逼。相比

---

① U. S. AID, available at: http: //gbk. eads. usaidallnet. gov/query/do? _ program =/eads/gbk/countryReport&unit = N. 2010年，美国对亚洲经济援助的份额占其全球经济援助总额的24%. U. S. AID, Data for Foreign Assistance Fast Facts: FY2010, available at: http: //gbk. eads. usaidallnet. gov/data/fast-facts. html.

较而言，东线的东西伯利亚地区地缘形势则较为简单，俄罗斯的东线近邻中国、朝鲜、蒙古国、日本均不属于美俄两国传统的势力范围争夺地区，涉及到诸如北约东扩和颜色革命之类问题的可能性较小。[①] 此外，虽然美国也开始逐步在亚太地区部署导弹防御系统，但与欧洲的导弹防御系统相比，除了防范朝鲜之外，其针对的主要地区大国是中国，直接针对俄罗斯的意图要弱化很多，所以，在亚太地区俄罗斯面临的反导压力要小得多。

第二，就美俄两国本身来说，俄罗斯的东西伯利亚通过白令海峡与美国的北美飞地阿拉斯加隔海相望，不论在苏联历史上，还是在俄罗斯独立之后，美俄两国在该地区一直相安无事，从来没有直接的利益冲突。并且，随着奥巴马政府的战略重心亚太东移，美国开始日益重视白令海峡的重要战略地位，积极着手推动美国阿拉斯加与俄罗斯楚科塔地区之间的经济人文合作，白令海峡周边北冰洋地区的合作也提上议程。[②] 此外，俄罗斯通过太平洋沿岸的终端向美国输送原油的合作以及两国在俄罗斯远东地区的清洁能源合作[③]也在商议之中，美俄在该地区经济人文合作的升温成为两国关系发展的一个稳定和推动因素。

第三，对于亚太地区目前多数的热点问题，俄罗斯并非主要的

① 这几个国家中，蒙古国的情况近年有所变化。在“多支点”外交战略的推动下，蒙古国在2012年3月成为北约的伙伴关系国。2012年11月，蒙古正式加入欧安组织。

② The White House, Joint Statement by the Presidents of the United States of America and the Russian Federation on Cooperation in the Bering Strait Region, available at: http: //www. whitehouse. gov/the-press-office/2011/05/26/joint-statement-president-united-states-america-and-president-russian-fe.

③ U. S. Department of State, Protocol of Intent Among the U. S. Agency for International Development and the Russian Energy Agency on Cooperation In Promoting Clean Energy in the Russia Far East, April 19, 2012, available at: http: //www. state. gov/p/eur/ci/rs/usrussiabilat/192412. htm.

利益攸关方。在朝核问题上，俄罗斯虽然是六方会谈的参与国家之一，但是，在此议题上，除了直接当事国家朝鲜和韩国外，中国和美国才是其中发挥关键作用的两个大国。与中朝关系不同的是，不论苏联时期的历史渊源，还是俄罗斯独立之后的地缘战略，俄罗斯在朝鲜均没有直接而密切的战略利益。俄罗斯在六方会谈中所扮演的角色，更多是各方利益的平衡者，或者在某些时刻作为中国立场的配合者和支持者。对于中国与日本的钓鱼岛争端，以及中国与东南亚国家的南海争端，俄罗斯在其中并没有利益诉求。在奥巴马政府介入该地区领土争端以后，俄罗斯更多只是作为地区力量平衡者的身份出现，在某些议题上，给予中国一定程度的支持和配合。俄罗斯自身在亚太地区唯一的领土争端是北方四岛，但是，在日本同时面临钓鱼岛和北方四岛领土争端的情况下，日本在钓鱼岛投入了大部分的外交和军事资源，一定程度上分散了北方四岛的压力，给俄罗斯提供了游刃有余的空间。此外，与奥巴马政府积极介入钓鱼岛和南海争端不同，至少从目前看，美国还没有参与俄日北方四岛争端的意图和政策，美国对中国的重点关注分散了俄罗斯在亚太地区可能受到的压力。

第四，与俄罗斯在欧洲缺少地区大国支持，往往需要独自与美国及西方盟国斗争不同，在亚太地区，中国是俄罗斯一个重要的战略协作伙伴。两个国家同是联合国安理会常任理事国和核大国，是世界贸易组织、G8、G20、亚太经合组织、上海合作组织、东亚峰会等重要国际和地区多边机制的成员国，随着中国国际经济、政治影响力的日益上升，中国既有更多的外交资源，也有充分意愿投入到与俄罗斯的战略协作中。此外，与英、法、德等美国在欧洲的传统盟国不同，美国的亚太盟国日本、韩国、菲律宾、泰国、澳大利亚等在亚太地区所能发挥的作用和影响力有限，对美国需要防范的大国中国和俄罗斯所能施加的影响较小。而且，与冷战结束后中东欧国家急于加入北约不同，亚太地区的大多数国家，如印度、多数中亚国家，以及印尼等部分东盟国家并不愿意在大国博弈中明确站队，因此，美国联合这些国家对中国和俄罗斯进行制衡的可能性较小。

除了东西伯利亚地区外，俄罗斯东线还有在亚洲大陆与中亚地区接壤的内陆。[①] 在中亚地区，美国对俄罗斯的政策目标有两个方面：一是反对俄罗斯把中亚看作自身的传统势力范围，抵制俄罗斯对中亚国家的地缘控制；二是争取俄罗斯对阿富汗反恐战争的支持。[②] 奥巴马政府上台后，随着阿富汗战争的基本结束和美国的逐步撤军，美国希望俄罗斯与其一起，共同维护阿富汗的战后稳定和参与战后重建。[③] 此外，美国还进一步推动“大中亚计划”的实施，[④]

---

① 这里的“中亚”是包括阿富汗和中亚五国在内的“大中亚”概念。

② 截至2012年6月，通过美俄双边合作和俄罗斯与北约的合作，已经有2200架次飞机，37.9万名军事武装人员，以及4.5万个货物集装箱过境俄罗斯，支持美军及共盟国在阿富汗的军事行动。U. S. Department of State，Fact Sheet：U. S. -Russia Cooperation on Afghanistan，June 18，2012，available at：http：//www. state. gov/p/eur/rls/fs/193096. htm.

③ The White House，Joint Statement by the Presidents of the United States of America and the Russian Federation concerning Afghanistan，available at：http：//www. whitehouse. gov/sites/default/files/us – russia_ joint_ statement_ on_ afghanistan. pdf.

④ 2005年3月，由约翰—霍普金斯大学和瑞典乌普萨拉大学学者联合推出的研究报告“阿富汗及其邻国的大中亚伙伴关系”中，提出了一个所谓“后后9·11时期”的中亚战略。该报告指出，随着美国在阿富汗反恐战争的阶段胜利，在进入所谓“后后9·11”时期之后，美国应该通过加强阿富汗与中亚五国之间的伙伴关系，使美国在中亚的军事存在和政治存在合法化和长期化，从而使美国在“后9·11时期”以反恐为单一目标、以阿富汗为单一对象国的临时、应急策略，转化为以推进美国的欧亚整体地缘利益、以“大中亚区域经济合作”为目标的长期、系统战略。该报告的实质是利用9·11反恐战争的契机，以保证阿富汗“后后9·11时期”的长期安全为借口，为美国在中亚的长期存在提供合法依据，为未来对俄罗斯、中国等大国的制衡作好地缘方面的准备。S. Frederick Starr，“A ‘Greater Central Asia Partnership’ for Afghanistan and Its Neighbors”，Central Asia-Caucasus Institute & Silk Road Studies Program Joint Report，March 2005.

更多从地缘战略角度在中亚地区进行布局。应该说，奥巴马政府战略重心亚太东移战略的提出对俄罗斯在该地区的地缘影响是双重的：一方面中亚地区在美国地缘战略中的位置会得到提升，对于一向把中亚地区视作自身势力范围的俄罗斯来讲，在该地区的地缘压力会有所增加；而另一方面，美国有可能把一部分注意力转移到中国，更加关注中亚国家东部邻国的中国与中亚国家经济联系的加强和在该地区政治影响力的上升，而这则会使俄罗斯在该地区的地缘压力有所减轻。

三、对美俄在亚太地区关系互动的思考

后冷战时代美俄两国关系经历了几个发展阶段。2009 年开始，随着两国总统奥巴马和梅德韦杰夫分别执政，美俄“重启”进程逐步展开，两国关系总体趋于缓和，而奥巴马政府的战略重心亚太东移，总体来讲，会进一步为两国关系缓和提供较为有利的外部环境。

从美国方面看，其在亚太地区对俄罗斯可以使用的外交资源主要有几点。第一，经济的共同开发和合作。例如，在白令海峡周边及北冰洋地区与俄罗斯进行合作开发，在俄罗斯远东地区进行清洁能源合作，通过俄罗斯在太平洋沿岸的石油输出终端，加强与俄罗斯的油气合作。此外，通过亚太经合组织、跨太平洋伙伴关系等多边框架共同参与亚太地区的多边经济合作等。与俄罗斯经济联系的加强会成为美俄关系发展的一个重要纽带，成为两国关系的重要稳定因素和推动因素。第二，与日本、韩国、菲律宾、泰国、澳大利

亚等亚太国家结成的军事同盟。二战后，美国与上述几个亚太国家签署条约结成了军事同盟，与这些盟国所构建的军事安全网络，是美国在亚太地区军事安全的核心和基础。随着“重返亚太”，美国通过一系列行动进一步加强了与亚太传统盟国的军事安全联系。例如，增加与日本和韩国进行联合军事演习的规模和次数，增加驻澳大利亚北部的部队、战机和军舰数量，① 对冲绳驻军、关岛驻军和达尔文驻军进行重新配置等。美国上述在亚太地区增强军事存在的做法虽然主要是为了应对中国崛起，但是，对俄罗斯同样可以形成一定程度的威慑和制约。第三，在阿拉斯加及日本、韩国、澳大利亚等地构建的亚太反导系统。随着奥巴马政府重返亚太战略的实施，与在欧洲部署反导系统防范俄罗斯一样，美国同样把在亚太地区部署反导系统作为防范中国的重要手段之一。除了防范中国，亚太反导系统还可以对俄罗斯西伯利亚大铁路周边部署的弹道导弹进行更加严密的监视和及时预警，从而对俄罗斯形成一定程度的威慑，对其“东进”战略形成一定程度的牵制。第四，北约在亚太地区的渗透。随着奥巴马政府重返亚太，这一地区也逐渐成为北约的重要关注点之一。在西部的欧洲地区东扩遭到俄罗斯的强烈抵制之后，北约的地缘战略出现一种新趋势，即从东部的亚洲国家开始，自东向西对欧亚大陆的核心地带进行渗透。此前，北约已经与日本、韩国、澳大利亚和新西兰等亚太国家建立了伙伴关系。借反恐战争之机，北约又将阿富汗纳入其伙伴关系框架内，并且宣布在2014年从阿富汗撤军后，北约将继续保持与

① 2011年11月，奥巴马访问澳大利亚时宣布，美国将在澳大利亚的达尔文港长期驻军，驻澳美军人数将在五年内增加到2500人左右，并将配备各式先进战机，军舰也有可能进驻。The White House，Remarks by President Obama and Prime Minister Gillard of Australia in Joint Press Conference，November 16，2011，available at：http：//www.whitehouse.gov/the-press-office/2011/11/16/remarks-president-obama-and-prime-minister-gillard-australia-joint-press.

阿富汗的伙伴关系。此外，2012 年 3 月，北约与蒙古国正式签署合作伙伴协议，蒙古国首次以和平伙伴关系国身份参加了 5 月份在芝加哥召开的北约峰会。另外，阿富汗战争结束后，北约日益重视与阿富汗接壤的中亚地区的战略地位，希望通过增强在中亚地区的军事存在，在战略上遏制中亚的周边国家中国、伊朗和俄罗斯。为此，北约积极邀请哈萨克斯坦、吉尔吉斯斯坦和乌兹别克斯坦三个中亚国家参加 2012 年 5 月的北约峰会，并争取在中亚建立军事基地的议题上征得这些国家的同意。

从俄罗斯方面讲，其在亚太地区对美国可以使用的外交资源有几个方面。第一，能源出口和经济合作。随着俄罗斯远东大开发战略的实施，不论是梅德韦杰夫还是普京时期，都日益重视远东地区与亚太国家的经济合作。美俄两国在白令海峡周边的合作开发，在东西伯利亚地区的清洁能源合作，以及通过太平洋终端的油气进出口合作，从俄罗斯方面讲，同样可以作为推动两国关系发展的经济筹码。第二，联合中国和印度等地区大国。中国是美国在亚太地区重点防范的国家，通过与中国的战略协作，中俄两国相互倚重，不仅可以分散美国在亚太地区对俄罗斯的注意力，而且，在一定程度上，可以缓解美国在欧洲对俄罗斯的战略遏制。此外，印度作为亚洲大陆有影响力的地区大国之一，也是俄罗斯可以借力的对象。俄罗斯一直是印度的主要武器供应国，除了军事技术的紧密合作外，近年来，两国还加强了在高科技、宇宙空间开发、航空以及能源领域的合作。俄印两国关系的进一步加强，有利于俄罗斯在南亚大陆的渗透，与位于东亚大陆的中国连在一起，共同应对美国在中亚对俄罗斯、在东亚和东南亚对中国的地缘压力。第三，上海合作组织、集体安全条约组织，以及计划中的欧亚联盟等地区合作平台。上合组织是以中俄两国以及中亚国家为核心、在欧亚大陆腹地构建的地区合作平台，除了中亚国家之外，蒙古国、印度、巴基斯坦以及阿富汗、伊朗都已经成为上合组织的观察员国。随着上合组织覆盖区域的不断扩大，以及成员国之间合作机制的不断拓展和加深，上合组织可以有效防范美国在中亚地区的渗透，成为应对北约在该地区扩大影响的一个制衡力量。此外，由相关独联体国家组成的集体安全条约组织，以及计划到2015年建立的欧亚联盟，都可以成为俄罗斯在中亚及其周边地区抗衡美国及西方盟国地缘渗透的有力机制。第四，美国在地区热点事务上的寻求配合。当前和历史遗留的一些地区热点问题，如阿富汗战后稳定和重建问题、伊朗核问题、朝核问题、中东和平问题以及叙利亚冲突问题，美国都离不开俄罗斯的配合和支持。作为伊朗问题5+1会谈、朝核问题六方会谈中东问题四方会谈、以及计划中叙利亚问题三方会谈的重要参与者，俄罗斯可以通过在这些事务上的配合，换取美国在其他议题上一定程度的让步。第五，多边机制。俄罗斯不仅是联合国安理会常任理事国，还是G8、G20、亚太经合组织、世界贸易组织、欧安组织以及东亚峰会等重要全球和地区多边机制的关键参与者，在涉及到全球经济治理和政治地缘安排的全局事务中，美国同样离不开俄罗斯的认可和支持。

四、结语

奥巴马政府的战略重心东移是在全球经济、政治中心从欧洲大西洋地区向亚洲太平洋地区转移的大背景下发生的，其中，中国崛起是这一转变发生的重要原因之一，对中国的崛起方式进行规制是美国战略调整的重要考量之一，因此，分析美俄两国在亚太地区的关系互动必须首先考虑中国因素。

从战略层面看，在奥巴马政府战略重心东移的大背景下，俄罗斯在美国对外战略中的定位已经发生一定程度的变化。这种变化的突出标志是俄罗斯已经被中国取代，不再是美国在全球范围的首要战略竞争大国，这也是二战结束至今国际政治格局发生的重大变化之一。之所以发生这种变化，原因有两个方面：一是中国的迅速崛起。不论中美两国的主观政策意愿如何，中国综合国力大幅增强和国际影响力快速上升的客观结果不可避免地对美国领导的现行国际经济机制和国际安全机制形成潜在挑战，中国已经成为美国的首要战略防范大国；二是俄罗斯国际影响力的变化以及国家转型进程的推进。首先，普京和梅德韦杰夫任内，虽然俄罗斯的综合国力有了大幅度提升，但是，与苏联相比，俄罗斯的国际影响力已经大为减弱，对美国全球领导地位的挑战大幅度降低。此外，随着独立以来俄罗斯国家体制转型进程的推进，虽然在某些领域和特定时期，其国家治理仍然带有苏联时期中央集权的色彩，但从本质上，俄罗斯已经确立了三权分立和市场经济的基本体制。相应地，美俄竞争已经从以前对立的意识形态的两大阵营斗争，转变成为具有相似意识形态的两个大国竞争，在全球战略层面，俄罗斯对美国领导地位的威胁已经降低。在一定程度上，奥巴马政府“亚太再平衡”战略中对于中国作为大国影响力上升的高度重视，可以看作是俄罗斯在美国对外战略中重要性相对下降的政策表现之一。

总体来说，随着对中国崛起的日益关注和警惕，奥巴马政府的战略重心东移会暂时转移对俄罗斯的部分关注，为美俄关系缓和提供一个较为有利的外部环境，同时，也有望为俄罗斯提供一个新的、较长时期的战略喘息期。中国是美国在亚太地区需要规制的主要大国，在中美两国的竞争和合作中，作为双方的力量平衡者，俄罗斯一方面可以在参与中美合作中获取亚太地区共同快速发展的经济红利，另一方面，也可以在中美竞争中，获得利用双方矛盾分别与中美两国进行利益交换的机会。①

① 针对奥巴马政府的战略重心东移，俄罗斯学界提出两种应对观点：一是“助美制华论”，主张在中美之间保持“中立”，甚至帮助美国制衡中国。这种观点的代表人物是莫斯科卡内基中心主任德米特里·特列宁（Дмитрий Витальевич Тренин）等；二是“协作制美论”，主张加强与中国的战略协作关系，制衡美国在亚太地区的影响力。代表人物是亚历山大·卢金（Лукин Александр Владимирович）、米哈伊尔·季塔连科（Михаил Леонтьевич Титаренко）等。转引自程春华：《美国“重返”亚太与俄罗斯的应对——基于俄罗斯学界研究的视角》，《南京政治学院学报》，2012 年第 4 期，第 68 页。

第九章

朝核问题：中美两国的利益平衡与战略博弈①

自朝鲜战争爆发以来，朝鲜问题成为困扰中美两国的重大问题。冷战结束后，朝鲜问题平添了新的扰动因子——朝鲜核问题。朝鲜核问题自产生以来，接连发生危机，以至高潮迭起。中美两国为使朝鲜弃核和朝鲜半岛无核化付出了20多年的努力。但是，朝鲜核问题却出现了长期化的趋势，这也让中美两国国威受损。传统的中国对朝政策面临为朝鲜拥核“遮风挡雨”的指摘和国际社会的道义谴责。国内学界也开始了对中国对朝政策的反思与检讨。中国对朝政策的“务实化”和“灵活化”变革呼声日高。中美两国如何有效作为，在利益平衡的基础上展开战略博弈，共同推动各自对朝战略利益与诉求的实现，就成为摆在中国朝鲜半岛学者面前不可回避的紧迫课题。

---

① 本文系2012年辽宁省社会科学规划基金青年项目“朝鲜对外政策研究”（项目编号：L12CGJ007）、2012年辽宁省教育厅科学研究一般项目“冷战后美国亚太同盟与中国战略安全”（项目编号：W2012006）、2012年辽宁大学东亚研究中心科研项目“朝鲜核战略对东北亚安全的影响”（项目编号：LNUCEAS2012－04）和“美国战略重心东移及中美博弈”（项目编号：LNUCEAS2012－10）的阶段性成果之一。

一、历史角力和现实博弈

冷战时期，中美两国由于朝鲜战争而发生全面冲突，形成敌意型的相互认知和冲突式的互动模式。冷战结束后，围绕朝鲜核问题，中美两国形成非敌非友型的相互认知和竞争合作式的互动模式。[①] 可见，海权强国美国和陆权大国中国在陆海交接地带的朝鲜半岛的冲突并非不可避免。

（一）中美两国在朝鲜问题上的历史角力

1. 朝鲜战争：中美两国的直接军事冲突

朝鲜战争是在美苏冷战正酣、中美互存敌意的背景下陆权大国中国与海权强国美国围绕具有独特地缘政治地位的朝鲜半岛进行的地缘政治较量和意识形态斗争。朝鲜战争既是新中国成立后首次对外大规模用兵，也是中国首次与全球头号强国美国及其盟友在朝鲜战场上直接兵戎相见，冷战时期两大阵营之间短兵相接的首场热战，还是美国冷战认知下以苏联为首的共产主义阵营发动全球进攻的首次试探[②]。在很大程度上，这是场耗时三载、损兵无数却没有赢家的战争，中美两国受各自盟国朝鲜与韩国的战争的牵累而被动卷入朝鲜内战。

---

① Elna A. Orlova, "Interaction Paradigms of Decision-Making", *International Political Science Review*, Vol. 3, No. 2, 1982, pp. 213 – 214.

② 赵学功：《朝鲜战争时期的美国与中国》，太原：山西高校联合出版社，1995年版，第46页。

朝鲜战争爆发初期，朝鲜军队势如破竹，一举攻占韩国首都。对此，美国武断地认定北朝鲜军队向南朝鲜进兵是掩护中共进攻台湾的一次“战术佯动”①，于是美国采取了一系列反应措施，包括派出第七舰队进驻台湾海峡以阻止中国解放台湾、宣布台湾“中立化”和“台湾地位未定论”、积极分离西藏、实施石油禁运及强化其他贸易控制措施；在承认问题及联合国代表权问题上的立场日益僵化，为转向全面遏制轨道铺平了道路。这些干涉中国内政、割裂中国领土、破坏中国主权的政策，使中国对美敌意陡升②，引起中国强烈反应，并在一定程度上刺激了新中国出兵朝鲜。

1950年8月，美国率“联合国军”直接参战干涉朝鲜战争以支持韩国，但这未能阻止朝鲜军队的推进。1950年9月15日美军仁川登陆以后，朝鲜战局急转直下，朝鲜军队节节败退，美韩联军乘胜追击。9月29日，美军夺取汉城。其间，中国发出一系列的严厉警告：美韩军队应止步于三八线！但被仁川登陆所取得的胜利冲昏头脑的麦克阿瑟将军变得非常自满，不但对中国的警告置若罔闻、没有理会，反而将中国警告全部看成是虚张声势、“虚声恫吓”和“讹诈”，根本不相信中国真的会出兵，对中国军队的实力更是不屑一顾。麦克阿瑟不宣称“如果中国涉足朝鲜，那里将有一场最大的屠杀”。③ 他坚持升级朝鲜战争，把战争扩大到中国。在8月至9月中旬以前，美军战机曾三次侵入中国东北领空并炸毁鸭绿江大桥。

---

① ［美］布雷德利：《将军百战归》，北京：军事译文出版社，1985年版，第722、691页。

② 毛泽东和周恩来认为美军进驻台湾海峡是“对于中国领土的武装侵略”。见：《中美关系资料汇编》第二辑（上），北京：世界知识出版社，1960年版，第91—92页。美国这种公开以武力“保台护蒋”的行为，“直接反对中国的民族利益和革命利益”。见：［美］爱德温 W. 马丁：《抉择与分歧：英美对共产党在中国的胜利的反应》，姜中才等译，北京：中共党史资料出版社，1990年版，第198页。

③ Tang Tsou, *America's Failure in China*, 1941 - 50, University of Chicago Press, 1967, pp. 574 - 575.

1950年10月1日，麦克阿瑟向朝鲜发出要求朝鲜无条件投降的最后通碟。朝鲜立即向中国求助。同日，“统一朝鲜”的八国提案在联大通过，美国不顾中国一再警告，悍然派军越过三八线向中朝边境进攻。美国由此对中国构成直接、现实以及极大的军事威胁。2日，毛泽东做出了出兵朝鲜保卫东北边防的决定，签发了“抗美援朝”的命令[①]，中国决定入朝作战。作为苏联的盟友和朝鲜的友好邻邦，为了“抗美援朝、保家卫国”，中国被迫派出志愿军应战，与美国为首的联合国军在朝鲜战场上进行正面的军事交锋。中国军队一战云山、二战清川江长津湖、三战汉城，接连重创侵朝美军，将美军赶回三八线以南地区，取得对美军事胜利。后来，中美两军在三八线附近展开了几次反复的你退我进、我退你进的拉锯战，双方互有攻守，各有胜负，最后还是在三八线附近停了下来。此后，中美都进行了战略防御，双方至此处于一种胶着的状态。在双方都认识到在战场上难以取胜的情况下，政治解决朝鲜问题的时机成熟了。

经过朝鲜战争一役，中国的政权安全得到显著巩固、国际地位获得巨大提高，赢得了60年和平发展的基础。美国认识到了中国军事实力的强大和战略警告的可信。但是，中美两国在这次战争中都付出了惨重的代价，深切认识到中美两国不能再次兵戎相见。尽量避免和对方在战场上迎头相撞，成为中美两国心照不宣的战略共识和不可触碰的底线利益。朝鲜战争期间，中美关系经历了巨大的转折——朝鲜战争前的非敌非友[②]向朝鲜战争突发后的全面敌对转轨及至中国参战后美国对华全面遏制政策的确立。此后的中美关系受到

① 逄先知、李捷：《毛泽东与抗美援朝》，北京：中央文献出版社，2000年版，第7—11页。

② 从1950年1月到1950年6月，美国对华政策处在一种很特殊的“冻结”状态，仍属于“等待尘埃落定”的过渡范畴。见：林利民：《朝鲜战争与美国对华遏制政策的确立》，《史学集刊》，2000年第2期，第92页。

朝鲜战争的严重损害，大使级外交关系一直没有建立起来。朝鲜战争后，美台签订《共同防御条约》，中国错失解放台湾的大好时机。

2. 冷战中后期：中美两国的间接战略对抗

中美在朝鲜战争期间的直接军事冲突，决定了中美两国在以后的近二十年时间里互为敌人，在朝鲜半岛形成间接战略对抗。

（1）紧张对峙（1954—1971）

从1954年朝鲜战争结束到1971年中美缓和前夕，中美两国在朝鲜问题上跌入相互敌视、彼此威慑的冲突型互动螺旋中而不可自拔。中朝同盟和美韩同盟两大集团在朝鲜半岛上形成针锋相对的紧张对峙与长期对抗。由朝鲜战争所产生的互相疑惧，在50年代和60年代的大部分时间毒化了中美关系，开始了长达20年的公开敌对。①在朝鲜战争后，中美都极力避免在朝鲜半岛再次发生正面冲突。但两国在朝鲜半岛上都有着各自重要的战略利益，两国都不可能放弃朝鲜半岛。在既要避免战争、又要继续保证各自在朝鲜半岛利益的情况下，“战略威慑”就成为一种最佳选择了。中国在朝鲜半岛实施战略威慑的主要方式有：通过签署《中朝友好合作互助条约》与朝鲜结盟；继续力所能及地大规模援助朝鲜；与朝鲜一道对美韩进行一系列口头警告或谴责。而美国手中的威慑手段更多：通过签署《美韩共同防御条约》组建美韩同盟、大量援助韩国、保持相当数量的驻韩美军、在韩国部署战术核武器、与韩国频繁进行各类联合军演、帮助韩国军队进行现代化升级、促使日韩关系正常化以及对朝口头警告等等。中美两国围绕各自的同盟进行了一系列的互动：对己方盟友给予政治支持并进行大量的经济、技术及军事援助，以巩固它们的战略防御力量。由此，韩国成为冷战期间遏制中朝的桥头堡，朝鲜成为冷战期间威慑美韩的防波堤。

① 袁明、[美] 哈里·哈丁主编：《中美关系史上沉重的一页》，北京：北京大学出版社，1989年版，第414页。

（2）对峙中的缓和（1972—1978）

由于受到1972年中美总体关系缓和的有利影响，朝鲜半岛的紧张局势有所舒缓。但是，由于中美敌意的根深蒂固、朝韩之间对抗的继续以及意识形态斗争的持续，中美两国在朝鲜半岛上的威慑性互动及其同盟体系的相互对峙仍在延续，以有效威慑对方发动进攻。中美两国在这一时期加强了对各自盟友的援助，坚定支持己方盟友的政治立场与和谈建议，并坚决反对对方提出的倡议和政治解决方案。然而，在中美缓和的大气候下，中美两国在朝鲜半岛的相互对峙出现了一些缓和的迹象。中国在朝鲜问题上的缓和姿态，表现在明确不支持朝鲜武力统一朝鲜半岛、与韩国的有限接触上；美国则主要表现在美国对朝鲜的有条件承认与实际接触以及撤出部分驻韩美军上。中美在朝鲜问题上的缓和突出表现在：不约而同地鼓励朝韩进行直接对话、欢迎朝韩举行和平会谈、支持朝韩实现和平统一，以避免与对方发生直接对抗。两国不再是剑拔弩张的紧张对峙，而变成烈度明显减弱的对抗。

（3）向竞争型互动的转化（1979—1992）

在1979年中美两国建交至1992年冷战结束、中韩建交这段时期内，中美关系走上平稳发展轨道。随着中美在朝鲜问题上的共同利益逐渐增多，两国从相互对峙的冲突型局面向积极的竞争型互动（对抗与合作并存，对抗为主、合作有限）转化的态势更加明显，尤其在朝核问题上表现出来更多的合作性。在中美建交后，中朝同盟和美韩同盟，朝鲜半岛上的这两大同盟尽管仍在运转着：中朝之间虽然时有龃龉，但是通过频繁的政治互动、中国对朝的援助、承认金正日的接班人地位等举措，继续保持了比较紧密的同盟关系；美国则通过了多次重申对韩防务义务、维持一定规模的驻韩美军、加强与韩国的联合军演、与韩国形成固定的安全磋商机制、继续对韩国进行军事援助、向韩国提供大量先进的武器装备、支持韩国的朝鲜半岛统一方案等方式，保持着与韩国比较稳固的同盟关系。但是，两个同盟的内部分歧日益凸显：中朝同盟的内部分歧突出表现在对于苏联的态度、对于中国的改革开放政策、对于朝鲜半岛的统一方式以及对于美韩的态度，而美韩同盟的内部矛盾则表现在美国对韩国军政权的独裁统治和一些违反人权的行为的批评、美韩的经济摩擦和韩国的独立自主倾向与反美运动。由于中韩交往的加深，两个同盟间曾经泾渭分明的对抗关系有所松动。与70年代相比，由于中朝军事合作①、中国对美批评以及美国对华谴责减少，80年代中美在朝鲜半岛的互动威慑性与军事对抗性成分在减弱，已不再是中美制订与实施各自朝鲜半岛政策的最主要考虑因素了。

（二）中美两国在朝鲜问题上的现实博弈

受2010年“天安舰沉没事件”和“延坪岛炮击事件”这两起冷战结束以来最严重的北南冲突的强力冲击与直接影响，半岛局势“高烧难退”、六方会谈继续停转、北南关系跌至冰点，中美之间的利益明争和权力暗斗相互交错，致使朝鲜半岛的遗留问题与突发事件相互牵动。当前，中美围绕朝鲜半岛问题的解决，已经进入到结构性博弈和联系性博弈相交互的复合博弈阶段。其中，中美结构性安全博弈主要围绕朝核问题展开，但真正的焦点和难点是以对自己更有利的立场和方式构建朝鲜半岛永久和平机制。中美联系性安全博弈主要围绕朝鲜半岛突发性事件进行，但要努力防止以突发性事件处理置换或替代遗留性问题解决的情况，防止美国利用话语优势和权势地位，引导中美结构性安全博弈从目前的基本均势逐渐走向

---

① 这里需要注意的一个事实是，中国除了在1982年向朝鲜提供军事援助外，就再没有在军事上大量援助朝鲜了。换言之，中国自1982年以后就很少对朝鲜进行军事援助了。

对其更加有利的态势。① 面对近年来朝鲜半岛突发性事件不断并多次诱发严重危机的现实，中国有必要积极倡导、联合各方共同建立朝鲜半岛危机管理机制和突发性事件处理机制，以便在突发性事件或是危机爆发时，提前制定各种预案，并按照突发性事件的类型与特点，提出可供选择的应对措施，能够及时反应、协调行动、合理决策和妥善处置，避免国家利益受损。

1. 遗留性问题与中美的结构性安全博弈

朝核问题由来已久，演变至今，成为当前朝鲜半岛最大的冷战遗留性问题。其间，朝鲜频频打出亦核亦导的重量级"组合拳"。这一系列"以超强硬对抗强硬"的实质举动，使得朝鲜核与导弹问题成为朝鲜半岛最为突出且最具全局性影响的遗留性问题。围绕该问题，中美两国展开了各种形式和层次的结构性安全博弈。

1993 年，朝鲜拒绝国际原子能机构（IAEA）的核查要求，宣布退出核不扩散条约（NPT），从而引发第一次朝鲜核危机。美国将朝鲜视为半岛安全的主要威胁。在朝鲜宣布退出 NPT 时，美国等国向联合国安理会提出了要求朝鲜在 NPT 的框架内接受 IAEA 核查的决议，中国没有表示反对，投了弃权票。② 中国在美朝谈判陷入僵局时尽自己所能主动地探索了现实的协调方案，使朝鲜与有关国家沟通思想的渠道变宽。③ 为了力促美韩与朝鲜双方通过协商对话来解决危机，中国数次积极参与和斡旋，以探讨解决核危机的途径。美朝终于在 1994 年 10 月签署了关于朝鲜核问题的《日内瓦框架协议》，朝核危机得以缓解。在此期间，中国并不想对朝鲜施加过大的压力。

---

① 郭锐：《朝鲜半岛问题与大国安全博弈》，载黄凤志主编：《东北亚地区政治与安全报告（2012）》，北京：社会科学文献出版社，2012 年版，第 35—49 页。

② International Crisis Group, "China and North Korea: Comrades Forever?" Asia Report, 112 - 1, February 2006, p. 4.

③ 詹德斌：《后冷战时代美国对朝政策的演变》，复旦大学博士学位论文，2005 年，第 94 页。

中国也很少就朝鲜问题同美国进行直接的政治沟通与互动。

在以接触为主要特征的对朝“软着陆”政策的框架内，克林顿政府提出了旨在建立朝鲜半岛永久和平机制的“四方会谈”建议。一开始中国谨慎应对，不过在朝鲜于 1997 年 6 月底明确表态参加“四方会谈”后，中国立即做出积极表态。中美开始就朝鲜问题进行直接互动。中国在四方会谈中同美国进行了卓有成效的合作性互动，并得到了来自美国的积极回应。

1998 年 8 月 31 日，朝鲜在咸镜北道花台郡向太平洋试射了一枚穿越日本上空的“大浦洞－Ⅰ”型三级中程导弹（射程为1300 公里左右），引起西方国家强烈反响。朝鲜将这次具有挑衅意味和秘不示人的试射辩称为一次失败了的小型人造卫星发射（携带卫星的第三级火箭未能进入轨道）。不过，这并未减轻日韩美对朝鲜弹道导弹计划的出乎意料的技术跨越的担忧，它能令人信服地将日本全部以及美国的某些部分（例如阿拉斯加）纳入其射程范围之内。① 美国认为，朝鲜正在发展远程打击能力，是向不扩散机制和地区秩序挑战，因而联合日韩向朝鲜施压，并举行大规模联合军事演习。这引起美朝关系再次紧张，四方会谈陷入僵局。中国再次劝和促谈。1998 年 12 月，美国指责朝鲜在金仓里搞地下核设施，两国关系骤然紧张。1999 年 3 月中旬，美朝间终于就美国检查朝鲜金仓里可疑地下核设施达成协议。5 月下旬，美国专家组多次进行现场检查，并没有发现朝鲜违背框架协议及开发核武器的证据。

2002 年 10 月，朝鲜承认其正在进行浓缩铀的开发计划，由此引爆第二次朝鲜核危机。中美为解决朝鲜核危机所进行的直接政治互动更为频繁、合作程度更为加深，中国的斡旋更加积极。中国发挥

---

① See Steven Lee Myers, “U. S. Calls North Korean Rocket a Failed Satellite,” *New York Times*, September 15, 1998.

重要影响的最主要表现就是加大了对朝鲜的施压力度[①]并通过“穿针引线”的“穿梭外交”促成了“三方会谈”和“六方会谈”的顺利召开。美国从2005年6月开始对朝鲜进行金融制裁，而朝鲜则以强硬回应之，并在2006年7月试射了7枚导弹。中美两国协调了立场，共同促使联合国通过了关于朝鲜试射导弹问题的第1695号决议，对朝鲜的行为进行了谴责。然而，危机却由于朝鲜的冒险行为而进一步升级。2006年7月，朝鲜向日本海方向发射导弹。10月9日，朝鲜进行了违反国际意愿的核试验。中国对朝鲜的行为表示了严厉的谴责，并且再次和美国等国一起促使联合国安理会通过了第1718号决议。

2009年4月5日，朝鲜发射了一枚“大浦洞－Ⅱ”型洲际弹道导弹（朝鲜称“银河2号”三级运载火箭）。4月14日，联合国安理会发表了主席声明，公开谴责朝鲜发射远程火箭的行为违反了联合国1718号决议。5月25日，朝鲜进行了第二次地下核试验。随后，朝鲜多次进行了多枚短程导弹的试射。朝鲜采取步步紧逼的“边缘”策略并连续展开环环相扣的“大动作”，一方面，鼓舞军队斗志，振奋国民精神，意在稳定国内政局；另一方面，打压周边国家，引起国际关注，意在破解外交困局。6月12日，在美国的强烈要求下，联合国安理会一致通过了旨在谴责朝鲜核试验的1874号决议。这次，中国、俄罗斯也首次投了赞成票。

---

① 根据兰普顿的描述，当朝鲜宣布进行浓缩铀的计划时，中国直接批评朝鲜是在进行“外交冒险主义”，这意味着中国已经将朝鲜的这个行为看作是对中国国家利益的一个威胁；在朝鲜宣布退出NPT之后，中国外交部长唐家璇专门访问朝鲜并明确表示反对朝鲜的这种行为；2003年3月，中国副总理钱其琛秘密访朝并劝朝鲜同美国进行会谈；7月，外交部副部长戴秉国带着中国国家主席的一封信再次访问朝鲜，并要求朝鲜同美国会谈。兰普顿认为，中国对朝鲜的施压是朝鲜决定参加中、美、朝三方会谈的关键因素。详见David M. Lampton，“China and the Crisis in Korea”，remarks at the July conference “Crisis in Korea”，at the Richard Nixon Library & Birthplace，July 30，2003.

2012 年 12 月 12 日，在朝鲜平安北道铁山郡西海卫星发射场，朝鲜军方以“银河 3 号”运载火箭成功地把第二颗“光明星 3 号”人造地球卫星送到预定的空间轨道。国际社会认定朝鲜此项行动是以发射卫星之名，行研制远程弹道导弹之实，显然有意违背安理会相关决议的规定；而朝鲜则反复辩称此举单纯为发展本国空间技术。2013 年 1 月 23 日，因朝鲜违背决议进行火箭发射，联合国安理会一致通过了关于朝鲜的第三个决议——第 2087 号决议，中国对此决议投下了赞成票。朝鲜随即表示不满。2013 年 2 月 12 日，朝鲜置国际社会尤其是近邻中国的斡旋和面子于不顾，在咸镜北道吉州郡丰溪里悍然发动其宣称的威力巨大、完美、旨在使核武器轻型化、小型化和实战化的第三次核试验。中国对此表示强烈不满和坚决反对；美国认为这是“极具挑衅之举”，日本表示无法容忍。国际社会一片谴责、制裁、施压之声。朝鲜此次核导试验意味着朝鲜在理论上拥有了攻击美国本土的核导弹能力。这也是为什么美国新任国防部长哈格尔公开表示，朝鲜已经对美国本土构成了“核威胁”。美韩开始着手制定直接针对朝鲜大规模杀伤性武器威胁的“2099 号计划”。

第三次核试验带来的最大冲击，是朝核问题的“范式改变”——形成朝鲜“拥核自重”的局面。几乎没有国家相信朝鲜还会真心进行弃核谈判，也不会相信朝鲜愿意在核问题上进行诚心诚意的交易。[①] 朝鲜第三轮核试验意味着朝鲜向核武器实战配置阶段大大迈进了一步。朝鲜事实上的核持有国地位更加巩固，朝鲜不放弃持有核武器的强烈意志更加彰显。朝鲜半岛无核化目标被严重动摇，历经 20 多年的无核化努力事实上面临着即将废弃的边缘和付诸东流的危机。国际社会里蔓延着不得不放弃朝鲜半岛无核化目标的失败

① 朱锋：《朝鲜核试验 中国生了多大的气?》，新加坡《联合早报》，2013-02-16，http://www.zaobao.com/yl/tx130216_001.shtml。

主义言论。[①] 中国不再保持沉默，做出强烈反应，表示“强烈不满和坚决反对”，不再放任朝鲜进行核武装。

2. 突发性事件与中美的联系性安全博弈

冷战结束后，素以“冷战活化石”著称于世的朝鲜半岛，其局势始终处于一种“冲突不断但无大战，对话不少却难维稳”的流变状态。各类矛盾不时发作，各方利益盘根错节，各种势力激烈博弈，可谓是乱象丛生、困局依然。东北亚乱局愈演愈烈。中国面临艰难的外交平衡，需要避免局势的轮番升级。

突发性事件尤其是传统安全领域的突发性事件成为牵动和左右朝鲜半岛局势流变的一大主因，其中以“天安舰沉没事件”和“延坪岛炮击事件”最为突出。此类突发性事件往往会造成朝鲜半岛局势的持续紧张。“天安舰沉没事件”发生以后，美国高调力挺盟友韩国。作为应对这一事件的反制措施之一，美国不仅与韩国超高密度、超高强度地举行了各种类型的联合军事演习，还不惜动用多艘核动力航空母舰开赴敏感水域以壮气势。从外交、安全、经济、金融等诸多方面，始终对朝鲜保持一种“高压”或是“冷接触”的态势，不时搅乱朝鲜半岛局势并使之适度的紧张，借力于突发性事件，比如“天安舰事件”、“延坪岛事件”等，绑定美韩军事同盟和美日军事同盟，进而构建和推行美国主导的地区安全秩序。

朝鲜半岛乱象丛生，甚至毫无征兆地屡屡陷入战争边缘状态，但是每每都能够逢凶化吉，始终处于一种微妙的可控状态。美国总是在事态高度紧张、战争一触即发之时，盘活“第二轨道外交”和“第三轨道外交”。比如：前总统卡特和克林顿的旋风式访问，就很好地缓和了当时日趋紧张的朝鲜半岛局势，为拉近至少是缓和美朝关系提供了非官方渠道。每每在千钧一发之际得以峰回路转、柳暗

① 《被动摇的韩半岛无核化目标》，韩国《中央日报》，2013.02.14，http：//chinese. joins. com/gb/article. do？method = detail&art_ id = 99751。

花明，各种显性矛盾和潜在风险总是被各方力量有意无意的“保险”措施消弭于无形。

美国借力于朝鲜半岛突发性事件，搅乱朝鲜半岛局势、延滞朝核问题等固有矛盾解决的同时，也创设了与大国开展有关对话的新议题和新平台，从而使大国之间的联系性博弈更加的微妙和复杂。甚至可能会出现以突发性事件处理置换或是替代遗留性问题解决。比如：以突发性事件的最终处理作为遗留性问题解决的前提条件等情况；以美国在中美联系性安全博弈中的话语优势和权势地位，引导中美结构性安全博弈从目前的基本均势逐渐走向对美国及其盟国更加有利的态势。对我国而言，如果不妥善解决和提前预防此类突发性事件，很可能会惹火上身，结果是得不偿失。

屡屡发生的突发性事件，使中国一直奉行的“南北并重”的“等距离外交”面临严峻考验，需要做出适当的调整和改变。上述突发性事件往往使中国背负起沉重的大国责任，从而将中国推向了风口浪尖，使中国政府陷入到了一种被动和尴尬的局面。作为崛起中的大国，对待周边发生的各种危机事件，中国有必要展现大国的影响力，积极展开调停及斡旋工作，树立大国威望，承担大国责任。

综上所述，朝核问题的反反复复，充分显现了朝鲜半岛遗留性问题的复杂性、敏感性和脆弱性，也预示着其政治解决将是一个长期化的过程。在此期间，有关各方必须高度重视传统安全领域和非传统安全领域的各类突发性事件，努力防止此类事件的处理与朝鲜半岛遗留性问题的解决相挂钩。有关国家应当努力以客观态度，正视朝鲜的安全关切和政治要求，应当尽量规避狭隘的民族主义情结与零和游戏的机械思维，放弃“冷战思维”和认知偏见，从而推动朝核问题等遗留性问题的最终妥善解决。

二、中美两国在朝鲜问题上的利益比较

自朝鲜战争以来，中美两国深深介入朝鲜半岛事务，在朝鲜问题上拥有着重要的战略利益。两国战略利益在哪些方面又在何种程度上契合与相悖，决定了中美两国在朝鲜问题上的合作空间和冲突维度。中美在朝鲜半岛的共同利益主要是防止半岛再次发生战争和促进南北朝鲜的和平统一，也就是说两国在半岛的现实利益都是政治统一（而非军事统一）。但是，两国的合作掩盖不了中美在朝核问题、朝鲜半岛统一的模式和进程等方面存在着严重的分歧。

（一）中美两国在朝鲜问题上的利益重合

1. 目标的重合性

半岛和平与朝鲜稳定、无核化与防扩散是中美两国在朝鲜半岛的共同利益诉求。甚而言之，中美两国在朝鲜半岛是具有共同利益的非盟国关系。

（1）半岛和平与朝鲜稳定

中国一直认为，朝鲜是中国抵御外敌入侵的一道“防火墙”和战略屏障。对于外交基础“立足于周边”的中国而言，地处中国周边的朝鲜半岛毋庸置疑是中国最重要的战略安全区域之一。中国将朝鲜半岛看作是中国的“天然势力范围”，中国在朝鲜半岛有着长期的重要利益。① 并且，中国的和平发展需要稳定的周边环境作为根本保障，东北振兴渐入佳境、长吉图开发开放刚刚起步，动荡的朝鲜和持续紧张的朝鲜半岛局势不仅对中国东北经济建设和经济转型十分不利，更有可能导致东北亚地区格局发生重大变化，严重威胁中国核心利益和国家安全。朝鲜政权彻底崩溃或是最终解体对中国是一场灾难，朝鲜难民穿过北方边境逃入中国会引发危机。因此，中国希望朝鲜政权能够存续下去，确保美日韩不对朝鲜进行直接军事攻击，在对朝鲜采取强硬态度的问题上非常谨慎。

陷入热战状态的朝鲜半岛以及更加动荡不安的东北亚地区局势，其实并不是美国政府所乐见的，也不符合美国核心利益。保留一个羸弱而尚有气力和脾气的朝鲜现政权也具有特别意义，毕竟成功塑造一个“敌人”和一种“威胁”是推进和实现美国全球战略转型和重返亚太战略的关键环节。

中美两国在朝鲜半岛的共同利益主要是：不愿看到朝鲜半岛再次兵戎相见，反对朝鲜半岛南北双方武力统一朝鲜半岛的任何企图，支持朝鲜半岛南北双方实现自主和平统一，通过逐步的现实途径来缓和朝鲜半岛的紧张局势，保证朝鲜半岛的长期和平、安全与稳定。这种合作性主要体现在两国在频繁的直接政治互动中关于朝鲜问题的协商，希望六方会谈能够早日谈起来、谈下去，鼓励朝鲜半岛南北双方积极进行对话。② 当然，在朝鲜半岛僵局难破的情况下，中美两国会寻求在朝鲜半岛上维持现状。

（2）无核化与防扩散

游离在国际核不扩散体系之外的朝鲜动辄惹是生非，一意孤行，

---

① David Shambaugh, “China and the Korean Peninsula: Playing for the Long Term”, *The Washington Quarterly*, Spring, 2003, p. 50.

② Jae Kyu Park, ed., *The Foreign Relations of North Korea: New Perspective*, pp. 166, 192.

一再罔顾和伤害中美两国的国家利益，甚至不惜以使用核武器作为恫吓手段，对中国进行核捆绑，对美国进行核讹诈。朝鲜核导弹由此成为高悬在中美两国头上的达摩克利斯之剑。中美在朝核问题上找到了“战略利益的交汇点”。阻止朝鲜研制和发展核武器成了中美两国共同的目标。中美两国在保证朝鲜半岛无核化方面的共同利益却是毋庸置疑的。中美的“朝鲜无核化”要求与朝鲜的“朝鲜有核化”诉求形成难以调和的尖锐对立。尽管朝鲜已然成为事实上的核国家，但是，半岛无核化原则不能放弃，国际社会永远不能承认朝鲜是核国家。①

对中国安全利益而言，最大的隐患还是朝鲜核导弹部队成军之日，无疑对日本、韩国是一个重大的刺激。一旦日本、韩国做出研制核武器的政治决定，东北亚三国均拥有了核武器，从此中国就陷入了一个完整的核包围圈，为周边诸多核武器国家所包围。况且，中朝之间仅相隔了一条界河（鸭绿江）、一座山脉（长白山）和一条狭小的海域（西朝鲜湾），朝鲜屡次在临近中朝边境的地方进行核试验，由此造成的核污染可能危害中国东北的环境。至此，在全世界核武器国家中，中国周边核态势之凶险、恶劣，绝无仅有。届时台湾地区重新启动核武器的研制的可能性也不能绝对排除。2009 年夏，金正日会晤访问平壤的克林顿，暗示如果美国对朝鲜施以援手，朝鲜将成为对抗中国的最坚强堡垒。② 此说一出，着实令中国惊骇不已。基于此，中国一贯支持朝鲜半岛无核化，不希望朝鲜半岛出现任何核武器，反对大规模杀伤性武器的扩散，支持《不扩散核武器

---

① 《社评：朝核，中国须不怯懦不幻想不急躁》，《环球时报》，2013 - 02 - 17，http：//opinion. huanqiu. com/editorial/2013 - 02/3645628. html。

② 薛理泰：《朝鲜核试验 东北边陲殆无宁日》，新加坡《联合早报》，2013 - 02 - 12，http：//www. zaobao. com/special/forum/pages8/forum_ zp130212. shtml；《中国忧北韩或成为“第二个越南”》，新加坡《联合早报》，2013 - 02 - 19，http：//www. zaobao. com/wencui/2013/02/chosun130219. shtml。

条约》，反对日韩发展核武器，维护现有国际核不扩散体系的权威性，支持一切有助于建立朝鲜半岛无核区的主张和行动；确保朝鲜核活动不污染中国东北。

美国不希望、更不能容忍朝鲜发展核武器，因为一个拥有核武器的朝鲜在美国眼中将是对其亚太盟国和美国自身安全的重大威胁，阻止朝鲜发展核武器是美国不扩散政策的一个主要目标。并且，朝鲜可随时向恐怖组织或支持恐怖主义国家提供用于本国核武器的核物质或技术。对美国而言，核扩散和核恐怖活动是最严重的威胁，但对此尚未具备遏制能力或防御系统。① 或许，美国今后对朝政策的目标重点，应当从之前聚焦“无核化”转为应对“防扩散”上，集中力量防止朝鲜将核技术移交给第三国或恐怖集团②。这样既减缓朝鲜半岛紧张局势，又避免东亚陷入核竞赛危机。第三次朝鲜核试验后不久，美国参议院外交关系委员会批准了罗伯特·梅南德斯（Robert Menendez）提出的《防止朝鲜核扩散及将核用于其他目的的法案》，后被美国参众两院共同批准。③

虽然目前中美在朝鲜半岛的共同利益还非常有限，但两国在朝鲜半岛的利益也逐渐增多，需要对半岛和半岛和平与稳定、无核化与防扩散共同承担力所能及的责任。这两大目标并非相互割裂，而是有机结合。2003 年 12 月，小布什在欢迎温家宝总理访美时表示：“我们两国力求实现朝鲜半岛的和平与稳定。消除朝鲜的核项目对实

---

① 《美前官员：对朝政策近 20 年未能减少朝鲜威胁》，2013/02/19，http：//chinese. yonhapnews. co. kr/international/2013/02/19/0304000000ACK20130219000700881. HTML。

② 《被动摇的韩半岛无核化目标》，韩国《中央日报》中文网，2013. 02. 14，http：//chinese. joins. com/gb/article. do？method = detail&art_ id = 99751。

③ 113th CONGRESS 1st SESSION，S. 298，AN ACT To prevent nuclear proliferation in North Korea，and for other purposes，http：//www. gpo. gov/fdsys/pkg/BILLS – 113s298es/pdf/BILLS – 113s298es. pdf.

现这一目标至关重要。[1]

2. 手段的交叉性

朝鲜长期以来深受严重的粮食危机和电力紧缺的困扰。朝鲜政权只有在中国支持下才能维持。朝鲜的石油、粮食援助依靠北京，它在联合国等国际机构中一定程度上也需要依靠北京的庇护。但北京在平壤的影响力仍然不能使它变得无所不能。朝鲜的领导人之所以能够罔顾中国的国家利益，是因为它认为中国总的来说承担不起让朝鲜陷入崩溃、或让它被美国支持下的韩国吞并的后果。[2]

朝鲜宁可引起中美等国家的不满，也要强行进行核试验，对外发出“拥核自保”的强硬信号。针对朝鲜在战略上绑架中国，中国不能继续束手无策地坐视事态发展，不能向朝鲜的严重挑衅示弱。中国的力量越来越强，虽然做不到主导局势，但完全应当做到不被任何一方主导。中国应当超越先是空洞谴责、然后呼吁对话的常规选项，给朝鲜施加实实在在的压力。[3]

中国正在以非正式和非公开的方式向朝鲜施加影响力，对朝实施劝阻和压制，以释放对朝鲜核试验的不满情绪。中国紧急召见朝鲜驻华大使表示抗议，拿出重新定位未来朝中关系、重新评估对朝支援的方式和规模、重新审议边贸和跨境经济合作等所有可用的王牌进行研究，可能推出对朝核牢笼更自由的对朝政策。[4] 中国辽宁丹东、大连等城市的海关已开始通过提高货物通关检查比例、细化监管流程等措施，加强对朝进出口货物的检查力度，导致对朝商业活动受到很大影响，通关货物总量和货轮运营数量锐减。

---

① 吴心伯：《太平洋上不太平——后冷战时代的美国亚太安全战略》，第160页。

② ［英］曾锐生（STEVE TSANG）：《朝韩统一将有利于中国》，2013年2月15日，http：//cn. wsj. com/gb/20130215/opn172230. asp？source = whatnews2。

③ 同上。

④ 李熙玉：《正在为朝鲜核试验苦恼的中国》，2013. 02. 15，http：//chinese. joins. com/gb/article. do？method = detail&art_ id = 99801。

中国若想在朝鲜问题上“有所作为”，就需要继续发挥负责任大国作用，大力推进中美合作，通过首脑外交构建并积累两国领导人之间的相互信任关系，构建与主要邻国和国际机构紧密的协助体制。除了制裁以外，美国还考虑通过六方会谈做出外交努力。安理会把重启六方会谈写入2087号决议，也就是说，这是中美就推进朝核问题达成的共识。中国的掣肘所形成的影响力无疑对美国对朝强硬政策的转向起到了一定的作用。并且，中国还可适当满足国际社会制裁朝鲜、发挥某种更大的建设性作用甚至带头作用乃至向朝鲜发出警告的广泛要求，减少但不切断对朝鲜的无偿物质援助（包括粮食供应、原油供应），明确支持联合国安理会通过相关制裁但不单独制裁朝鲜，严格遵守联合国对朝鲜的制裁和武器禁运决议。

（二）中美两国在朝鲜问题上的利益差别

1. 目标层级的错位

虽然中美在朝鲜问题上具有一系列相互关联的共同目标，但两国在朝鲜半岛却有着各自的重要战略利益，双方关于这些目标层级和利益排序有着不同的优先考虑和战略选择。

对中国而言，中朝两国隔江相望，“唇齿相依、唇亡齿寒”，两国关系“休戚与共、息息相关”。朝鲜乃中国邻邦，中国人民不能不更关心朝鲜问题的解决。朝鲜不仅是中国安全防卫中的重要一环，而且是中国周边一个重要的安全缓冲地带，这点也是中国不可能放弃朝鲜的一个重要原因。因此，中国认为：朝鲜的生存，关系到中国的安全利益、战略利益和相当程度上的声誉利益，是中国在朝鲜半岛上最为关切的事情。“半岛和平与朝鲜稳定”的目标优先于

“无核化与防扩散”的目标。[①] 中国必定抵制美国在朝鲜问题上的支配性影响，并与美国进行影响力的较量与角逐，不愿看到美国在朝鲜半岛部署导弹防御系统。中国努力改善同韩国的关系，就是旨在保持在朝鲜问题上的发言权并提升中国对整个朝鲜半岛的影响力。[②]

对于美国来说，朝鲜半岛是美国亚太战略的重要一环，美国将朝鲜半岛看作是考验美国能力和意志、利益和声誉的一个重要的试验场；美国决策者还认为：朝鲜半岛是共产主义与日本之间的一个重要缓冲地带，如果朝鲜半岛被共产主义占领，将是对日本安全的一个重大威胁。朝核问题的长期僵持和不断发酵，让美国不堪其累。美国一直深为忧惧朝鲜的核威胁（核袭击与核扩散）成为现实。美国认为：防止大规模杀伤性武器及其运载工具在东亚的扩散与使用，事关美国生死攸关的利益，属于美国国家利益的最高档。而维护“美国治下”的东亚和平只是屈居美国在东亚的重大利益。[③] 因此，美国最为关心的是朝鲜的无核化与防扩散。

2. 手段偏好的殊异

由于只要美国不妥协，朝鲜就不可能和平弃核。美国应当在涉核问题上识大局，知进退。但是，每当朝鲜危机爆发之时，美国总是偏爱大棒政策（前6点），乐打军事牌；而中国则钟情胡萝卜政策

① 美国哥伦比亚大学金淳基教授认为，中国关于朝鲜半岛的安全愿望清单（security wish list）包括至少5个“没有”（fiveno's-no nukes，no refugees，no collapse，no instability，and no war）——无核、没有难民、不崩溃、没有不稳定以及没有战争——虽然这些都是相关的，但最大的首要关注仍是“没有战争”。这是由于朝鲜半岛的和平与稳定，是中国和平与稳定的关键促成因素。See Samuel S. Kim，*The Two Koreas and the Great Powers*，New York：Cambridge University Press，2006，p. 66.

② Robert G. Sutter，“The Rise of China and South Korea”，U. S. -Korea Academic Symposium，2005，http：//www. keia. org/2-Publications/2-3-Monograph/Monograph2005/Sutter. pdf.

③ 刘雪莲、李家成：《冷战后美国东亚战略利益与目标的三重解析》，《辽宁大学学报（哲社版）》，2012年第6期，第156页。

（后2点），善打经济牌。

一般而言，朝核危机的解决方案有如下几种：

（1）武力打击：使用军事打击的方式，来摧毁朝鲜的核设施与核计划。

（2）政权颠覆：颠覆朝鲜现政权。

（3）海上封锁：全面封锁朝鲜海岸，限制朝鲜船舶自由进入，限制与朝鲜进行往来的船舶起航前往他国。

（4）联合军演：美韩日举行多种形式的高强度、大规模军事演习。

（5）经济制裁：在贸易和金融领域对朝进行制裁，主要有冻结朝海外资产、限制朝鲜对美元等部分外币的买入、禁止与朝鲜进行交易的金融机构跟美国的交易等，以切断相关物资和资金流入朝鲜。

（6）“以核制核”：韩日进行核武装，但这不具现实可行性，不可能被国际社会接受。

（7）六方会谈：政治解决方案，通过朝鲜与美国等国的“和解”、谈判与“交易”（即朝鲜放弃核武器，美国等国满足朝鲜的经济、外交和安全需求）来实现朝鲜弃核。

（8）柔和接触：与朝鲜进行商业接触，扩大经济合作，从事补偿贸易，球队、记者等人员加强来往，进行体育和媒体交流等政策。

朝核问题变幻近二十载，“打压”方案显然行不通，所谓“光脚的不怕穿鞋的”，打压的结果只能是进一步加剧朝鲜半岛局势动荡，从而更加刺激朝鲜铤而走险；“随礼”方案也难以奏效，朝鲜的“要价”已经“今非昔比”，“小恩小惠”不再是朝鲜所需要的，况且，有关国家各怀心腹事的局面，也很难促成一份具有公信力和执行力的对朝援助方案；“说服”方案亦收效甚微，美朝之间的矛盾可谓“冰冻三尺非一日之寒”，在深度的互不信任的状况下，即便美朝之间形成了所谓的决议，也难以具有实际效力，1994 年《日内瓦核框架协议》便是一例明证。

对此，美国不得不承认，在（1993 年第一次朝核危机之后）过去20 年间，无论是以朝美会谈和六方会谈为代表的对朝接触包容政策（engagement）还是反复实施了数次制裁的对朝遏制封锁政策（containment），都没能成功阻止朝鲜成为事实上的拥核国家①，并减少朝鲜对东北亚地区造成的威胁。这必将使其他东北亚国家重新考虑非拥核国家地位，可能会导致核不扩散体系遭到失败。这些美国惯用的手段无一奏效，美国对朝政策显然都失败了。朝鲜的核开发如果是防御目的，那么还有希望通过外交途径来解决，但如果是攻击性的，就不能期待朝鲜有任何变化。② 今后最佳应对之策无疑是尽可能了解朝鲜的立场和意图，并与朝鲜开展外交对话，加强经济联系，向朝鲜提供食品及医药援助，更改“协作精神”联合军演，不再阻止朝鲜加入一些国际组织，允许美国外交官在第三地与同级别的朝鲜外交官进行会谈，以减少彼此间的敌意、缓和相互间的对抗。美国甚至可以考虑，与朝鲜签署和平协定，建立外交关系，提供安全承诺，从而抽掉朝鲜发展核武器的动力。而对朝制裁应当成为谈判的一部分。③

---

① 到目前为止，朝鲜和伊朗是受到美国制裁最为严厉的国家，美国对朝采取了外交谴责、经贸和金融制裁、海运制裁等高强度的综合制裁措施，即使联合国一再采取制裁措施也是不会奏效的。一是平壤已经习惯了被制裁的日子，即使人民的日子更不好过，也丝毫不会动摇统治阶层的地位，相反却会产生逆效果。制裁反被利用为“全民团结”的宣传借口，甚至是金正恩政权理直气壮，对内宣传必须继续强军、必须发展核武装，才能生存的逻辑。二是经济制裁似乎没法让朝鲜屈服，反倒刺激朝鲜为打击美国的敌意而不断核试。见黄彬华：《金正恩把核试验当王牌》，新加坡《联合早报》，2013 - 01 - 29，http：//www. zaobao. com/yl/tx130129_ 002. shtml。

② 《美格鲁奇：无核化政策 20 年总体失败》，韩国《中央日报》中文网，2013. 02. 19，http：//chinese. joins. com/gb/article. do？ method = detail&art_ id = 99941。

③ 《美前官员：对朝政策近 20 年未能减少朝鲜威胁》，韩联网，2013/02/19，http：//chinese. yonhapnews. co. kr/international/2013/02/19/0304000000ACK20130219000700881. HTML。

国际社会普遍认为，对朝进行有效制裁需要中国支持。[①] 顶着多项制裁“帽子”的朝鲜之所以并未垮掉，是因为有中国。美国等国敦促中国向朝鲜施压。中国“惩罚”朝鲜，须是好友之间的警告，让它知道与中国相处的底线（如确保中国东北不受其核试爆的任何污染）。但我们决不可加入美日韩的阵营，成为美国主导制裁朝鲜的主动配合者。那样做等于把朝鲜从美日韩的敌人变成中国的敌人，那将是战略上的愚蠢之极，使我们这么多年对中朝关系的苦心经营毁于一旦。[②]

对于近年来朝鲜的一再“举火示威”，中国的当务之急是，稳住阵脚，冷静观察；坚持立场，灵活对应；绵里藏针，借力打力。中国必须有所反应和行动，危机时刻向朝鲜派遣外交特使团，进行适当的谴责，以表明我国的立场和态度；有必要采取适当的反制措施，以震慑和限制朝鲜“随心所欲”的惊世举动；尽快重启并继续推进六方会谈进程，重新设定六方会谈的目标[③]，通过对话方式和平解决朝核问题。在朝鲜进行第三次核试验后，中国再次提出六方会谈作为解决方法。在朝鲜已宣称不会参加六方会谈的状况下，这听起来是空谈，但除此之外还有其他有效方法吗？中国认为，如状况好转，通过六方会谈可以运用多样的双边、多边对话框架，这一议题也可以找到比如朝美关系正常化等类似的一揽子协商的余地。毕竟，六方会谈框架是当前和平解决朝核问题

① 李熙玉：《正在为朝鲜核试验苦恼的中国》，韩国《中央日报》中文网，2013. 02. 15，http：//chinese. joins. com/gb/article. do? method = detail&art_ id = 99801。

② 《社评：朝鲜半岛风急，中国更需战略定力》，《环球时报》，2013 - 02 - 16，http：//opinion. huanqiu. com/editorial/2013 - 02/3642393. html。

③ 全面、可核查、不可逆地放弃核武器（CVID）是一个在“遥远的将来才能实现”的政治目标，而非当前所能实现。“去功能化”（disablement）可以作为六方会谈进程中介于朝鲜“弃核”与朝鲜“不弃核”之间的过渡性弃核阶段。通过六方会谈来把朝鲜核问题力图扭转到民用而非军用轨道上，或许是美国比较可取的政策选择。

的最佳路径。惟有各方齐促进、共保障，联合签署一份具有公信力的多边框架协议，才能疏解美朝之间的深刻矛盾和种种疑虑，从而实现朝鲜半岛的最终和平。

中美两国必须转变观念①，重新厘定思路，诱朝改革开放，鼓励朝鲜勇于改革、加速开放，引导其进入改革开放的发展轨道，努力促使朝鲜的国际社会化，培养朝鲜的国际合作意识，使其担负起应负的国际义务和责任。中国应派出专业人才对朝鲜的改革开放做出正确指导，向其传授“中国经验”，重塑朝鲜过度的军事化经济，帮助朝鲜经济实现腾飞，从而减少朝鲜“拥核自保”的政治意愿，塑造朝鲜对“开放、合作可以谋得安全、发展”的认同。

可以推知，美、日、韩是乐见朝鲜的改革开放进展的，并很可能愿意参与其中，向其提供大规模经济援助，尤其是人道主义援助之外的发展援助，为私人投资创造良好的经济基础，以作为善意的表达。如果受到鼓励的朝鲜表现出更为强烈的改革开放愿望并付诸实践，那么美国还可能会解除所有的贸易制裁，以作为提升关系的表示。作为回应，朝会摆脱运用核武计划来获得好处的习惯做法，并更为广泛地建设性参与国际社会。② 这样，不仅东北亚国家间的关系互动与政策协调会变得和谐起来，朝核问题的最终解决也因此可以期待了。

① 与其被相关国家或有关事态调动牵着走而“被动反应”，不如积极迎上去“主动塑造”。

② Michael O'Hanlon and Mike Mochizuki, “Economic Reform and Military Downsizing: A Key to Solving the North Korean Nuclear Crisis?,” *The Brookings Review*, Vol. 21, No. 4, Fall, 2003, p. 17.

三、中美两国在朝鲜问题上的战略调整

冷战后，朝鲜半岛问题（朝鲜核危机、朝鲜政权的生存和对韩国施加的影响力等问题）成为互持“非敌非友”型认知的中美两国竞合型互动过程中的中心议题之一。由于中美都不想看到一个核武装的朝鲜，中美两国展开了短期的权宜性合作。在其他中长期的问题上，中美两国相互竞逐、相互争胜、相互争夺影响力，力图使朝鲜半岛的局势朝着有利于己的方向演化。不过，上文所述的目标的重合性和手段的交叉性，奠定了中美两国在朝鲜问题上进行利益交换的可能性。接下来论述的重点便是探讨中美两国在朝鲜问题上进行利益交换的可行性。中美两国应当超越意识形态差异，保持高层交往，加强战略沟通，充分协调立场，保证信息交流渠道的畅通和沟通协调机制的正向和有效，向对方传递明确而无误的信息，消除或减少因此而带来的误解和误判。

（一）重合性利益与合作性博弈

朝鲜不顾与中国的传统友谊，不顾中国的劝阻，我行我素强行核试验，地区局势因此处于最不稳定的状态，进一步证明中朝关系在新的国际形势下的某种脆弱性。针对朝鲜损害中国利益的出格举动，鉴于我们的应战能力，回避这个挑战将使中国的权力和威信受到极大损失。我们反对朝鲜核试验，这种反对必须通过行动表达出来。无论平壤多不高兴，我们也要这样做。北京还应告诉平壤，如果其再发战略导弹，再搞新的核试爆，我们还会进一步减少对朝援

助，中国的这个态度是坚定不移的。但中国不会与美日韩联合起来站成一队从海上和陆上封锁朝鲜，把朝鲜往绝路上逼，会反对安理会对朝决议加入有可能威胁朝鲜政权的激进内容。①

实际上，中美两国在朝核问题上的利益并非完全背离，而是有所重合。中美韩都主张朝鲜弃核。中国和美国反对朝鲜发展核武器、进行核试验的理由，虽有所不同，但本质类似。中国认为，朝鲜执意发展核武乃至最终事实拥核，将加剧地区紧张局势，拖累中国战略机遇期的进程，甚至会刺激美日韩等盟国在本地区加强武力部署，恶化中国周边的战略环境，同时给中国国际形象带来难以挽回的逆向影响。这对一心构筑和平、稳定周边国际环境的中国是极为不利的，并且可能会受到致命核威胁。中国已向朝方明确释放了反对核试验的态度。但对美国来说，朝核问题却是有利有弊的双刃剑：不利之处是朝鲜的核武器会对驻韩美军和驻日美军以及美国亚太盟国日本和韩国造成威胁并有可能成为核材料和技术向恐怖分子扩散的根源；有利之处则是这样一个挑衅的朝鲜为美国坚持其在东亚的军事存在提供了充分的理由，并由此强化美韩同盟和美日同盟。正因为如此，美国虽然反对朝鲜拥核，但对于朝鲜提出的终结半岛战争状态、实现美朝关系正常化等弃核条件采取了敷衍的态度。尽管如此，一个无核化的朝鲜半岛符合中美两国的国家利益。并且，中美两国都不希望被拖入它们不想要的战争。中美保持战略协调是互利的。此外，朝核问题极其复杂，中美两国都没有力量单独解开这个死结。两国不能全部指望对方解决朝核问题。因此，两国在朝核危机中携手合作。

诸如美国前总统尼克松和布什这样的政要认为：美国应该借助中国对朝鲜所拥有的举足轻重的影响力和建设性的关键作用，使朝

---

①《社评：朝核，中国须不怯懦不幻想不急躁》，《环球时报》，2013－02－17，http：//opinion. huanqiu. com/editorial/2013－02/3645628. html。

鲜不要制造紧张气氛。在美国的一些战略决策者看来，中国由于与朝鲜的传统关系、订有相互防御协定（指《中朝友好互助条约》）及向朝鲜提供了绝大比例的援助（原油援助约占90%，食品援助约占40%）等因素而拥有对朝鲜的重大且特殊的影响力①，中国可以利用这些影响力促使朝鲜不发展核武器。因此，美国政府多次要求中国“做出负责任的行为”。② 而事实上，中国也确实在朝鲜核危机中做出了“艰苦卓绝的努力”。

（二）冲突性利益与妥协性博弈

妥协是一种政治艺术，更应上升为一种政治逻辑。冷和平阴影下的中美关系尽管有局部的利益摩擦和安全猜忌，但不可能回到零和博弈的状态下，与美国的战略协调乃是基本内容。在遇重大分歧时，中美两国只能寻求双方利益的最大公约数，不要想把解决朝鲜核问题的责任“外包”给对方。

第一，是否对朝实施严厉制裁？美国一贯主张对朝鲜的挑衅进行坚决制裁，而中国则担心局势的进一步恶化以及朝鲜可能的崩溃，反对进行过于严厉的制裁。在第一次朝核危机中，克林顿政府曾考虑过要对朝鲜实施制裁。中国为了避免与朝鲜的关系恶化而没有向朝鲜施加大的压力，对美国的制裁建议明确表示反对。在第二次朝核危机中，小布什政府更是多次扬言要对朝鲜进行严厉的经济制裁。2003 年3 月，为了向朝鲜施加足够的压力，中国在3 天内中断了对朝鲜的原油供应；美国仍嫌中国给朝鲜的压力不够并期望中国“做

---

① Larry A. Niksch，“Korea：U. S. -Korean Relations-Issues for Congress，” CRS Issue Brief for Congress，June 16，2005，p. 4.

② International Crisis Group，“China and North Korea：Comrades Forever?” Asia Report，112 – 1（February 2006），p. 4.

得更多”。[①] 但在朝鲜同意参加会谈以后，中国再也没有单独对朝鲜实施任何制裁措施，并坚决反对美国提出的制裁建议。2005 年 6 月，美国首次对朝鲜实施金融制裁，冻结了三家朝鲜企业在美资产；9 月，美国又以澳门汇业银行为朝鲜洗钱为由冻结了朝鲜在该银行的 2500 万美元资金；12 月，美国财政部又要求全美银行提防朝鲜在美进行的金融交易。2006 年朝鲜进行了多次导弹试射和第一次核试爆，中国政府随即发表声明，使用了最激烈的“悍然”外交辞令。中国少见地同意了联合国安理会对朝鲜的制裁决议。中国之所以如此，是因为朝鲜的行为已经突破了中国所能容忍的“底线”；而且，这两项制裁决议特别是朝鲜核试爆后的 1718 号决议，仅是对朝鲜进行了一定程度的经济制裁；在中国的反对下，决议明确排除了对朝鲜实施任何军事制裁和经济封锁的可能性。2009 年朝鲜进行第二次核试验后，美国表示，如果封锁中朝两国物资交流的核心地区丹东，朝鲜就会立刻面临石油和粮食缺乏的困境。但中国并没有这样做。可见，这段时期，中国对朝一直隐忍，在制裁朝鲜的问题上一贯谨慎。2013 年 1 月 22 日，因朝鲜违背决议进行火箭发射，联合国安理会一致通过了关于朝鲜的第三个决议——第 2087 号决议，中国对此决议投下了赞成票[②]。该决议案谴责朝鲜 2012 年 12 月以远程火箭发射卫星，要求朝鲜遵守安理会有关决议规定，包括禁止朝鲜使用弹道导弹技术进行发射、进行核试爆以及进口与核项目相关的原料和技术；新决议并扩大对朝鲜的现有制裁，把朝鲜宇宙空间技术委员

---

① Anne Wu，“What China Whispers to North Korea”，*The Washington Quarterly*，Volume 28，Number 2，(Spring 2005)，p. 43.

② 中国之所以赞成联合国对朝鲜发射远程导弹的制裁决议案，也是因为担心朝鲜的核武装会刺激日本拥核的野心。如果东北亚成为核军备竞赛的舞台，那么中国希望挤走美国重建中华秩序的战略必将成为海市蜃楼。见金永熙：《朝核问题的答案在北京》，韩国《中央日报》，2013 - 01 - 30，http://chinese.joins.com/gb/article.do?method = detail&art_ id = 99047。

会等六家机构和四名相关个人也列为制裁对象，还指出如果朝鲜再次发射火箭或者进行核试爆，安理会"决心采取重大行动"；决议还呼吁重启六方会谈。2013 年 2 月 12 日，朝鲜进行了第三次核试验，旨在使核武器小型化和轻型化。朝鲜声称此次核试是应对美国的自卫措施。中国对此表示"强烈不满和坚决反对"；美国认为这是"极具挑衅之举"，承诺将对朝采取"强有力行动"；安理会表示强烈谴责。可见，中国对朝政策调门随着朝核问题的急剧恶化而显著升高，在制裁态度上有所变化。中美两国在是否对朝鲜实施严厉的制裁这一问题上的合作性增强、冲突性减弱。

第二，应否对朝进行军事打击？无论是克林顿政府还是小布什政府，都曾设想过对朝鲜进行军事行动的可能性。[①] 在两次核危机达到高潮的过程中，美国都威胁要对朝鲜进行军事行动。在第一次朝核危机爆发后，克林顿政府将 200 多枚爱国者和毒刺导弹运抵韩国，佩里威胁说对朝鲜的先发制人的打击仍是一种选择，奥尔布赖特则宣称：如果美国对朝鲜实施的制裁不起作用，美国将采取进一步行动。[②] 第二次核危机爆发的时候，美国加强了在韩国的军事力量。小布什表示："一旦外交方式不能解决核问题，就要用军事方式解决。"[③] 而对于中国而言，任何对朝鲜进行军事行动的想法都是不可取的。解决朝核问题的前提是保证朝鲜政权的稳定，因此必须重视并适当满足朝鲜合理的安全关切，并给予朝鲜以根本的安全保证，主张通过和平对话而不是武力打击来解决朝核问题。中国积极参与朝核危机的解决其实是为了"双重阻止"：一为阻止朝鲜发展核武

① 克林顿政府在 1992—1994 年间曾制订对朝作战的"5027 计划"；小布什政府也为"朝鲜的政权更迭"制订了应对朝鲜政权垮台的"5029 计划"和对朝鲜实施心理战的"5030 计划"。详见詹德斌：《后冷战时代美国对朝政策的演变》，第 83、149 页。

② 詹德斌：《后冷战时代美国对朝政策的演变》，第 75—76 页。

③ 李敦球：《战后朝韩关系与东北亚格局》，新华出版社，2007 年版，第 258 页。

器；二为阻止美国对朝鲜施行武力打击的强硬政策。

第三，中国所扮演的角色为何？美国一直强调中国在朝核危机中拥有重大的影响力和强大的“杠杆”力量，能发挥积极的建设性作用。其实，美国此举在更大程度上是为了“引诱”中国朝美国的立场上靠近，希望中国对朝鲜施加更大的压力，扮演“严厉的施压者”角色。而中国当然明白美国的意图，所以在第一次朝核危机中采取了比较谨慎的态度。在第二次危机中，中国比较积极地向朝鲜施加了一定的压力，而且空前地与美国保持了相当程度的合作。中国在这次核危机中使出浑身解数、大力“劝和促谈”，扮演的是一种“积极的斡旋者”或“诚实的调解人”① 的角色。正如前文所述，中国并不愿意对朝鲜施加过大的压力，所以不可能成为“严厉的施压者”和“局势的主导者”。中国更愿意扮演“积极的斡旋者”或“诚实的调解人”角色。

第四，韩国政策及行为的趋向？中国同韩国改善关系，当然更符合美国在朝鲜半岛的利益。可是，美国并不乐见甚至忧惧中国对韩影响力增长并超越美国以至最终取代美国。美国通过调整同盟结构来更新和加强同韩国的同盟关系，谋求美韩同盟朝着地区化乃至全球化的“全面战略同盟”方向发展，继续保持和增强美国对朝鲜半岛事务乃至亚太事务的主导地位，进一步增强对韩国的影响力，防止韩国向中国靠拢。在中国对韩国经济影响日盛的情况下，美国希望通过签订美韩自由贸易协定来“加大在亚太地区的影响力，以平衡中国增长的影响力”。② 从这一点就可以看出美国对中国的竞争性心理。面对美国在朝鲜半岛持久的影响力和它继续留在韩国以抗

---

① 崔立如：《朝鲜半岛安全问题：中国的作用》，《现代国际关系》，2006 年第 9 期，第 46 页。

② 冯亦斐：《美韩自由贸易协定的亚洲意义》，《中国新闻周刊》，2007 年第 13 期，第 55 页。

衡中国的政策意图和相关行为，中国对美同样展现出竞争性的回应态势。中国通过与韩国频繁的政治互动、迅猛的经贸交往和直接的外交晤谈来发展中韩战略伙伴关系、增强对朝鲜半岛的影响力、抵消美国对韩国的影响力。展望未来，由于韩国需要美国的协助来应对来自朝鲜的军事威胁与解决朝鲜半岛的统一问题，再加上韩美之间巨大的经贸关系和韩国对美国的技术依赖，美国会始终保持对韩国的强大影响力。而中国与韩国巨大的经济联系、中韩间的地缘条件和文化纽带、韩国国民对中国的亲近感、中国与朝鲜的传统关系及由此而来的对朝鲜半岛统一的发言权，使中国对韩国也拥有很大的影响力。总体而言，很难断定中美在争取韩国的竞赛中谁更占优。但中美在韩国乃至整个朝鲜半岛上的竞争态势会一直进行下去。

总而言之，中美两国在朝鲜问题上的利益异同并存，彼此间既有互相倚重之处，各自间也有相互抵制之时。朝鲜半岛的和平、安全与稳定及无核化与防扩散，需要存在利益勾连的中美两国在朝鲜问题上相互合作、彼此容忍，增信释疑，增强合作性互动、减少竞争性互动，认真考虑彼此提出的朝鲜问题解决方案。在今后较为友善的环境中，中美两国的利益算计和博弈生态从利益损害型向利益补偿型转换，具有更大的现实可行性。

第四部分　中美关系中的台湾问题

“时代在发展，我们应该超越意识形态的不同，应该摒弃陈旧过时的观念，切实尊重照顾彼此的核心利益和重大关切。美方尤其应该妥善处理台湾等敏感问题。我们希望美方与中方一道，致力于构建中美新型大国关系。”

2013 年 3 月 9 日，在十二届全国人大一次会议举行的记者会上，时任外交部部长杨洁篪这样回答记者的提问。

第十章

两岸前景：2012 年岛内选后和中共十八大后台海政策的评估与走向

2012 年 1 月，马英九再次当选中国台湾地区领导人，国民党将在未来四年继续主导岛内政坛，也为两岸关系增加了更多确定性。11 月中国共产党十八大召开，产生党的新一届领导集体，并对新时期对台工作提出了表述与战略布局，预示着大陆将更为务实而开放地处理两岸关系。面对过去四年两岸关系的稳步发展，未来四年大陆对台政策如何在正确评估与判断的基础上，落实好两岸决策者的新开局与新思路，进一步推进两岸关系的实质性深化，值得具体而深入思考。本文就基于大陆对当前两岸关系的总体评估，结合 2012 年岛内政坛与马英九第二任期可能出现的一些新情况，剖析中共十八大之后两岸政策的整体趋势与挑战，从而对中国大陆今后对台工作的重点提出一些判断和建议。

一、中国大陆对当前两岸关系的总体评估

2008年中国台湾国民党赢得台湾“选举”之后的四年多以来，大陆对台政策在总体上坚持了“巩固和深化两岸关系的和平发展”方针，保持了“稳中求进”的战略态势，两岸关系沿着和平发展的方向不断向前迈进。

客观而言，过去四年内的两岸关系实现了历史性的转折，从落实全面直接双向“三通”到签署包括经济合作框架协议（ECFA）在内的16项协议，两岸交流合作的制度化发展出现了新的局面。在经济、文化交流与合作不断深化的背景下，两岸人民往来规模也迅速扩大，在2011年突破了700万人次，民间团体签署了数百项交流合作协议。①

在两岸各种交流热络展开与深化的同时，我们也应该看到，针对两岸关系各种赞扬性和批评性的意见始终存在。2012年中国台湾地区“大选”之前，大陆有关部门进行了多方面的研讨，针对其选举进展、竞选态势、民进党竞选纲领、各候选人的情况、选举可能出现的结果及对2012年到2106年期间两岸关系可能产生的影响进行了非常认真、细致的评估。依照大陆的评估，在台湾国民党执政的第二任期内，两岸关系的积极因素和消极因素都可能较为突出。

从积极因素角度来看，有利于两岸关系发展的表现大体反映在三个方面。

---

① 参见《贾庆林在第四届海峡论坛大会上的致辞》，新华网，2012年6月7日，http：//news. xinhuanet. com/politics/2012－06/17/c_ 112233831. htm，2012年7月12日访问。

第一，台湾国民党胜选后向大陆释出积极信号。大选结束后不久，中国台湾方面由吴伯雄带队，组织了包括三位国民党副主席在内的庞大代表团“登陆”，与中国国家主席胡锦涛和大陆相关机构负责人举行了正式的会见。① 吴伯雄在会见胡锦涛主席时特别强调，根据双方现行的体制和法律相关规定，“我们彼此都坚持一个中国”。彼此应该求同存异，同的是“两岸同属一中”，异的部分，是要正视现实，搁置争议，把精力放在扩大经贸和文化领域的交流合作上来。他还表示，他本人既是客家人也是中国人，台湾处理两岸事务的部门是陆委会而非“外交部”，这足以说明两岸不是国与国关系，两岸事务为“一中”事务。“一国两区”概念的推出，标志着大陆与台湾地区在政治互信方面迈出了历史性的一步。②

第二，马英九第二任期上台伊始的表态和政策，倾向于深化两岸关系。2012 年 5 月 20 日，马英九在其就职演说中也呼应了大陆提出的巩固和深化两岸关系和平发展的主张，淡化了台湾地区的国际空间问题，提出要参与相关国际组织的活动。这说明在台湾“涉外”事务上，台湾地区与大陆协商的意识在增加，有关沟通更加顺畅。③ 当选新一届领导人之后，马英九很快宣布“陆资入岛”的新举措，是 2009 年以来最大幅度的开放，希望释放善意、加强与大陆经贸往来的信号十分清晰。④ 此外，马英九不顾民进党的反对，主持了遥祭

① 参见《国民党主席吴伯雄将率大陆访问团访问大陆》，搜狐网，2012 年 3 月 20 日，http://news.sohu.com/20120320/n338248207.shtml，2012 年 7 月 12 日访问。

② 参见《胡锦涛会晤吴伯雄 吴提出“一国两区”概念基础》，搜狐网，2012 年 3 月 23 日，http://news.sohu.com/20120323/n338635766.shtml，2012 年 7 月 12 日访问。

③ 参见《马英九就职演说：两岸开拓新合作领域》，联合早报网，2012 年 5 月 20 日，http://www.zaobao.com/wencui/2012/05/zaobaocom120520.shtml，2012 年 7 月 12 日访问。

④ 参见《陆资入岛别“松”了再“绑”》，人民网，2012 年 4 月 4 日，http://finance.people.com.cn/GB/17573935.html，2012 年 7 月 12 日访问。

黄帝陵的仪式，表明台湾地区领导人在思想、文化、教育方面开始加大“去台独化”的努力。[①]

第三，两岸交流对话机制趋向进一步完善。2012 年 5 月 18 日，台湾海基会修改不合理法规，提议两岸互设办事处，得到大陆积极响应。这一建议具有两岸加强沟通的战略价值，是两岸交流具有象征性的进步。[②] 与此同时，两岸在“二轨对话”方面，也开始进行新的部署和策划。继 2012 年年初腾冲研讨会之后，两岸学术交流、智库往来更加频繁。[③] 作为协商对话的结果之一，两岸共同决定推出了进一步扩大大陆居民赴台自由行的试点城市范围等惠民举措。[④]

从不利于两岸关系发展的消极因素角度来看，中国大陆的担忧主要集中在以下几个问题上：

第一，马英九大陆政策的倒退问题。比如，在吴伯雄访问大陆提出“两岸同属一中”之后引发岛内热议，台湾民进党及国民党内部都有强烈的批评声音。面对各方压力，马英九经过数次解释，最后提出一中即是“中华民国”的说法。在大陆看来，这是一种倒退。台湾国民党凸显了大陆与台湾方面所追求的政治目标存在的分歧，制造了新的政治障碍。[⑤]

---

① 参见《马英九亲自主持遥祭黄帝陵 绿营表示很不爽》，环球网，2012 年 4 月 3 日，http://taiwan.huanqiu.com/news/2012-04/2581312.html，2012 年 7 月 12 日访问。

② 参见《江丙坤：台方处理海基海协互设办事处问题待立法》，中国新闻网，2012 年 5 月 18 日，http://www.chinanews.com/tw/2012/05-18/3899160.shtml，2012 年 7 月 12 日访问。

③ 参见《云南腾冲会议的意义》，华夏经纬网，2012 年 3 月 23 日，http://www.huaxia.com/thpl/sdfx/2789766.html，2012 年 7 月 12 日访问。

④ 参见《第二批大陆居民赴台湾个人旅游试点城市名单公布》，新华网，2012 年 4 月 1 日，http://news.xinhuanet.com/tw/2012-04/01/c_111728543.htm，2012 年 7 月 12 日访问。

⑤ 参见《台统派合批马英九软弱吁其坚持“一国两区”》，环球网，2012 年 7 月 5 日，http://taiwan.huanqiu.com/news/2012-07/2886386.html，2012 年 7 月 12 日访问。

第二，两岸经贸交流受到岛内政治负面影响的问题。两岸投资保障协议几近签署之际，台湾方面却提出推迟。原因一方面是部分台商认为该协议对大陆承诺过多，容易造成对台湾经济的冲击；另一方面，国民党当局也有如何在立法院推进过关的政治考量。目前的计划是先过“美牛案”，然后再讨论两岸投资保障协议问题。又如，平潭试验区引发的争议。大陆积极推出的福建平潭试验区本意是主张促进两岸经贸合作，而且承担试验区本身设计的公司是台湾的设计公司。但是在台湾，批评该试验区其实是“一国两制”政治试验区的声音不少，而且考虑到台湾南部重要城市高雄也在极力推动“贸易自由区”，平潭和高雄之间形成了无形的竞争。①

第三，两岸交流对话机制一定程度上遭遇阻力的问题。比如，第八次“陈江会”原定在2012年6月下旬海基会新楼举办，但是台湾方面提出推迟举行，最终在8月初才得以举行。② 又如，原来计划6月底在台湾举办的“台北会谈”被阻，一些受邀的大陆学者在申请入台时被拒。考虑到这些被拒人物中包括现在大陆台办的一些重要官员，还有直接参与大陆对台决策的重要智囊，大陆方面觉得台湾以“人多而且这些人物不是纯学者”名义对研讨会加以干涉的做法过于牵强。③ 当然，大陆知道以目前马英九在台湾地区的处境，如果统派活动招致媒体过分曝光可能也会招致对执政当局不利的局面。

综合积极表现和负面问题，“曲折中前行”可能是马英九第二任期内两岸关系发展的最有可能的一个结果。进一步探究其中原因，

---

① 参见《平潭实验区引爆两岸舌战》，环球网，2012年3月23日，http://taiwan.huanqiu.com/exclusive/2012-03/2549856.html，2012年7月12日访问。

② 参见《陈江八会或延至八月初登场》，人民政协网，2012年7月12日，http://www.rmzxb.com.cn/gatq/hxla/t20120712_457070.htm，2012年7月12日访问。

③ 参见《台北会谈 台陆委会拒大陆官员入境》，联合早报网，2012年6月28日，http://www.zaobao.com/wencui/2012/06/taiwan120628b.shtml，2012年7月12日访问。

大陆认为有造成有利和不利因素并存的两个现实背景。其一，马英九第二任期以来的民调支持率，由于“油电双涨”、“美牛案”以及“林益世贪腐案”等关键事件的拖累，跌至15%以下，不但低于陈水扁同时期的水平，而且比“88 水灾”时期的最低点16%还低。[①]马英九执政受到质疑，从某种程度上来说，岛内政治的羁绊牵制了其在两岸关系上的发展。其二，几年来大陆全方位的、多领域的对台交流也加重了台湾方面的疑虑、戒备心理。“马办不如台办”、“国民党不如共产党”等说法让台湾执政当局极为尴尬，因此在对大陆交往上更为小心谨慎。

二、十八大报告对台湾事务论述的理性务实

正当马英九第二任期开启半年，两岸关系逐渐走入“深水区”之时，中共十八大召开，其报告很大程度上明确了中国新一代领导层对台湾问题、两岸关系的共识。报告的第十章《丰富“一国两制”实践和推进祖国统一》集中阐释了新时期中国决策者在港澳台事务上的宏观判断与政策导向。其中涉台部分虽然仅有695个字，但其传达出的内容可谓具有极为深远的意义，展现出对台方针的新思想、新论断与新表达。

其一，首次正式将“全面贯彻两岸关系和平发展重要思想”写入党的文件，将其与“和平统一”、“一国两制”以及“八项主张”并列。就此，台湾问题正式在大陆官方文件中从“麻烦制造者”转

① 参见《外媒：调查称马英九支持率低于陈水扁》，参考消息网，2012年5月21日，http：//tw. cankaoxiaoxi. com/2012/0521/39896. shtml，2012年7月12日访问。

为“如何持续、深化、巩固和平发展”的议题。“两岸关系和平发展”的思想可以被视为科学发展观在台湾问题上的具体应用，是坚持以人为本、为民谋利理念的具体体现。十八大报告提出的“巩固和深化两岸关系和平发展的政治、经济、文化、社会基础，为和平统一创造更充分的条件”，实际上也指明了未来五年大陆对台工作的大方向和主要任务。

其二，恪守反对“台独”、坚持“九二共识”的共同立场，以“一个中国框架”的共同认知作为求同存异的基础。这也是首次将坚持“九二共识”以及维护“一个中国框架”写入党代会的政治报告当中，凸显了其作为处理对台事务的关键基石的地位。一方面，坚持“九二共识”的不可替代性，就是坚持一道红线，在这条红线之上推进两岸互动。另一方面，强调“一中框架”，就是在面对两岸尚未统一的现实情况下，推进两岸和平发展的必要包容。“九二共识”与“一中框架”事实上为未来两岸关系的发展设置了一个区间，期待两岸在不断累积政治互信的基础上，一定能够逐步在维护“一中框架”这一原则问题上形成更为清晰的共同认知和一致立场。

其三，放宽党际交流，“不主张‘台独’，认同‘一个中国’”成为更为人性化的前提，推进与包括民进党在内的岛内政党深化交流。十八大报告中的表述，对于“台独”从“废除”到“放弃”再到“不主张”、对于“一个中国”从“坚持”到“回到”再到“认同”，凸显政党交往的最大诚意与最大善意，也为同台湾“绿营”政党正式交往划出了底线。这一方面说明大陆已经正视可以代表岛内四成民意的最大在野党的长期存在，另一方面表露出大陆希望在维持某些底线共识的基础上，与岛内任何政党合作，共同推进两岸关系健康发展、增进台湾民众利益。只要民进党能够认清潮流和趋势，早日撤除自己为对话设置的障碍，突破自身的束缚，大陆方面愿意随时与民进党展开党际交往、对话与合作。

其四，强调了对台工作中在继续深化经贸关系、重视文化交流的同时，推进两岸关系在平等协商的基础上，作出一些制度性安排。这就意味着，经贸关系仍旧是巩固两岸关系的最关键环节，如何“厚植”共同利益，关键在于如何再进一步深化经贸合作。在加强经贸利益纽带的同时，大陆将继续重视文化与民间交流，经贸关系可以保持不疏离，但未必能实现亲近，这就需要更多的文化沟通与共融，进而得以建立更为广泛的中华文明、中华民族的情感认同。在经贸纽带与情感认同的基础上，大陆将推进两岸关系上的一些制度新安排，这些安排将涉及到较为高级政治层次的议题。十八大报告中的具体表述为：“希望双方共同努力，探讨国家尚未统一特殊情况下的两岸政治关系，作出合情合理安排；商谈建立两岸军事安全互信机制，稳定台海局势；协商达成两岸和平协议，开创两岸关系和平发展新前景。”这就涉及到三方面的内容，即在尚未统一情况下符合情理的政治安排，如互设政治联络办事处、适当扩大台湾“国际空间”等可能的推进；强调安全互信，即加强两军交往，稳固海峡安全局势；尝试推进签订和平协议，以机制化的方式实现两岸和平发展愿景。这三方面的制度性安排，充分说明大陆对台政策将逐步“由经入政”，进入“经贸为主、政治为辅、政经促进”的新阶段。当然，即使是两岸政治对话商谈，也应本着“先易后难、循序渐进”的思路，在两岸的共同协商下逐步稳妥地推进，在正确的时候做正确的事。

三、十八大对台新方针所面对的一些现实问题

中共十八大报告中对台湾问题与两岸关系的表述，是过去四年

两岸关系妥善处理经验的总结，更是对未来两岸关系在政治、经济、文化、军事安全、政党与民间交往等多领域深入发展的重要战略规划。面对这一新表述，岛内政治和民间回应却较为复杂，这也暗示出未来一个时期内两岸关系深化的困难与挑战。

其一，台湾国民党当局固守“先经后政”。11月8日十八大开幕之后，马英九就致电祝贺，对于十八大报告中涉及的对台方针特别是政治议题作出了回应，但其基本原则大致不变。11月9日，马英九在出席“九二共识”20周年学术研讨会时表示，他上任4年多来，在9个场合都有强调“九二共识”，包括2次“就职典礼”、4次演说、2次元旦祝词及台湾国民党十八全大会致词；说了9次的原因就是希望大家很清楚了解，“九二共识”是两岸关系的基础，也是确保两岸能和平发展的关键。① 不过，就在同日，马英九当局“行政院长”陈冲在“立法院”接受质询时表示，胡锦涛提到政治对话或是军事互信机制，虽然书面或是口头提到意义不一样，但是他们都重视。他认为，应该优先处理经济对话，经济互信更加提升，对台湾来说更实际。②

这就意味着，在台湾地区将近六成民众渴望维持现状的民意下，加上经济情势严峻与施政民意满意度低迷的双重考虑下，马英九当局极可能继续维持先经后政的一贯立场，并且强调两岸政治协商时机尚未成熟，并把眼光放在两岸深化经济合作领域。相较而言，台湾国民党的响应则显得较有弹性，除肯定习主席上任后两岸交流趋势应不至有改变外，更认为两岸有机会在大陆更为弹性的两岸政策

---

① 参见《马英九：两岸都重视“九二共识”》，中国新闻网，2012年11月9日，http：//news. china. com. cn/live/2012 - 11/09/content_ 17077316. htm，2012年12月12日访问。

② 参见《陈冲：两岸经济互信 比政治谈判重要》，中国评论网，2012年11月9日，http：//www. zhgpl. com/crn-webapp/doc/docDetailCreate. jsp? coluid = 192&kindid =0&docid =102298143，2012年12月12日访问。

上，两岸有更多的协商空间。

必须看到，中共十八大报告在对台政治议题上的表述，说明大陆方面对于政治关系的更多期待。大陆感觉到在“先经后政、先易后难”原则下的经贸问题永远不断在演进更新，永远谈不完，如此下去永远碰不到政治议题，所以希望在政治议题方面能沟通对话，或者不必提到两岸两会台面上协商的议题。但目前的两岸关系已进入“深水区”，其重要的体现就是经济议题的深化推进越发困难，特别是在目前世界经济下行、大陆和台湾经济均不理想的情况下，大陆能给台湾的经济利益越来越有限。这就导致，艰困的经济议题不一定会比容易的政治议题更好处理。比如，2008 年以来台湾地区每年参加世界卫生大会（WHA）就属于政治议题，通过国共平台沟通得以解决。同时，台湾方面甚至还有观点认为，十八大的对台方针，值得台湾注意，大陆可能有“经济换取政治”或“以经济逼迫政治妥协”的可能性，甚至认为“中共在经济议题夹带政治议题的做法，对台湾经济将有强烈的冲击”。①

其二，台湾民进党受制于选举周期。自 2012 年败选以来，民进党始终处于人员与政策调整当中，其中对两岸政策的反思与争论也较为激烈。在十八大前一个月，谢长廷曾访问厦门，释出缓和之意。十八大之后的 11 月 21 日，台湾民进党宣布成立“中国事务委员会”，由党主席苏贞昌兼任总召集人，但其委员会成员中并未有谢长廷。23 日，苏贞昌向党内强硬喊话，强调“若有人为了选举想跟中国好一点，那就去国民党，别来当民进党候选人”。显然这话是向谢长廷“隔空喊话”，讽刺谢长廷的意味十足。同时，苏贞昌还首次解释了其主张的“台湾共识”，即民进党 1999 年通过的《台湾前途决

① 参见《习坐稳后 学者忧其以经逼政》，台湾醒报新闻网，2012 年 11 月 19 日，http：//www. awakeningtw. com/awakening/news_ center/show. php？itemid = 36980，2012 年 12 月 12 日访问。

议文》——台湾是“主权独立的国家”，依“宪法”叫“中华民国”，要改变现况就须公投。此外，苏贞昌还批评中共十八大的对台方针“与过去并没有不同”。①

苏贞昌及其领导的台湾民进党如此反应，反映出目前岛内政党政治与选举政治的特殊考量。一方面，2014 年“七合一”地方选举是目前民进党的最大企图与关注点，也是通向 2016 年重新掌权的跳板。面对目前岛内低迷的经济状况、备受争议的社会公正等基层议题，民进党并不会对改变两岸政策抱有极大的热情与兴趣。只有到了 2014 年之后、2016 年选举周期当中，两岸政策势必成为选战核心议题，届时民进党再做调整也为时不晚，甚至还会为选举带来更多不确定性。另一方面，民进党党内势力整合仍在继续，谁能参选 2016 仍有悬念，苏贞昌的上佳选择是稳固所谓传统教义基本盘的同时，留下一些“两岸松动”的余地。如果现在开始与中共密切互动，不但只能跟随谢长廷主张，而且也会失去党内基本盘支持。总之，目前看，台湾民进党希望根据选举需要设定自身的两岸政策调整时间表，而不会随着中共十八大的对台方针做出相应改变。

其三，民意可能对善意无感。12 月 5 日，新任台陆委会主委王郁琦在国民党中常会上做了题为“中共十八大后两岸关系发展”的报告。其中指出，“评估大陆对台湾将加大政治促谈压力”，尤其是“和平协议”；“当局对两岸洽签和平协议应有完整思考，两岸和平协议不会与停战协议、互不侵犯条约一样，但要以何种方式呈现，两岸都应致力找出彼此交集的核心关键。若大陆要谈的是指涉统一的协议，这样的内容也不可能被现阶段台湾主流民意所接受”。普遍

① 参见《马英九对开展两岸政治协商欲拒还迎?》，中国评论网，2012 年 12 月 11 日，http://www.zhgpl.com/crn-webapp/mag/docDetail.jsp?coluid = 0&docid = 102339149，2012 年 12 月 12 日访问。

而言，台湾有近三成人希望永远维持现状，另外三成人认为先维持现状再做决定，而使得维持现状成为台湾地区到目前为止的最大公约数。但这个最大公约数，可以维持和平发展，但并不足以实现在一个中国框架内的统一。

从岛内2010年地方选举和2012年领导人选举的结果分布可见，两岸紧密的经贸关系仍未彻底重塑岛内民意。换言之，马当局一再全力推动的两岸经贸，其利益显然未能惠及到民间的千家万户，所以很多老百姓对这方面没有“切身相关”、“念兹在兹”的感觉，投票时当然不会以此为主要考量。

事实上，目前岛内选民特别是年轻选民，不但对两岸议题较为陌生，更多关注社会与民生议题，而且对西方价值观的认同较高。这一局面导致两个后果：一方面在经济低迷的当下，缓和的两岸关系不能从根本上改变台湾的经济颓势和选民的生活压力，民意自然也不会倾向于改变两岸现状；另一方面，追求民生深化、社会正义的台湾民意可能对大陆存在意识形态鸿沟与戒备，这种疏离感不但在“台独”势力中存在，即便是“统派”中也存在，这也增加了两岸关系政治制度化的难度。

从这个意义上讲，尽管中国大陆十八大召开后大幅释出善意，但台湾地区一般民众可能无感，再加上经济制度性协商仍有许多限制的情况下，使得一般老百姓对于中共是否改变论述语境并不觉得十分重要，更多人关心的是，大陆新一届政府能有多少实际的作为，宣示意义之外，能有多少实质的改变发生。对于大陆而言，可能仍旧需要经济、文化与政治等多议题的齐头并进，甚至还需以深化经济为先。一方面少些“庙会式”的高层商贸论坛，多些切实的恳谈与交流，真实了解岛内特别是南方基层的经济诉求；在切实加大农业等岛内传统产业经贸合作的同时，不要过分吸引台资登陆，而是加大对台湾投资，保留台湾制造业活力，真正增加岛内的就业机会。

只有这样，才能让两岸经贸热络、和平发展的红利从顶端流向普通民众。

四、中国大陆下一步的对台工作思路

大陆认为，两岸关系的和平发展正在由开创期进入巩固深化的新阶段。大陆希望能够总结正面经验，最广泛地团结台湾同胞，努力做到让台湾同胞认识到两岸关系良性发展与其自身利益息息相关，从而最大限度地调动两岸各界、岛内及国际方面的积极因素，不断开创两岸关系和平发展的新局面。

目前，中国大陆内部对台湾国民党执政状况普遍忧虑，对两岸关系也抱有很强的危机意识。大陆的一个共识是，台海地区稳定不仅事关未来四年两岸人民的福祉，也是中国大陆应对可能发生的东海、南海变局的有利条件。对来四年两岸关系是不是能有更大的发展，很多参与决策的人士仍有许多顾虑。这主要是因为大家普遍认为，虽然极端“台独”可以避免，但是岛内对促进两岸关系发展的正面动力不足，岛内各党派及各界人士在统“独”态度、身份认同方面心态复杂，未来还有可能反向而行，造成两岸关系的紧张局面。

对此，中国大陆部分学者呼吁，要做好对台工作，首先要针对大陆自身过去 20 多年来的内部规定进行梳理和清理，避免急功近利，要着眼长远。十八大报告事实上就明确指出，大陆在明确坚持反“台独”、坚持一中政策、和平统一方针的同时，要进一步明确“九二共识”的内涵，使之明晰化、制度化，努力做到今后即便是民进党重新执政也不能轻易否定。

当然，也有不少学者提出大陆要借鉴香港回归15年后出现的一些新情况来反思，呼吁大陆要更着力积极开展自身政治及决策体制的变革，扩大大陆对台湾的综合影响力，包括要努力使台湾人民认识到大陆政治体制虽然与台湾不同，但大陆政府仍将一如既往地坚持对台友好、和平发展的政策。

从长期工作角度来看，马英九第二任期内的四年，大陆对台工作的主题仍将是坚持继续厚植两岸共同利益，不断增进两岸同胞感情。具体来说，工作重点主要包括以下几个方面：

第一，在两岸关系取得历史性的突破之际，保持清醒头脑，充分认识到对台工作的艰巨性和长期性。大陆面临最大的挑战是如何使多数台湾百姓认同大陆坚持的和平发展政策问题。对此，大陆会坚持下去，不会动摇。但与此同时，也会考虑如何在两岸和平发展的基础上为两岸和平统一创造更好的条件问题。这方面涉及到两岸制度统一的难题。在20世纪80年代，当时的大陆学界和政界提出了一些方案，但是到了90年代中期，大陆工作重点转向反“台独”和遏制“台独”，现在要重新研究未来国家和平统一的制度安排问题，对两岸政治的固有矛盾和政治分歧，如“中华民国”的定位、“互不承认、互不否认”的说法，提出更深层次的分析。

当然，大陆十分清楚目前不能强求台湾方面进行政治谈判，未来两岸对于统一问题的磋商同样需要循序渐进，从深入研究双方的政治分歧包括固有矛盾开始，逐步展开“二轨”、“一轨半”对话，然后在条件成熟时走向两岸直接谈判。

第二，以继续做台湾人民工作为主线，强化两岸和平发展的经济基础。大陆认为，两岸现有的ECFA协议不仅是双方经济利益交换的重要平台，更是双方增进互信的最佳平台。在后续工作方面，大陆希望能够在投资保障协议谈判基本完成并签署之后，及时建立两岸经济争端处理机制，同时开展有关服务贸易自由化协议（以大陆香港之间协议为参照）以及货物贸易降税协议的谈判。

大陆对相关谈判可能引发的对自身利益的冲击具有充分的心理准备，对台湾担心经济上过分依赖大陆、将来大陆反过来“以经济制约”台湾的顾虑也非常理解。针对台湾的种种担心，大陆明确说明未来大陆资本入台不会涉及政治工作。针对台湾希望通过多签一些 FTA 协议以期降低依赖大陆的风险的做法，大陆希望能够直接对话和沟通。

大陆对中日韩三国有希望签订的 FTA 可能对台湾经济造成的冲击也有较为精确的分析和预测。因此更希望能通过率先进行两岸之间的金融整合①，迅速建立两岸货币清算机制（每年约 1600 亿美元）来为初步实现“两岸经济一体化”打下基础。以金融合作为突破口，带动两岸证券业、保险业及各类产业的合作，共创民族品牌，树立中国标准。

第三，以两岸文化交流为平台，奠定两岸沟通的心理基础，促进台湾人民对大陆发展的认同，争取台湾人民对“一中原则”的认可。

大陆认为，要深化两岸交流的文化基础，工作重点不仅涉及到文化交流问题，更重要是是要解决文化认同问题。换言之，通过文化交流，大陆希望能够加强台湾民众对中华民族的认同，对自身身份认同，对未来“一中”的国家认同以及共同赢得两岸同属一个中国的国际认同。

目前在两岸文化交流中存在许多困难，例如在一些文化协议的签订方面（特别是涉及新闻媒体交流、媒体常驻机构的设立方面）无法取得大的突破。从本质上说，台湾的文化是多元性

---

① 目前陆资入岛被要求遵守三个基本原则：不与民争利、不发生劳务纠纷、不与大财团结合，但总量只有 3 亿美元左右，与两岸经贸发展现状极不匹配。

的，吸收了西方的诸多因素，因此与大陆文化甚至大陆坚持的中华文化的统一性有着一定的矛盾。也正因为如此，大陆从2009年举办“长沙论坛”开始，便一直努力希望促使台湾方面能够大胆“去台独化”，在教科书编纂、台湾定位等重大问题上逐步改变李登辉及陈水扁时期“去中国化”的做法，通过长期努力，加强两岸同胞休戚与共的民族认同，清除文化教育领域的“台独”影响。①

第四，通过采取更积极的措施，进一步提高两岸民间交流的质量和水平，促进两岸民间及社会交流的蓬勃发展，使之成为推进两岸关系和平发展的“发动机”。

大陆明确提出，“两岸关系发展的动力来自民间，发展的潜力也蕴藏于民间”。两岸民间交流的目的是为了增进两岸人民思想感情的深度交流、不断化解彼此间的隔阂疑虑。对此，大陆将会努力加强自身对台湾社会的全面了解，包括克服对台湾社会“健康、快乐、向善”追求的认识不足问题，在积极支持和鼓励两岸各领域、各界别、各行业的广大民众开展交流与合作的同时，要把工作重心放在争取两岸基层交流的深入持久和常态化方面。

大陆非常明白，民间交流能够汇聚民意，要继续深入贯彻“寄希望于台湾人民”的方针，必须尽一切努力，最大限度地争取台湾的民心。这是大陆对台工作面临的最核心、最严峻的挑战。

今后大陆对台工作的重点，是要在民间交往中，让大陆的影响力能够在台湾也逐渐深入到6000多个社区活动中，深入到上万个民间团体中，争取做到“入村、入户、入脑、入心”。对于争取台湾民心的工作进展，大陆可谓有喜有忧。2011年两岸人员往来已经达到

① 参见《第五届两岸经贸文化论坛圆满落幕并发表“共同建议”》，新华网，2009年7月12日，http://news.xinhuanet.com/tw/2009-07/12/content_11697942.htm，2012年12月12日访问。

710 万人次，光是大陆赴台旅游就有 125 万人次，2012 年至少能达到 180 万人次，甚至有可能接近或超过 200 万人次。[①]

在推进两岸民间交往过程中，大陆所存在的困境是：现在台湾地区 2300 万民众中，仍有 10% 左右的“深绿”人士。按数字来算，也就是至少有 230 万人（其中大概 200 万成年人）对大陆政策抱有误解或者排斥。要争取这些人对大陆主张的认同难度极大。大陆需要争取契机，开始自身的深度变革，这样才有可能抛弃固有的思维方式，真正达到巩固两岸关系和平发展的民意基础、深化两岸同胞的感情融合的目的。

五、结语

未来四年的两岸关系将会是和平、稳定、发展、进步的四年，也是充满挑战与危机并存的四年。未来两岸和平发展局面得以巩固的同时，在经济合作、制度协商，还是深入巩固政治基础、增进政治互信上，都将面临更多的难题与挑战。一方面，两岸经贸关系已进入到深水区，未来两岸达成任何新的协定都将愈发困难；另一方面，两岸关系进一步展现和平发展契机，但政治议题如何深入接触值得探讨，“和平协议”与“国际空间”问题上协商的展开需要两岸共同的意愿与魄力。特别是在马英九第二任期期间，面对着岛内各种政治力量的牵绊，两岸关系在较长一段时期内极可能呈现为“经济融合、政治分治”的局面。在这种局面下，大陆应该充分认识

---

① 参见《国家旅游局：力争今年陆客赴台游达 180 万人次》，人民网，2012 年 6 月 21 日，http：//news. china. com/zh_ cn/domestic/945/20120621/17272387. html，2012 年 12 月 12 日访问。

到未来对台工作的艰巨性和长期性，坚持强化两岸经贸和文化交流这一对台工作的主线，积极建立与岛内主要政党的对话机制，加大力量推进两岸民众交往，强化心与心的沟通，促进台湾人民对大陆发展的认同，争取台湾人民对“一中”原则更为广泛的认可。

结　语

“中国梦”引领中美新型大国关系

2013 年 6 月 7 日至 8 日，刚刚结束拉美三国访问的中国国家主席习近平与美国总统奥巴马进行“特别会晤”。这一两国元首的首次会晤，不但在日程上比预期常态提前了至少三个月，而且还选择在加州洛杉矶以南的安纳伯格庄园举行。被描述为“不戴领带”的密切沟通，将如何推进中美关系与国际事务，备受世界瞩目。

从美国对外交往的传统上看，所谓“庄园外交”始终被视为顶级选项之一，最常使用的地点即从白宫乘坐 30 分钟直升机即可抵达的戴维营。自二战以来，在这座占地 0.5 平方公里的休假营地内，几乎每位总统都迎来了对他们外交遗产至关重要的客人，最为著名的当属 1978 年和 2000 年卡特和克林顿前后两位总统在此斡旋中东事务的努力。根据总统的偏好，庄园外交的地点也时常变化，比如小布什时期的“座上宾”部分移师到德州克劳福德的私人农场。

以领导人个人交往为中心的庄园外交，大都传达着三种外交定位，即近邻、盟友以及利益攸关者。近邻如作客克劳福德农场的加拿大前总理马丁、墨西哥前总统福克斯以及哥伦比亚前总统乌里韦；盟友如先后造访戴维营和克劳福德农场的日本前首相小泉；利益攸关者则以 1959 年访问戴维营的苏联领导人赫鲁晓夫、2001 年和 2003 年先后访问克劳福德农场和戴维营的俄罗斯总统普京以及 2002 年访问克劳福德的前任中国国家主席江泽民为代表。在不同的外交定位上，庄园外交的共性是强化领导人私人沟通甚至私交，寻求更为深层次的理念认同，简言之，是对双边关系以及共同关切的国际事务确定总体基调的战略会晤。

客观而言，中美领导层更新后的最高层会晤，以“庄园外交”形式开启，充分展现了两国领导人对处理好双边关系的高度重视和增加互信的迫切期待。奥巴马第二任期开启以来，中国关于“新型大国关系”的战略判断得到美方的积极回应，此次“习奥会”势必会推进这一概念的丰富与落实，将其定调为两国在互相尊重、互利共赢的基础上深化关系的大方向。同时，必须看到的是，美国的庄园外交带有某些“区别对待”的“大国俱乐部”意味。对此，习近平先访拉美三国、再会晤奥巴马的行程安排，足以宣誓出中国对世界各国的同等重视，展现了新领导层全方位、立体化的外交智慧。

按照习近平主席在与奥巴马会晤中的精辟概括，中美新型大国关系即“不冲突，不对抗，互相尊重，合作共赢”。具体而言，在新型大国关系框架内，中美两国需客观理性看待彼此战略意图，坚持做伙伴、不做对手，通过对话合作、而非对抗冲突的方式，妥善处理矛盾和分歧；两国要尊重各自选择的社会制度和发展道路，尊重彼此核心利益和重大关切，求同存异，包容互鉴，共同进步；两国要摒弃零和思维，在追求自身利益时兼顾对方利益，在寻求自身发展时促进共同发展，不断深化利益交融格局。

关于如何将新型大国关系落实到中美关系的方方面面，习主席提出了四点建议：一要提升对话互信新水平，把两国领导人在二十国集团、亚太经合组织等多边场合会晤的做法机制化，用好现有 90 多个政府间对话沟通机制。二要开创务实合作新局面，美方应在放宽对华高技术产品出口限制等问题上采取积极步骤，推动两国贸易和投资结构朝着更加平衡的方向发展。三要建立大国互动新模式，双方应在朝鲜半岛局势、阿富汗等国际和地区热点问题上保持密切协调和配合，加强在打击海盗、跨国犯罪、维和、减灾防灾、网络安全、气候变化、太空安全等领域合作。四要探索管控分歧新办法，积极构建与中美新型大国关系相适应的新型军事关系。

回顾2013年上半年，中国新领导层履新虽不足三个月，中国外交却已巧妙地打出了“组合拳”。从俄罗斯到非洲，从金砖峰会到博鳌论坛，从奥朗德来华，到李克强总理访问南亚、欧洲，再到习近平访问拉美并会晤奥巴马，“走出去”与“请进来”合奏，有条不紊地将新领导人的足迹和声音传播到了世界各地。在后金融危机时代中国扮演起更为关键国际角色的当下，新领导层的外交体现着“重视大国与周边、积极与新兴国家合作、尊重各国关切特别是发展中国家关切”的负责任大国风范。如此外交战略定位，不但为“中国梦”的实现营造良好的国际氛围，也向世界宣示了分享“中国梦”的诚意，即与各国一道努力营造一个长久和平、共同繁荣的“世界梦”。

2012 年中美关系大事记

1 月

5 日，美国总统奥巴马公布了备受瞩目的新军事战略报告。这份长达 16 页、题为《维持美国的全球领导地位：21 世纪国防的优先任务》的军事战略报告三次提到中国。报告称，中国崛起可能影响美经济和安全，要求中国澄清战略意图，并强调美军将加大对亚太地区的投入。报告同时指出，中国和伊朗发展的“反介入和区域拒止等非对称能力”，包括电子网络战、巡航和弹道导弹等复杂的武器系统，对美国的“军力投射能力”产生了重大挑战。

6 日，新华社发表评论，警告美国不要在亚太实行军国主义。美国应该在亚太地区扮演建设性角色，而不是鲁莽实行军国主义。

9 日，中国外交部发言人刘为民举行例行记者会，针对美国国防部发表的军事战略报告、美国实施针对伊朗的新制裁等问题发表评论。

10 日—11 日，应王岐山副总理邀请，美国总统奥巴马特使、财政部长盖特纳访华。其间，温家宝总理、习近平副主席、李克强副总理、王岐山副总理分别与盖特纳财长举行会见、会谈，双方就中美经济关系、世界经济金融形势等交换意见。

16日，中国人民外交学会、中国人民对外友好协会、中国国际问题研究所、中国国际问题研究基金会在北京钓鱼台国宾馆共同举办尼克松总统访华和上海公报发表40周年纪念活动。国家副主席习近平、美国前国务卿基辛格共同出席并致辞。

19日，美国负责东亚和太平洋事务的助理国务卿坎贝尔表示，只要朝鲜执行无核化措施，努力改善韩朝关系，美方就将开启朝美关系的“新篇章”。他说，美方通过正式或非正式渠道向朝方明确表示，美方已准备开启朝美关系的新篇章。他还强调，最重要的是改善韩朝关系，这是进行更深层次协商的前提条件，美方愿意重启六方会谈。

25日，美国联邦储备委员会主席伯南克宣布，为刺激美国经济复苏，将把接近于零的联邦基金利率政策延续到2014年底。他表示，新一轮债券购买计划，即通常所说的量化宽松政策，也在考虑之中。

30日—2月6日，代号“山樱－61”的美日电脑模拟共同军事演习在日本兵库县伊丹市举行。

2月

7日—17日，由美国和泰国主导的第三十一次“金色眼镜蛇”联合军演在泰国举行。这是亚太地区迄今为止最大规模的多国军事演习。

8日，日美两国政府共同发表联合新闻公报说，两国政府已就调整驻日美军整编计划达成一致，决定将驻冲绳海军陆战队迁往关岛和普天间基地迁移问题分开执行，并重新制定驻日美军整编的日程表。

11—24日，由美国空军、日本航空自卫队和澳大利亚空军联合举行的“对抗北方－2012”军事演习在关岛进行。

12日，在对美国进行正式访问前夕，国家副主席习近平接受了美国《华盛顿邮报》书面采访，就中美关系、中美经贸合作、两国地方和人民交往、中美在亚太的关系、双方在国际地区及全球性问题上的合作等提问作了回答。

13—17日，国家副主席习近平对美国进行正式访问。13日，习近平会见基辛格等美国前政要。14日，习近平在白宫会见了美国总统奥巴马，同美国副总统拜登举行会谈，就下阶段中美关系发展提出五点建议，并出席拜登和克林顿共同举行的欢迎午宴和中美企业家座谈会。当天，中美双方发布了中美战略与经济对话框架下经济对话议定的《关于加强中美经济关系的联合情况说明》。15日，习近平出席美国友好团体欢迎午宴并发表题为《共创中美合作伙伴关系的美好明天》的演讲，同时会见美国国会众议长和参院两党领袖。当天，美国农业部部长维尔萨克和美国驻华大使骆家辉陪同习近平访问艾奥瓦州。习近平与27年前访问该州时接待他的老朋友茶叙，并会见艾奥瓦州州长布兰斯塔德。16日，习近平出席中美农业高层研讨会并致辞，会后，到访洛杉矶并参观中海运码头。17日，习近平出席中美经贸合作论坛开幕式并发表演讲，参观洛杉矶国际研究学习中心，会见出席中美省州长见面会的两国省州长，并到现场观看NBA湖人队比赛。

14日，为欢迎中国国家副主席习近平访问美国，加深美国普通大众了解其访美的重要意义，向世人弘扬美中友谊的主旋律，美中友好协会从上午7点到次日凌晨1点每隔五分钟一次在纽约的时报广场巨型屏幕上滚动播放“美中友谊，见证历史”30秒钟的短片，向美国公众介绍中国国家副主席习近平。这是时报广场首次播放欢迎中国国家领导人访美的短片。

22日，美国总统奥巴马宣布，政府将推动包括简化税制、降低企业所得税率、减少税收漏洞等内容的企业所得税改革，以此来减轻企业负担，并促进美国国内的就业岗位创造。

23—24 日，美国朝鲜政策特别代表戴维斯和朝鲜外务省第一副相金桂冠在北京举行朝美第三次高级别会谈，就重启朝核问题六方会谈交换意见。朝美此次对话是朝鲜最高领导人金正日逝世后双方举行的首次高级别会谈，被舆论认为是重启朝核问题六方会谈的“分水岭”。对于此次朝美在北京举行的第三次高级别对话，中方表示欢迎，并希望有关对话取得积极成果，为重启六方会谈创造条件。中方愿继续与有关各方加强沟通协调，共同为推进六方会谈进程、维护半岛及东北亚地区的和平稳定发挥建设性作用。

24 日，第一届“叙利亚之友”会议在突尼斯首都突尼斯城落下帷幕。大约 60 个国家、国际和地区组织代表与会，俄罗斯和黎巴嫩 21 日宣布不参加会议，中国受邀但最终表态不出席。大会闭幕时发表的主席声明强调，突尼斯“叙利亚之友”会议反对任何形式的军事干涉，并表示支持政治解决叙利亚危机。美国国务卿希拉里·克林顿在“叙利亚之友”会议结束后举行的记者招待会上高调喊话，呼吁国际社会“敦促”中国和俄罗斯改变其在叙利亚冲突中的立场。

24—26 日，二十国集团（G20）财长和央行行长会议在墨西哥城举行。与会各方在会议期间就全球经济形势、强化国际金融框架等议题进行了讨论，并在会后发表了公报。公报说，全球经济中期增长前景将面临很大挑战，强调要认真落实戛纳行动计划，并将对各国在财政、金融、货币和汇率政策、结构改革、贸易和发展等方面的政策承诺落实情况加强监督。同时，在各方对本国政策措施进行更新的基础上研究制订洛斯卡沃斯行动计划。中国人民银行行长周小川和财政部副部长朱光耀率中国代表团参加了会议。中方在发言中指出，在当前复杂严峻的世界经济形势下，二十国集团各方应本着团结合作精神继续加强合作，将促进金融市场稳定、推动复苏和增长作为当前首要任务，并着力解决欧债危机、石油价格上涨、资本无序流动等全球经济面临的突出风险和问题。

27 日—3 月 9 日，韩美举行“关键决心”联合军事演习，约有 20 万名韩军和 2100 名美军参演。

28 日，美国总统奥巴马签署行政命令，正式成立负责调查别国不公平贸易做法的贸易执法中心。该中心隶属美国贸易办公室，将协调国务院、财政部、商务部、农业部、司法部、国土安全部、国家情报总监办公室等部门的贸易执法活动，中心主任由贸易代表指派贸易办公室官员担任，副主任由商务部长指派商务部官员担任。

3 月

1 日—4 月 30 日，韩美举行代号“秃鹫”的联合野外机动演习，约 1.1 万名美军与韩军进行地面、空中、海上以及特殊作战演练。

7 日，美国举办主题为“改变世界的一周：尼克松总统对华历史性访问和中美关系的未来”研讨会，重温 40 年前尼克松总统访华的重大意义，探讨如何进一步推动中美关系发展。该研讨会是由美国和平研究所、尼克松基金会和基辛格中美关系研究所联合举办，旨在纪念尼克松总统访华和《上海公报》发表 40 周年。美国前国务卿基辛格在当日的研讨会上回忆 40 年前尼克松访华历史细节。中国外交部部长杨洁篪在会上发表视频讲话。

12 日，中国外交部副部长崔天凯与美国助理国务卿坎贝尔在美国马里兰州安纳波利斯共同主持第三次中美亚太事务磋商。

13 日，中国收到美国、欧盟、日本在世贸组织争端解决机制下提出的有关稀土、钨、钼出口管理措施的磋商请求。

13 日，美国总统奥巴马签署了 H. R. 4105 法案，对美国《1930 年关税法案》相关章节进行了修改，授权美政府可对包括中国在内的非市场经济国家征收反补贴税。此举标志着美国完成了对非市场经济国家征收反补贴税的法律依据。

13 日—22 日，由美国和柬埔寨军队联合举行的“2012 吴哥哨兵”军事演习在柬埔寨贡不省和实居省举行。

15 日—16 日，二十国集团洛斯卡沃斯峰会第二次协调人会议在墨西哥城举行，讨论峰会筹备工作。中方二十国集团事务协调人、外交部副部长崔天凯应邀与会。

16 日，中国外交部部长杨洁篪在《求是》杂志上发表题为《坚持相互尊重、互利共赢 努力推进中美合作伙伴关系建设》的署名文章，对中美关系的过去与未来进行回顾与展望。

19 日，斯德哥尔摩国际和平研究所发布报告显示，印度过去 5 年成为全球最大武器买家，韩国和巴基斯坦位列第二三位。美国为最大武器出口国。

21 日，美国国务院发言人维多利亚·纽兰在国务院例行新闻发布会上表示，美国仍在就减少进口伊朗原油问题与一些国家展开对话。纽兰说，美国希望大量进口伊朗原油的所有国家减少进口数量，美方继续就这一问题与印度、中国、土耳其和韩国等国展开对话。

25 日，美国总统奥巴马抵达韩国，并访问了朝鲜半岛非军事区。当天，朝鲜举行追悼大会，纪念金正日逝世 100 天。

26 日—27 日，第二届核安全峰会在韩国首都首尔举行，会议通过了《首尔公报》。中国国家主席胡锦涛出席并发表重要讲话。26 日，中国国家主席胡锦涛会见了美国总统奥巴马。胡锦涛就两国关系发展提出“确保中美在亚太良性互动”等 4 点建议。一是坚持合作伙伴关系大方向，坚持不懈推进合作伙伴关系建设。二是全方位拓展互利共赢的务实合作，努力开创多层次、宽领域、全方位务实合作，加强基础设施建设合作和地方合作，推动两国经贸关系向新的广度和深度发展。三是确保中美在亚太良性互动，中方尊重美方在亚太的存在和正当利益，欢迎美方在地区事务中发挥建设性作用；

希望美方充分考虑中方利益关切并予以切实尊重；双方应该加强沟通对话，努力实现合作共赢。四是继续为中美关系注入动力，采取更多灵活方式，确保两国高层及时开展高质量的战略沟通。中方欢迎美方今年来华举行新一轮中美战略与经济对话、人文交流高层磋商以及战略安全对话，就发展中美合作谈出新共识新举措。在会见中，双方就朝鲜宣布将发射卫星和当前朝鲜半岛局势深入交换意见。双方还就伊朗、叙利亚、南北苏丹等问题交换了意见。

28 日，美国国会外交事务监督与调查专门委员会就“中国公共外交代价”举行听证会，国会众议员达纳·罗尔巴克尔指责中国通过私营媒体和公共教育“进行宣传”。

4 月

1 日，第二届“叙利亚之友”会议在土耳其伊斯坦布尔举行，来自 70 多个国家的代表出席了会议。叙利亚政府未受到参会邀请。会议发表主席声明称，承认叙反对派“叙利亚全国委员会”是叙利亚人民的合法代表，敦促叙政府尽快执行安南提出的和平倡议。会议决定成立一个制裁工作小组，以更有效推动主席声明的实施。美国国务卿希拉里·克林顿在会后召开的记者招待会上说，美国将为叙利亚反对派提供 1200 万美元人道主义援助及部分通讯设备。中方未出席本次会议。

11 日，八国集团外长在华盛顿举行会晤，为 5 月举行的八国集团首脑峰会做准备。美国国务卿希拉里·克林顿就朝鲜发射远程火箭的计划表示，八国集团成员国将商讨应对方案，正在为了实现朝鲜半岛的和平与稳定做出努力。

13 日，朝鲜发射了首颗应用卫星“光明星 3 号”，但卫星没有进入预定轨道。

14 日，在陷入僵局近 15 个月之后，美国、英国、法国、俄罗斯、中国和德国与伊朗代表在土耳其最大城市伊斯坦布尔开始新一轮伊核问题会谈。中断近 15 个月后的伊核问题六方会谈重启，引起国际社会的广泛关注。

16 日—27 日，美国和菲律宾在吕宋岛和巴拉望岛以西海域举行“肩并肩”联合军事演习，有 4500 名美军人员和 2300 名菲律宾士兵参演。“肩并肩”演习是美菲年度大型例行演习，但是由于演习地点靠近南海敏感地区，这次演习吸引了更多的注意力。

18 日，美国《福布斯》杂志公布了最新一期全球 2000 家大企业排名，中国有 136 家企业上榜，上榜数在全球排名第 3，仅次于美国、日本，利润则居上榜公司首位。中国工商银行、中石油分列榜单第 5 和第 7 位。据了解，最新一期全球 2000 家大企业排行榜是根据企业的销售额、利润、资产和市值等各种指标综合评出的。

19—20 日，美国华裔精英组织“百人会”在南加州帕萨迪纳市举行主题为“求同存异”的第 21 届年会。数百位来自中美两国政府、企业和学术界的权威人士齐聚一堂，就政治、投资、慈善和文娱这 4 个中美关系的核心议题各抒己见。美国商务部长约翰·布赖森在闭幕式上发表讲话，回顾了美中两国政府近年来不断加强往来，促使双边经贸关系取得长足进展的历程，表示发表良好的双边关系对两国关系和国际社会具有积极作用。年会期间，“百人会”公布了《中国人和美国人对彼此的态度——2012 年民意调查报告》。民调结果显示，两国过半的民众都认为中美需要加强政治、商业和外交合作，携手应对全球挑战。

20 日，二十国集团（G20）财长和央行行长在华盛顿重点就国际货币基金组织（IMF）增资与改革问题进行了讨论。会议同意在落实 2010 年份额增加的基础上，向 IMF 增加 4300 亿美元以上的资金，以防止和应对危机，促进经济复苏。这些资金将通过临时双边贷款和票据购买协议的形式进入 IMF 普通资金账户，并用于所有成员国，而非特定地区。同时IMF将采取必要的风险防范措施确保资金安全。

22日，中国外交部副部长崔天凯在美国夏威夷檀香山接受了外国媒体联合采访，就菲律宾和美国试图将南海争端国际化的问题表示，美国并非南海主权争议国之一，因此最好不要介入此事，由涉及的各方自行解决。他说："我认为一些国家正在玩火。我希望美国不要引火上身。"

23日—27日，美国和越南在越南中部的岘港举行为期5天的"非战斗"海军交流活动。参与演习开幕式的美国海军少校莫利说，约1000人以及3艘舰艇参加演习，其中包括一艘导弹驱逐舰，演习内容包括海上搜救等。

25日，美菲"夺岛"演习在巴拉望首府公主港以北、面向南海的阿鲁干湾举行。当天军演的名称由此前的"两栖登陆作战"改为"海陆两栖能力展示"，规格似乎有所降低。

5月

1日，第14届中美科技合作联委会在北京开幕。国家主席胡锦涛发来贺信，对本届联委会召开表示衷心祝贺，向致力于中美科技合作的科技工作者表示亲切问候，并向所有为推动中美关系发展作出贡献的朋友们表示诚挚感谢。

3日—4日，第四轮中美战略与经济对话在北京举行。中国国家主席胡锦涛特别代表、国务院副总理王岐山和国务委员戴秉国同美国总统奥巴马特别代表、国务卿克林顿和财政部长盖特纳共同主持对话。双方进行了坦诚、深入、建设性的对话，决定推进两国务实合作，以建设相互尊重、互利共赢的中美合作伙伴关系。

3日，中国国家主席胡锦涛出席了第四轮中美战略与经济对话开幕式并发表重要讲话。胡锦涛指出，发展中美新型大国关系，一是需要创新思维，以创新的思维、切实的行动，探索经济全球化时代发展大国关系新路径；二是需要相互信任，我们这个星球有足够大的空间，应能容得下中美两国和其他国家共同发展；三是需要平等互谅，尊重和照顾彼此利益关切，妥善处理分歧；四是需要积极行动，把各项共识落到实处，推动广泛领域务实合作，让两国人民和各国人民切实享受中美合作带来的好处；五是需要厚植友谊，积极推进两国社会各界交流交往，让更多人成为中美友好合作的参与者、支持者。

4日，中国国家主席胡锦涛在人民大会堂会见了来京出席第四轮中美战略与经济对话的美国总统奥巴马特别代表克林顿国务卿和盖特纳财政部长及美方代表团其他主要成员。

4日，第三轮中美人文交流高层磋商在北京举行。中国国务委员、中美人文交流高层磋商机制中方主席刘延东与美国国务卿、中美人文交流高层磋商机制美方主席希拉里·克林顿共同主持会议。

4日—10日，中国国务委员、国防部长梁光烈对美国进行正式访问。访美期间，梁光烈会见美国国家和军队领导人，与美国国防部长帕内塔举行大小范围会谈和联合记者会，访问美军南方总部、陆军本宁堡、圣迭戈海军基地、空间第4战斗机联队、海军陆战队第二特遣部队和西点军校。

11日，受美国最大银行摩根大通集团亏损20亿美元的消息影响，美欧金融类股暴跌。《华尔街日报》5月11日头版头条披露了摩根大通此次巨额亏损的细节。指出本应为摩根大通控制风险的首席投资办公室因“押错赌注”造成了严重损失，该办公室一名绰号“伦敦鲸鱼”的交易员搅乱了债券市场。

13日，韩国军方就美国国会考虑在韩国境内重新部署战术核武器的问题表示，驻韩美军在韩国境内部署战术核武器将对解决朝核问题带来负面影响。韩方表示，美国1991年从韩国收回了战术核武器，并且其中的相当一部分可能已经被废弃。在此情况下，美国若要重新部署战术核武器将引发不少争议。

13 日，美国华人在菲律宾驻美国大使馆前举行示威活动，宣示坚决支持中国维护黄岩岛主权，严正警告菲律宾侵权蛮行。

17 日，美国国务院发布公告，要求在美持有 J－1 签证的孔子学院中国教师必须于 6 月 30 日离境。美方称不会为他们续签签证；如果他们愿意，可回到中国再申办适当的交流项目签证。美国各界对此普遍感到震惊、困惑和不解。美国“高等教育新闻”网站 21 日载文称，这一指令将打乱孔子学院的教学活动。20 日，中国国家汉办、孔子学院总部负责人致信开设了孔子学院的美国大学校长，指出中方尊重美国的法律法规，但不愿意看到因此而造成中断志愿者项目的后果，否则目前在美国蒸蒸日上的汉语课程将会因教师缺失而夭折，致使这些学校和学生蒙受损失。23 日，孔子学院总部负责人致信美国《高等教育纪事》杂志记者，对公告关于美国国务院审查孔子学院资格认证的表述表示了高度关切。24 日，美国国务院发言人纽兰表示，美国将尽量在不让任何老师离开美国的前提下解决目前这一签证的混乱情况。纽兰在当天的例行记者会上表示，国务院发布的最新政策指令并不是针对孔子学院本身，而是旨在确保外国学者和教师来美签证符合正确的签证类型。

18 日，美国国防部发布 2012 年度《涉华军事与安全发展报告》。报告表示美国将寻求与中国建立健康、稳定、可靠和持续的两军关系，同时指责中国在网络安全等方面仍是美国的威胁。

21 日，美国朝鲜政策特别代表格林·戴维斯在首尔同韩国和日本代表就朝鲜半岛核问题举行三方会谈。韩国外交通商部半岛和平交涉本部长林圣男和日本外务省亚大局长杉山晋辅分别率领各自代表团参加会谈。

23 日，美国国务卿希拉里·克林顿和国防部长帕内塔在共同出席美参议院听证会时，一致强烈敦促参议院批准《联合国海洋法公约》，以增强美国在大陆架资源开发、海底矿藏开采、保障航行自由、介入海洋争端等方面的能力，以获取更大的经济、外交和安全利益。

24 日，美国国务院发表了向国会提交的 2011 年度人权国别报告。美国国务院负责民主、人权和劳工的助理国务卿波斯纳在介绍这一报告时称，许多国家的人权状况“极为糟糕”，其中包括伊朗、朝鲜、土库曼斯坦、乌兹别克斯坦、叙利亚、白俄罗斯和中国。

25 日，中国就美国对华 22 类产品反补贴调查中的错误做法，在世贸组织争端解决机制下向美国提起磋商请求，正式启动世贸争端解决程序。

26 日，第六届日本与太平洋岛国峰会在日本冲绳县名护市闭幕。除库克群岛、基里巴斯、瑙鲁、汤加王国和瓦努阿图等外，还有日本、美国、澳大利亚和新西兰等 17 个国家和地区的代表参加。日本首次邀请美国代表与会，日美将与太平洋岛国加强合作共同牵制中国，这已经非常明确。

30 日，美国商务部宣布，认定从中国进口的应用级风电塔得到中国政府补贴，拟对中国向美出口涉案产品的相关企业征收 13.74%—26% 不等的反补贴关税。另一家贸易管理机构美国国际贸易委员会认定，从中国进口的用于运输和贮存压缩或液化气体的高压钢筒对美国相关产业造成实质性损害，从而允许美国商务部对此类产品征收反补贴和反倾销关税。

30 日，印尼海军与美国海军在印尼东爪哇省附近海域举行为期 8 天的联合军事演习。

31 日，美国太空探索技术公司宣布，造访国际空间站的首艘商业货运飞船——“龙”飞船成功完成首次由商业飞船向空间站运送补给的任务。

31 日—6 月 1 日，由中国商务部和美国商务部共同主办的中美高技术贸易研讨会在上海召开。会议旨在落实第四轮中美战略与经济对话和第二十二届中美商贸联委会共识，扩大双边高技术贸易合作。

6 月

1 日，联合国人权理事会在日内瓦举行关于“叙利亚人权状况恶化和胡拉镇屠杀”的特别会议并通过决议，认为叙利亚政府和亲政府民兵对胡拉镇屠杀事件负有责任。俄罗斯、古巴、中国对这项由美国、土耳其、卡塔尔等国提出的决议投了反对票，认为联合国“人权理事会关于叙利亚问题的讨论应有助于缓和叙利亚局势，应有助于推动叙利亚问题的政治解决进程，应有助于安南的斡旋努力”。

2 日，美国国防部长利昂·帕内塔在香格里拉对话上表示，美海军将在未来 8 年内将 10% 的水面舰艇和潜艇转移到太平洋，到 2020 年前让太平洋和大西洋军力分配接近六比四。这意味着未来十年内，6 艘航母及大部分巡洋舰、驱逐舰、濒海战斗舰和潜艇将部署在太平洋地区。帕内塔强调了在太平洋建立伙伴关系的重要性，称美日同盟是“21 世纪地区安全与繁荣的基石”。他还说，在加强与澳大利亚、新加坡和菲律宾现有关系的同时，五角大楼也会加强和印尼、马来西亚、印度、越南和新西兰的关系。

3 日，中国国家副主席习近平在钓鱼台国宾馆会见了美国艾奥瓦州州长布兰斯塔德率领的友好代表团。

5 日，中国环保部副部长吴晓青在国新办发布会上表示，个别外国驻华使领馆开展对中国 PM2. 5 监测并且发布数据，在技术上既不符合国际通行的要求，也不符合中国的要求，既不严谨，也不规范。美国使领馆用一个点位所监测的数据不代表这个城市整体空气质量水平。西方发达国家用 35 微克/立方米的日均值来评价，而中国是用 75 微克/立方米的日均值来评价，这个标准既考虑了我国现阶段发展水平，又初步与国际进行了接轨，符合我国当前实际情况。

6—8 日，日本、美国和澳大利亚三国海军在日本九州以东太平洋海域举行联合军演，演习内容包括探测、跟踪潜艇等。

12 日，驻韩美军和韩国军队进行了近 3 个小时的联合射击实弹演练。

12 日，中国国务院总理温家宝在中南海紫光阁会见美国前国务卿基辛格。温家宝高度评价基辛格几十年来致力于推动中美关系，热心关注中国的发展变化。温家宝表示，中国推进改革开放，是历史必然。中国政府和人民将努力奋斗，实现国家富强和民族振兴，为人类进步做出更大贡献，相信会继续得到国际社会广泛欢迎和支持。

13 日，国务委员戴秉国应约同美国总统国家安全事务助理多尼伦通电话，双方就当前中美关系和共同关心的国际和地区问题交换了意见。

14 日，由美韩两国外长和防长参加的“2 + 2”会谈在华盛顿举行。美国国务卿希拉里·克林顿、国防部长帕内塔与韩国外交通商部长官金星焕、国防部长官金宽镇就加强美韩同盟关系进行了会谈。美韩在会后发表的联合声明中敦促朝鲜“停止挑衅行为，履行义务和承诺，同时遵守 1953 年停战协定”。

16 日，位于美国加利福尼亚州的范登堡空军基地宣布，执行保密试验任务的美国 X－37B“轨道试验飞行器”在经过 15 个月的在轨飞行后已于当天着陆，美国空军计划 2012 年秋天再次发射 X－37B 飞行器。

18 日，美国国会众议院通过了一项法案，正式对百年前歧视华人的排华法案表达歉意。

18 日—19 日，伊朗与伊核问题六国（美国、英国、法国、俄罗斯、中国和德国）在俄罗斯莫斯科举行谈判。

21日—22日，美国、日本和韩国海军舰只在朝鲜半岛以南海域开始三国联合演习。此前美国多次高调宣布“重返亚洲”。22日，韩国和美国军队出动2000多人、多种先进陆空武器，在临近三八线的韩国一侧举行大规模实弹演习。23日—25日，美国和韩国在黄海举行联合海上军事演习，美国“乔治·华盛顿”号航空母舰参演。

27日，全国政协主席贾庆林在人民大会堂会见了美国华盛顿特区市长文森特·格雷等外国城市市长和副市长。贾庆林对地方政府开展可持续发展领域的合作提出三点建议：第一，坚定合作信心，倡导合作精神，共同反对贸易保护主义，致力于保增长、促就业、促稳定，促进国际贸易健康发展，推动世界经济稳定复苏，从而实现互利共赢、共同发展；第二，推动务实合作，相互交流、相互借鉴，一方面，应在城市规划、管理方面进行交流合作取长补短，另一方面，要针对生态保护、经济结构升级、绿色经济等共同面临的问题探讨解决办法，增强合作实效；第三，发挥文化作用，通过文化交往，使城市人民近距离了解其他城市的文化，增进城市人民之间的了解与友谊，打牢城市之间友好合作的社会基础和民意基础。

27日，美国智库战略与国际问题研究中心举办了一场关于南海问题的国际研讨会，旨在“探寻管理南海争端的办法”，中国、菲律宾、越南、美国、日本和印度等国的专家学者和政府官员参加了会议。

28日，美国宣布给予中国免遭伊朗经济制裁的6个月豁免期，以避免同中国发生外交争执。如果不在豁免名单经济体的银行与伊朗央行有石油业务方面的来往，它们将面临被美国金融系统剔除的威胁。

29日—8月3日，由美国主导、22国参与的第23次“环太平洋”联合军演在夏威夷举行，是历届环太平洋军演中规模最大的一次。

7月

2日—10日，菲律宾海军和美国海军在棉兰老海举行代号“卡拉特”（全称为“海上战备与训练合作”）的联合演习。

5日，中国外交部副部长崔天凯受邀在香港亚洲协会发表题为《中美在亚太的良性互动》的演讲。他表示，亚太是中美利益交织最密集、互动最频繁的地区，两国的亚太地区政策以及两国间的互动，对亚太地区的发展和稳定具有重要意义。中美构建新型大国关系之路，应始自亚太，成败很可能也取决于亚太。他说，对于中美在亚太地区如何相处，双方已经有重要共识，特别是在2011年1月胡锦涛主席对美国国事访问期间发表的《中美联合声明》，对此有明确的表述。为了把这一共识落到实处，崔天凯提出四点建议：一、培育互信；二、坦诚沟通；三、拓展合作；四、管控分歧。

10日，美国贸易代表办公室宣布，第十三轮跨太平洋战略经济伙伴关系协定（TPP）谈判在一些议题上取得“重要进展”。TPP谈判最初由智利、新加坡、新西兰、文莱4个环太平洋国家发起。2009年年底，美国奥巴马政府高调宣布加入这一谈判。TPP现拟邀请加拿大和墨西哥加入，并正在执行相关程序。

10日，美国商务部在《联邦纪事》发布公告，启动对中国铝挤压材反倾销反补贴案的年度行政复审，有关调查将在2013年5月13日前做出裁决。

17日，亚洲开发银行董事会批准人民币和印度卢比可以作为亚行贸易融资项目的结算货币。此前亚行贸易融资项目仅可以使用美元、日元和欧元进行结算。

18日—19日，中美双方贸易代表在日内瓦就中国在世贸组织争端解决机制下，起诉美国对华22类产品的反补贴措施一案进行正式磋商。此次磋商中美双方并未达成一致。

27日，美国商务部发布公告，初步裁定中国对美国出口的应用级风塔价格过低，倾销幅度为20.85%至72.69%。据此，美国海关对此类产品进口商征收相应的反倾销税押金。

23日—25日，美国总统国家安全事务助理多尼伦访华。双方就中美关系和共同关心的重要问题交换意见。24日，多尼伦与中国国务委员戴秉国进行会谈，讨论美中关系的现状和未来，以及两国在核不扩散、亚洲地区安全、中东和全球经济增长等共同关切的地区和全球挑战方面的合作。25日，中国国家副主席习近平在北京人民大会堂会见了多尼伦。

8月

1日，美国国会参众两院通过对伊朗制裁新举措，寻求进一步抑制伊朗石油出口，迫使伊朗在核问题上作出让步。新举措包括对在伊朗石油或天然气部门工作的任何个人或实体实施制裁，对参与伊朗铀矿开采、向伊朗出售油轮或向伊朗国家油轮公司提供保险服务的任何个人或实体实施制裁。

6日，美国“好奇”号火星探测器登陆火星。美国宇航局首次成功收到“好奇”号传回地球的图像。

12日，伦敦奥运会举行闭幕式。美国以46枚金牌、29枚银牌、29枚铜牌夺魁。中国体育代表团表现出色，收获了38枚金牌、27枚银牌、22枚铜牌。中国国务院向第30届奥林匹克运动会中国体育代表团致贺电。

20日—28日，应美军邀请，中国人民解放军副总参谋长蔡英挺中将率军事代表团对美国进行了正式访问。其间，蔡英挺会见了美国军政领导人，参观了美军基地，与美著名智库学者举行了座谈。

28 日，中国商务部研究院主办的 2012 年中美经贸合作论坛在北京举行，论坛主题为“扩大利益汇合点构建利益共同体”。中国商务部副部长王超出席并致辞。

30 日，国际环保组织绿色和平组织表示，美国一科研机构近日发布了其对 24 名中国湖南省儿童进行转基因大米人体试验的结果。对此，绿色和平组织表示强烈谴责。据绿色和平组织介绍，该项研究旨在检验美国先正达公司研制的转基因“黄金大米”对补充人体维生素 A 的作用。绿色和平组织呼吁中国政府相关部门对该研究项目的全过程进行调查，对受影响的儿童及其家庭进行医疗和法律援助，并对现有的转基因水稻实验项目进行严格的管控和生物安全评估。

9 月

4 日—5 日，应中国外交部部长杨洁篪邀请，美国国务卿希拉里·克林顿对中国进行访问。这是她年内第二次访华。希拉里·克林顿访华期间，国家主席胡锦涛、国务院总理温家宝、国家副主席习近平和国务委员戴秉国分别与其会见。杨洁篪与她举行会谈。

7 日，中国卫生部与美国卫生与公众服务部共同支持的“中美创建无烟工作场所伙伴项目”在北京正式启动。

13 日，美国联邦储备委员会宣布，为了刺激经济复苏和就业市场改善，进行新一轮资产购买计划，并宣布了第三轮量化宽松（QE3）政策，将超低联邦基金利率指引延长至 2015 年年中。

16 日，美、英、法、沙特以及阿联酋等约 25 个国家的战舰、航空母舰、扫雷艇和潜艇聚集海湾，开始为期 12 天的联合演习，为本年度最大规模一次，模拟突破伊朗封锁霍尔木兹海峡。

17 日，美国国防部长莱昂·帕内塔对中国进行正式访问。

24 日，美军增派“斯坦尼斯”号航母战斗群赶赴关岛，与刚结束“勇敢之盾”军演的“华盛顿”号航母会合。美军称这两大航母战斗群是“用以维持区域稳定的重要力量”。

25 日，第六十七届联合国大会一般性辩论在纽约联合国总部开幕。来自世界 100 多个国家的国家元首、政府首脑、副总理、外长等高官在纽约联合国总部就国际社会面临的重大问题阐述各自立场。本届联大的工作重点是“以和平方式调节或解决国际争端或局势”。叙利亚局势、领土领海争端以及近期伊斯兰国家出现反美浪潮等，都成为辩论中的焦点。

27 日，中国卫生部副部长黄洁夫和美国卫生与公众服务部副部长高京柱在《环球时报》与环球网联合发表署名文章《降低烟草危害，中美创建无烟工作场所伙伴项目》。

28 日，美国、日本和韩国等三国外长会晤在纽约华尔道夫饭店举行。美国国务卿希拉里·克林顿、日本外相玄叶光一郎和韩国外长金星焕出席。会谈议题包括如何通过和平手段化解争端、增进地区安全以及促进朝鲜半岛无核化等。

10 月

2 日，美国国土安全部长纳波利塔诺在美国国务院举行的全球旅游业论坛上宣布，从 2012 年 11 月 1 日起，凡是持有台湾地区护照者，来美国旅游观光和从事商务活动，将获得 90 天内免签证待遇。台湾地区由此成为美国“免签证计划”的第 37 个成员。

5 日，东盟海上论坛首次扩大会议在菲律宾首都马尼拉举行，东盟十国以及参加东亚峰会的中国、美国、日本等国家派代表团出席。议题涉及：“当前形势下的联合国海洋法公约”、“海上互联互通和能力建设”、“保护东亚地区海洋环境和促进生态旅游、渔业管理”等。

7 日，韩国总统府青瓦台外交安保首席秘书千英宇表示，韩国与美国协商决定，将韩国弹道导弹射程由现在的 300 公里延长至 800 公里，射程 800 公里的弹道导弹搭载重量限制为 500 千克。韩国弹道导弹射程延长后覆盖朝鲜全境，但由于其破坏力有限，所以对韩朝关系和本地区安全局势不会产生恶劣影响。

10 日，美国商务部作出终裁，认定中国向美国出口的晶体硅光伏电池及组件存在倾销和补贴行为，这基本为美国针对此类产品征收反倾销和反补贴关税（“双反”）扫清了道路。这是今年以来美国对中国发起的又一项贸易救济行动，此前美国方面连续对中国产品发起“双反”和“337 调查”。中国商务部多次表示，希望美国政府恪守反对贸易保护主义承诺，共同维护自由、开放、公正的国际贸易环境，以更加理性的方法妥善处理贸易摩擦。

16 日，美国总统候选人辩论中，中国的经济政策受到批评。奥巴马和罗姆尼都把中国作为批评目标和相互抨击的话题。北京对此作出温和反应。

16 日—17 日，美国常务副国务卿伯恩斯访华。双方就中美关系和共同关心的国际地区问题交换意见。

19 日，海关总署网站发布消息，将对原产于日产（北美）汽车有限公司的部分汽车产品征收反倾销税保证金和反补贴税保证金及相应的进口环节消费税保证金和进口环节增值税保证金。在商务部作出复审裁决前，暂不征收反倾销税和反补贴税。

24 日，第四次中美亚太事务磋商在美国旧金山举行。中国外交部副部长崔天凯与美国助理国务卿坎贝尔共同主持。双方就中美关系、亚太地区形势、中美在亚太互动、如何进一步推进地区合作等问题交换看法。双方表示，将共同努力，推动下个月举行的东亚峰会取得成功。

27 日—11 月 5 日，美国陆军军乐团代表团来华访问，此次访问是对 2011 年中国人民解放军军乐团访美的回访。访华期间，美国陆军军乐团与解放军军乐团在北京、南京、上海三地举办了联合演出。

29日，美国财政部宣布，美国计划在2012年10月到2013年3月底之间发行6300亿美元的净适销债券。美国财政部的数据显示，2012财年（截至9月30日）美国联邦政府财政赤字为1.089万亿美元，为连续第四个财年超过万亿美元大关。如何加快经济复苏步伐并改善财政可持续性，成为美国当前面临的严峻挑战。

11月

6日，美国举行总统选举。

7日，美国大选结果揭晓，奥巴马赢得大选，成功连任。胡锦涛主席、温家宝总理分别致电奥巴马，祝贺他连任美国总统。习近平副主席致电拜登，祝贺他再次当选美国副总统。胡锦涛在贺电中指出，近四年来，在双方共同努力下，中美关系取得了积极进展。保持中美关系持续健康稳定发展，符合两国人民的根本利益，有利于亚太地区乃至世界的和平、稳定与发展。中方愿与美方一道，放眼未来，继续努力，推动中美合作伙伴关系建设取得新的更大进展，更好造福两国人民和世界人民。

8日，中国共产党第十八次全国代表大会召开。

15日，习近平当选中共中央总书记。美国总统奥巴马致函祝贺。他表示，未来愿与中方密切合作，继续建设美中合作伙伴关系，特别是通过加强两国务实合作，应对地区和全球性经济与安全挑战，造福两国人民，促进世界和平与繁荣。

19日，美国白宫表示，美国总统奥巴马与东南亚领导人发起一项旨在扩大美国与东南亚10国之间贸易和投资关系的倡议。白宫表示，美国和东盟提出扩大经济合作的倡议，旨在为亚洲国家与跨太平洋战略经济伙伴关系协定（TPP）的衔接铺平道路。

19日，美国总统艺术人文委员会在白宫举行该委员会第十五届

“国家艺术人文青年活动奖颁奖仪式”。美国总统夫人米歇尔·奥巴马向12个本国获奖项目和1个国际获奖项目颁发奖牌和奖金。2012年的国际获奖项目是中国西部文化生态工作室在当地青少年当中开展的“百首侗歌”项目。中国驻美国大使馆邓洪波公使应邀出席了颁奖仪式，并同奥巴马夫人一起向来自中国贵州的获奖代表颁奖。

20日，第七届东亚峰会在柬埔寨金边举行。中国国务院总理温家宝在金边出席东亚领导人系列会议期间会见美国总统奥巴马。温家宝总理再次提出中美两国应在贸易、投资、金融、基础设施等领域开展大规模一揽子合作，化解矛盾和分歧。

26日，《联合国气候变化框架公约》第十八次缔约方会议和《京都议定书》第八次缔约方会议在卡塔尔首都多哈正式开幕，来自194个国家和地区的代表团、学者及非政府组织代表出席。本届大会主席、卡塔尔政要阿卜杜拉·阿提亚说，主办方将提供必要保障，确保在规定时间框架内完成工作。当前气候变化国际谈判基本分成三大阵营——欧盟、“伞形集团”和发展中国家集团。以美国、日本、加拿大等国组成的“伞形集团”会前多次表示不接受《京都议定书》第二承诺期。中国敦促发达国家履行减排承诺。

27日，外交部副部长崔天凯应约会见来华访问的美国海军部长马布斯，双方就中美两国、两军关系等交换了意见。

29日，美国参议院全体会议决定，在2013财年“国防授权法案”中加入补充条款，明确规定钓鱼岛是《日美安保条约》第五条的适用对象。该补充条款称，“美国对钓鱼岛最终的主权归属不持特定立场，但认为其处于日本的管辖之下”，并间接提醒中国“第三方的单方面行动不会影响美国的这一立场”。

29日—30日，中美两军人道主义救援减灾联合室内推演在四川成都举行。人道主义救援减灾研讨交流，是中美两军之间的一项机制性交流活动，始于1997年。这次联合室内推演是中美两军第8次人道主义救援减灾交流活动的重要组成部分，也是中美两军首次联合室内推演，双方参演人员共32人。

30日，美国众议院筹款委员会和参议院财政委员会负责人致信奥巴马政府高官，在12月中美商贸联委会召开前就两国经贸问题表达关切，称中国继续背离市场化改革、经济日益被国企控制、违反世贸组织规则提供补贴、奉行经济保护主义。

12月

3日，中国外交部发言人洪磊表示，中方对美国国会参议院“2013财年国防授权法”修正案涉钓鱼岛问题表示严重关切和坚决反对。

4日，美国参议院全体会议表决通过了2013财年（2012年10月~2013年9月）国防授权法修正案。该法案明确称，将钓鱼岛作为《日美安保条约》第五条的适用对象。

8日，多哈气候变化会议通过决议，2013年开始实施《京都议定书》第二承诺期。签约国的温室气体排放量仅占全球总量的15%。俄罗斯、日本、加拿大、新西兰拒绝加入第二承诺期。经过连续36小时的艰难冲刺，《联合国气候变化框架公约》第十八次缔约方会议和《京都议定书》第八次缔约方会议在卡塔尔首都多哈画上句号。这是一次里程碑似的会议，其重要性在于承前启后，结束了5年前启动的巴厘路线图进程，开启了旨在2015年达成所有缔约方均参与的新的协议谈判。

11日，中国国务院副总理李克强在北京中南海紫光阁会见美国前总统卡特。李克强说，中美加强合作始终是大趋势，只要坚持相互尊重，管控分歧，包容发展，拓展共同利益，使友好的纽带更加紧密，中美双赢是完全可以实现的。李克强表示希望卡特继续发挥影响力，向美国政治家、美国人民介绍真实的中国，多讲中美关系对两国、对亚太、对世界的重要性。卡特表示中国及美中关系在过去的几十年间取得了令人惊叹的巨大发展，他将继续致力于推动中美两国友好合作关系的发展。

11 日—12 日，美联储联邦公开市场委员会举行议息会议。13 日美联储宣布，推出第四轮量化宽松（QE4）。美联储旗下联邦公开市场委员会宣布，在失业率高于6.5%，且未来一两年内通胀率预期不超过2.5%情况下保持0 至0.25%超低利率不变，并每月采购450 亿美元国债以替代此前的扭转操作（OT）。这意味着美联储此后的宽松规模将达到每月850 亿美元。

12 日，中国人民解放军副总参谋长戚建国与美国国防部副部长米勒在华盛顿共同主持了第13 次中美国防部防务磋商。双方就中美两国两军关系、海上军事安全、国际和地区安全等问题广泛深入地交换了看法，特别是就如何落实两国元首就发展新形势下两军关系达成的重要共识、推进中美新型军事关系进行了深入探讨，达成了许多共识。访美期间，戚建国会见了美国国防部常务副部长卡特、副国务卿舍曼、参联会副主席温尼菲尔德、海军部长马伯斯，参观了西点军校，并与美前政要基辛格、斯考克罗夫特进行了友好交谈。

14 日，美国联邦储备委员会出台新的监管规定，以强化外资银行在美经营的资本充足性和风险管理。规定主要包括3 项内容：全球总资产超过500 亿美元、在美分支机构总资产超过100 亿美元的外资银行须将其所有在美分支并入一家美国控股公司名下；外资银行控股公司要遵守与美国银行控股公司相同的资本和风险管理要求；在美资产超过500 亿美元的外资银行须达到更高的流动性风险管理标准，进行流动性压力测试，并保有30 天的高流动性缓冲资产。

19 日，第二十三届中美商贸联委会会议在美国首都华盛顿举行。国务院副总理王岐山与美国商务部代理部长布兰克、贸易代表柯克共同主持。王岐山强调，今年是中美《上海公报》发表40 周年，伴随着中美关系发展，双边经贸合作日益紧密。美国是中国最重要的出口市场，中国是美国增长最快的出口市场之一。中美经贸、投资、金融、旅游等各领域合作势头强劲，亮点纷呈，为两国人民带来了实实在在的利益。

21 日，美国国会参议院投票通过了 2013 财政年度国防授权法案，批准给国防部总计约 6330 亿美元的预算经费。国会众议院一天前已通过这一法案，因此只需总统奥巴马签字，这一授权法案即可生效。这一法案包括两个涉华条款，但在措辞上都仅表明是国会“意向”，对总统没有强制力。其中一条款称，美虽然对钓鱼岛主权最终归属不持立场，但承认日本对该岛屿的行政管辖权，并重申《美日安保条约》第五条规定的美对日本的安全承诺；另一条款则呼吁美向中国台湾地区出售先进的 F－16C/D 或类似机型战机。

21 日，美国总统奥巴马正式提名参议院外交关系委员会主席约翰·克里出任下一任国务卿，接替即将离任的希拉里。克里是美国外交界的熟面孔，曾在国会外交委员会任职长达 27 年，在涉阿富汗、利比亚等国外交问题上拥有丰富经验。

（林鹏飞　整理）

图书在版编目（CIP）数据

新型大国关系：中美协作新方略/孙哲主编. —北京：时事出版社，2013.12
（清华中美关系评论）
ISBN 978-7-80232-658-3

Ⅰ.①新… Ⅱ.①孙… Ⅲ.①中美关系-研究
Ⅳ.①D822.371.2

中国版本图书馆 CIP 数据核字（2013）第 245070 号

出 版 发 行：时事出版社
地　　　址：北京市海淀区巨山村 375 号
邮　　　编：100093
发 行 热 线：（010）82546061　82546062
读者服务部：（010）61157595
传　　　真：（010）82546050
电 子 邮 箱：shishichubanshe@sina.com
网　　　址：www.shishishe.com
印　　　刷：北京百善印刷厂

开本：787×1092　1/16　印张：20.25　字数：240 千字
2013 年 12 月第 1 版　2013 年 12 月第 1 次印刷
定价：60.00 元